# 农村土地流转：
# 形成机理与绩效评价

冯淑怡 张 兰 王 博 等 著

科学出版社
北 京

## 内 容 简 介

如何促进农村土地流转、提高城乡土地资源配置效率和保障农民权益，不仅是当前我国实现乡村振兴和城乡融合发展的关键与核心，也是目前学术界高度关注的前沿热点。本书对农村土地流转问题进行了系统的研究，围绕农村承包地经营权流转和集体建设用地流转两个方面，厘清我国农村土地流转政策的演变历程，揭示农村土地流转及其模式的形成机理，从效率和公平两个视角评析农村土地流转的绩效，进而提出农村土地流转优化的政策建议，最后指出农村土地流转研究的不足之处及未来展望。

本书可供普通高等学校土地资源管理、农业经济管理等相关专业的本科生、研究生及研究人员使用和参考。

---

**图书在版编目(CIP)数据**

农村土地流转：形成机理与绩效评价 / 冯淑怡等著. —北京：科学出版社，2023.12
ISBN 978-7-03-070010-0

Ⅰ. ①农… Ⅱ. ①冯… Ⅲ. ①农村-土地流转-研究-中国 Ⅳ. ①F321.1

中国版本图书馆 CIP 数据核字（2021）第 206241 号

责任编辑：王丹妮　陶　璇 / 责任校对：贾娜娜
责任印制：张　伟 / 封面设计：有道设计

科学出版社 出版
北京东黄城根北街 16 号
邮政编码：100717
http://www.sciencep.com

北京中科印刷有限公司 印刷
科学出版社发行　各地新华书店经销

\*

2023 年 12 月第 一 版　　开本：720×1000　1/16
2023 年 12 月第一次印刷　　印张：16 3/4
字数：330 000

**定价：189.00 元**
（如有印装质量问题，我社负责调换）

## 课题组主要成员

冯淑怡　张　兰　王　博　上官彩霞
顾汉龙　刘子铭　李明涛　张　婷

# 序

随着新型工业化、信息化、城镇化、农业现代化同步发展的推进，中国城乡二元土地制度的弊端凸显，已引起诸多农村土地问题，主要表现为农地非农化、承包地低效利用、部分耕地撂荒、集体建设用地粗放利用或闲置浪费、农民权益受损等。这些问题不仅影响中国乡村振兴和城乡融合发展，更关系到国家粮食安全和社会稳定，亟须通过改革创新农村土地制度加以解决。如何进一步深化农村土地制度改革、优化农地非农化规模、提高城乡土地资源配置效率和保障农民权益，是社会各界关注的焦点和热点，也是中国实现乡村全面振兴和城乡融合发展亟须研究的重大理论和政策问题。

由冯淑怡教授主持的国家自然科学基金优秀青年科学基金项目"农村土地制度与资源配置"（项目编号：71322301），遵循"制度环境—治理结构—资源配置"这一逻辑主线，围绕农地非农化管理与农村承包地（简称农地）、集体经营性建设用地和宅基地流转，解析其政策演变和制度逻辑，剖析其模式分化和选择机理，评价其效率和公平绩效，为制定有利于优化农地非农化规模、提高城乡土地资源配置效率和保障农民权益的农村土地制度及公共政策提供科学依据。作为这一课题研究的主要成果，课题组撰写了《农村土地流转：形成机理与绩效评价》这本专著。读了该书的清样，我觉得有以下几个特点。

首先，将农地、集体建设用地流转纳入统一分析框架，形成了"制度环境—形成机理—制度绩效"的研究主线。该书对农村土地流转问题的研究始于整体把握其制度环境，梳理农地、集体建设用地流转的政策演变过程。在此基础上，考察农地流转的影响因素，揭示农地流转模式分化的形成机理，以及探析集体建设用地流转的制度成因。进而，对农地流转的配置效率、农业生产效率、收入效应，以及集体建设用地流转的经济效益、配置效率、福利效应进行综合评价，力图全面评估农村土地流转政策的实施效果。该研究体系反映了作者对农村土地流转问题的系统把握，也体现了作者较强的逻辑思维能力。

其次，构建了宏观与微观相结合的农村土地流转绩效综合评价体系，并提出了重要的学术观点。该书针对农地流转，既有微观（农户）配置效率、土地生产率及土地利用效率分析，又有宏观（市级）收入效应检验；围绕集体建设用地流转，既有宏观（区县）经济效益和配置效率评析，也有微观（农户）福利效应分析。该书提出的学术观点，如与农户之间的农地流转相比，农户与规模经营主体之间的农地流转的效率提升和收入增加效果有限；以增减挂钩政策为抓手的集体建设用地间接流转可以节约耕地资源和提升二三产业产值，但部分地区由于未能保障农民的知情权、谈判权与参与权，使得农民对宅基地置换结果不甚满意等，具有较强的政策启示。

最后，运用了经济学、管理学、社会学等多学科理论，以及经济计量、案例分析等研究方法，形成了系统研究农村土地流转问题的方法论。制度变迁理论、规制和调控理论、社会网络理论等在农村土地流转的政策演变逻辑、农村土地流转模式的形成机理等研究中得到贯通和融合。经济计量模型在农村土地流转问题的研究中得到更广泛的应用，如巧妙地将重庆各区县视为"地票"交易主体，应用主体行为选择模型，定量评估了重庆"地票"交易的效率绩效，提高了土地经济与管理重大问题实证研究的水平；案例分析和比较研究等方法的恰当应用也使农村土地流转问题研究更加深入、全面。

由于农村土地制度与资源配置问题是一个复杂的理论和实践课题，加上中国正处于城乡融合发展的新阶段，农业农村正经历着广泛而深刻的历史性变革，农村土地制度改革还会面临更多的新问题和新的变化趋势，许多理论问题仍需作进一步的探索。这就需要我们的不懈努力，也希望作者在这一领域取得更多、更好的研究成果。

2022 年 10 月 16 日

# 目 录

## 第一章 绪论 ··········································································· 1
第一节 农村土地流转研究背景及意义 ······································· 1
第二节 农村土地流转国内外研究进展 ······································· 4
第三节 农村土地流转研究框架 ············································· 16
第四节 主要创新点 ····························································· 19

## 上篇 农村承包地经营权流转

## 第二章 农地流转政策的历史演变 ················································ 23
第一节 1978~1983 年：禁止流转阶段 ··································· 23
第二节 1984~2002 年：探索起步阶段 ··································· 24
第三节 2003~2007 年：法律规范阶段 ··································· 26
第四节 2008~2012 年：全面推进阶段 ··································· 26
第五节 2013 年至今：制度创新阶段 ······································ 27
第六节 本章小结 ······························································· 28

## 第三章 农地流转形成机理及对农户收入的影响 ····························· 29
第一节 农地流转形成机理研究 ············································· 29
第二节 农地流转对农户收入的影响研究 ································· 37
第三节 本章小结 ······························································· 46

## 第四章 农户参与农地流转及其效率绩效评价 ································ 48
第一节 农户参与农地流转的影响因素研究 ······························ 48
第二节 农户参与农地流转对土地劳动力配置效率的影响研究 ······ 57
第三节 农户参与农地流转对土地生产率的影响研究 ·················· 65
第四节 农户参与农地流转对土地利用效率的影响研究 ··············· 71
第五节 本章小结 ······························································· 83

## 第五章 农地流转模式分化及其对农业生产效率和农户收入的影响 ···· 85
第一节 农地流转模式分化形成机理研究 ································· 85
第二节 农地流转模式分化对农业生产效率的影响研究 ··············· 94
第三节 农地流转模式分化对农户收入的影响研究 ··················· 107
第四节 本章小结 ····························································· 118

## 第六章　农地流转研究结论、政策建议及研究展望 …………………… 121
    第一节　农地流转研究的主要结论 ………………………………… 121
    第二节　农地流转优化的政策建议 ………………………………… 123
    第三节　农地流转研究展望 ………………………………………… 125

# 下篇　农村集体建设用地流转

## 第七章　农村集体建设用地流转政策的历史变迁 …………………… 129
    第一节　1949~1983 年：集体建设用地流转全面禁止 …………… 129
    第二节　1984~1995 年：集体建设用地流转自发形成、运行有序性缺乏 ‥ 130
    第三节　1996~2002 年：集体建设用地流转试点兴起、有限规范探索 … 131
    第四节　2003 年至今：集体建设用地流转制度突破、多元化规范 …… 133
    第五节　本章小结 …………………………………………………… 135

## 第八章　农村集体建设用地流转模式 …………………………………… 137
    第一节　农村集体建设用地间接流转模式 ………………………… 137
    第二节　农村集体建设用地直接流转模式 ………………………… 141
    第三节　农村集体建设用地流转模式总结比较 …………………… 150
    第四节　本章小结 …………………………………………………… 153

## 第九章　农村集体建设用地流转制度形成机理解析 …………………… 154
    第一节　农村集体建设用地流转制度创新的理论分析框架 ……… 154
    第二节　农村集体建设用地流转制度创新需求的产生 …………… 155
    第三节　农村集体建设用地流转制度创新的最终形成 …………… 163
    第四节　本章小结 …………………………………………………… 167

## 第十章　农村集体建设用地流转效率绩效评价 ………………………… 168
    第一节　地票政策的资源节约与经济促进效果评价：市域内视角 …… 169
    第二节　地票政策的资源节约与经济促进效果评价：市域外视角 …… 182
    第三节　地票政策的市场交易机制优化效果研究 ………………… 194
    第四节　本章小结 …………………………………………………… 203

## 第十一章　农村集体建设用地流转公平绩效评价 ……………………… 205
    第一节　增减挂钩政策实施对农民福利的影响研究 ……………… 205
    第二节　增减挂钩政策实施中不同模式下宅基地置换对农民福利的
           影响研究 …………………………………………………… 215
    第三节　本章小结 …………………………………………………… 225

## 第十二章　农村集体建设用地流转研究结论、政策建议及研究展望 ……… 227
    第一节　农村集体建设用地流转研究的主要结论 ………………… 227

第二节　农村集体建设用地流转优化的政策建议 …………………… 230
第三节　农村集体建设用地流转研究展望 …………………………… 232

**参考文献** …………………………………………………………………… 234
**附录** ………………………………………………………………………… 254
　　附录 1 …………………………………………………………………… 254
　　附录 2 …………………………………………………………………… 255
**后记** ………………………………………………………………………… 256

# 第一章 绪　　论

如何促进农村土地流转、提高农村土地利用效率和保障农民权益，不仅是当前我国推进新型工业化、信息化、城镇化、农业现代化同步发展的关键和核心问题，也是目前学术界高度关注的前沿热点问题。因此，开展农村土地流转的政策演变、形成机理、效率及公平绩效等方面的系统研究，对于深化我国农村土地制度改革具有重要的理论价值与现实意义。

## 第一节　农村土地流转研究背景及意义

改革开放以来，中国经历了 40 多年的持续高速经济增长，取得了世界瞩目的发展成就。但是，经济发展过程中土地（特别是农村承包地和集体建设用地）的配置问题日渐突出，已逐步成为制约我国经济社会转型升级的重要因素，在现实中主要表现在以下三个方面。

一是承包经营耕地规模细小，且承包地经营粗放、利用效率低下。改革开放以来，随着社会主义市场经济的发展，以农地均分为主要特征的家庭联产承包责任制导致的土地细碎零散、农户经营规模过小等弊端日益凸显；同时，随着工业化和城镇化的不断推进，大量农村劳动力不断向非农部门转移，农户兼业化、农业副业化、留守农业劳动力低质化（如老龄化）等现象突出。截至 2018 年，我国常年外出流动的农村劳动力已达 2.88 亿人，而从事第一产业的劳动力绝对数量则不断减少，已从 2002 年的历史最高点（3.66 亿人）减少到 2018 年的 2.03 亿人（张红宇，2020）；据第三次全国农业普查的结果，在农业经营劳动力中，男性占 52.50%，35 岁及以下人员占 19.17%，36～54 岁人员占 47.25%，55 岁及以上人员占 33.58%（陈锡文，2018）。中国农村出现的承包地经营规模偏小、农业生产兼业化、副业化和劳动力低质化等问题，导致承包耕地的粗放经营甚至抛荒闲置，降低了农地的配置和利用效率，威胁我国的粮食安全。

二是建设用地外延式扩张无序，造成大量农用地特别是优质耕地被占用。由于我国城镇建设与优质耕地分布在空间上高度重合（胡存智，2014），1986～2002 年，我国建设共占用耕地 286.25 万公顷，年均减少 16.83 万公顷（邵绘春，2010）；2003～2011 年，我国共依法征收农用地 246.82 万公顷，其中耕地 164.88 万公顷，年均被征耕地 18.32 万公顷①，被占用耕地中近 1/4 是水田，近 1/3 是水浇地（王世元，2014），而且这些土地排灌设施齐全、熟化程度好、生产能力高。虽然有"占补平衡"等政策保证耕地数量，但补充的耕地中水田和水浇地比例较低、质量较差，多分布在生态脆弱区，而且经过多年开发，部分地区的耕地后备资源接近枯竭，耕地保护面临更严峻挑战。

三是农村集体建设用地利用粗放浪费问题突出，严重背离我国人多地少的基本国情。近年来，随着大量农民进城务工、居住生活，农村人口不断减少，农村村落"空心化"现象增多，而农村集体建设用地，特别是宅基地，出现大量低效利用、闲置浪费的现象。2000~2011 年，我国城镇人口增加了 50.50%，城镇建成区面积增长了 76.40%，同期农村人口减少 1.33 亿人，农村居民点用地却增加了 3045 万亩②③，人均面积从 205 平方米大幅增加至 276 平方米，村庄空置面积预计超过 1 亿亩（王世元，2014）。

为此，中央政府高度重视农村土地流转，期望通过农地流转和农村集体建设用地流转来破解农村土地利用粗放与效率低下的问题，从而促进农村土地制度改革、提高城乡土地资源配置效率和保障农民权益。一方面，中共中央和国务院在 2018 年"一号文件"中提出，按照依法自愿有偿原则，建立健全土地承包经营权流转市场，发展多种形式的适度规模经营。而且，2013 年中央"一号文件"首次明确指出，"鼓励和支持承包土地向专业大户、家庭农场、农民合作社流转，发展多种形式的适度规模经营"。2014 年，中共中央办公厅和国务院办公厅专门颁发了《关于引导农村土地经营权有序流转发展农业适度规模经营的意见》，要求各地区积极稳妥地推进农村土地流转和适度规模经营。2018 年 12 月第二次修正的《中华人民共和国农村土地承包法》（简称《农村土地承包法》）从国家法律层面再次明确，"承包方可以自主决定依法采取出租（转包）、入股或者其他方式向他人流转土地经营权"。另一方面，21 世纪以来，中央层面开始重视并加快了对改革集体建设用地流转的步伐，在立法层面对集体建设用地流转的范围进行了规范和限定，配套出台了若干相关政策文件。2004 年，《国务院关于深化改革严格土地管理的决定》中提出鼓励农村建设用地整理，城镇建设用地增加要与农村建设用地减少相挂钩，即城乡建设用地增减挂钩政策，开启了农村集体建设用地间接入市的序幕。2015 年，中共中央办公厅和国务院办公厅联合下发《关于农村土地征收、集体经营性建设用地入市、宅基地制度改革试点工作的意见》，其中集体经营性建设用地与宅基地改革都属于集体建设用地范畴，可见其在农村土地改革中的分量。

---

① 根据《中国国土资源年鉴》的统计数据整理。
② 国家新型城镇化规划（2014—2020 年），http://www.gov.cn/zhengce/2014-03/16/content_2640075.htm[2022-06-09]。
③ 1 亩≈666.7 平方米。

其后，在2019年的《中华人民共和国土地管理法》（简称《土地管理法》）修正案中，删除了原法第四十三条关于"任何单位和个人进行建设，需要使用土地的，必须依法申请使用国有土地"的规定，并提出"土地利用总体规划、城乡规划确定为工业、商业等经营性用途，并经依法登记的集体经营性建设用地，土地所有权人可以通过出让、出租等方式交由单位或者个人使用"。在法律层面确定集体经营性建设用地可以直接入市，破除了多年来集体建设用地不能直接进入市场流转的制度障碍，成为中国土地管理的又一重大制度创新。

在中央政策的鼓励和引导下，中国农村土地流转蓬勃发展，而且各地方实践探索出许多不同的流转模式。一方面，我国农地流转规模不断扩大，而且越来越多的规模经营主体参与其中，使得农地流转逐步分化为传统农户与农户之间的农地流转（简称传统农地流转模式）及农户与规模经营主体之间的农地流转（简称新型农地流转模式）。据农业农村部统计，2010~2019年，中国家庭承包耕地流转面积由1.87亿亩增加到5.55亿亩（占家庭承包经营耕地总面积的比重从14.65%提高到35.90%[①]），其中流转入规模经营主体（如专业合作社、农业企业及其他主体）的面积从0.58亿亩增至2.43亿亩（占耕地流转总面积的比重由30.83%升至43.82%）。另一方面，我国农村集体建设用地流转试点范围逐步扩大，并且演化为以指标增减挂钩为依托的间接流转（简称间接流转形式）和集体建设用地直接入市流转（简称直接流转形式）。其中，增减挂钩的试点区域由2006年的鲁、津、苏、鄂、川5个省（市）增至2011年的29个省（区、市），而批准设立挂钩试点项目区使用的周转指标由2006年的4923.00公顷增至2009年的10 183.30公顷（上官彩霞，2015）。先后形成了诸如天津的"宅基地换房"模式、江苏的"万顷良田建设"模式、山东的农村社区建设模式等间接流转模式（顾汉龙，2015）。后续更是引入市场机制，以指标市场交易体系为抓手，探索出诸如重庆地票交易模式等农村集体建设用地间接流转的市场化模式。自2007年开始试点集体建设用地直接流转以来，在地方层面，诸如广东的"三旧"改造成效开始显现，截至2019年，广东累计实施改造面积82.30万亩，累计节约土地20.40万亩，节地率达42.40%；其中2019年实施改造10.20万亩，完成改造7万多亩，创历史新高[②]。在国家层面，特别是2015年推行的"三块地"改革，开启了国家层面的集体经营性建设用地直接入市改革探索，并在北京大兴、广东南海、贵州湄潭等试点区域形成了行之有效的农村集体建设用地直接流转模式。

随着农村土地流转的逐步发展，农村土地流转的相关问题受到了学术界的广泛关注。但在现有的研究中，对农村土地（包括农地和集体建设用地）流转政策

---

[①] 根据农业农村部编的《2019年中国农村政策与改革统计年报》和原农业部编的《2012中国农业发展报告》中的相关数据整理。

[②] 广东首份省级"三旧"改造发展报告发布，https://www.sohu.com/a/391663337_161795[2020-04-27]。

的演变历程、农村土地流转及其模式的形成机理，以及农村土地流转在提高效率（如资源配置效率、农业生产效率）和改善公平（农民收入或福利）两个方面的绩效评价等问题研究不够。因此，本书对农村土地流转问题进行了系统的研究，围绕农地流转、集体建设用地流转两个方面，厘清流转政策的演变历程，应用宏观统计数据和微观调查数据，揭示农村土地流转及其模式的形成机理，从效率与公平两个视角评析农村土地流转的绩效，最后提出农村土地流转的优化政策建议及未来研究展望，以期为制定有利于促进农村土地流转、提高农村土地利用效率和保障农民权益的农村土地流转制度与公共政策提供科学依据。

## 第二节 农村土地流转国内外研究进展

### 一、农村土地流转状况和模式研究进展

#### （一）农地流转状况和模式研究进展

众多学者对我国农地流转状况进行了考察，结果表明近年来农地流转率增速加快。自我国实行农村土地家庭联产承包责任制以来，农地流转开始出现，然而直到 20 世纪 90 年代中期，农地流转的发生率一直偏低（刘克春，2006）。20 世纪 90 年代初，全国农地流转面积仅占家庭承包耕地总面积的 1%~2%（卞琦娟，2011）；1992 年，全国土地流转发生率仅有 2.90%（陈卫平和郭定文，2006）。到 21 世纪初期，农村大量劳动力跨地区流动，土地经营收入不高，加上地方政府的推动，农地流转规模扩大且速度也明显加快。2001~2010 年，全国家庭承包耕地流转总面积由 0.68 亿亩增加到 1.87 亿亩，占家庭承包经营耕地总面积的比例从 5%左右提高到 14.65%（牟燕，2007；中华人民共和国农业部，2012）；截至 2018 年底，全国家庭承包耕地流转面积达到 5.39 亿亩，占二轮承包耕地面积的 37%以上（张红宇，2020）。

现有针对农地流转模式的研究相对较少，对农地流转模式的划分也未统一。杨德才（2005）按照土地使用权的利用情况，将农村土地流转分为股田制、股份合作制（或入股）、出租（包括返租倒包）、转包、转让、拍卖、互换、代耕等八种模式。实际上，股份合作制（或入股）、出租（包括返租倒包）、转包、转让、互换等并不能称作模式，而是土地流转形式或方式（陈卫平和郭定文，2006）。肖轶等（2009）则根据地区进行农地流转模式划分，全国层面典型的农地流转模式有广东的南海模式、甘肃庆阳的土地股份合作社、山东枣庄的土地资本化试验、四川成都的农村产权交易所等，并对比分析了重庆的长寿区麒麟村的农地入股和九龙坡区的宅基地换住房、承包地换社会保障这两种典型的农地流转模式。此外，

也有学者对农地流转的供需主体进行模式划分,如田传浩(2003)根据农地使用权市场中供给主体的不同,将农地流转交易分为农户供给型农地使用权市场交易模式(包括转包、转让、互换、代耕代营)和集体供给型农地使用权市场交易模式(包括返租倒包、农地信托、农地入股、预留机动地协议、招标和拍卖等);黄延信等(2011)则从土地需求方的角度将流转土地的经营形式划分为种植大户、龙头企业、专业合作社、集体统一经营、股份合作经营等形式。

## (二)农村集体建设用地流转状况和模式研究进展

改革开放以来,我国农村集体建设用地流转范围及规模不断扩大、地域差异明显、流转方式(模式)从单一化向多元化转变(上官彩霞,2015)。以安徽芜湖、江苏苏州、广东深圳、浙江湖州为例,安徽芜湖是1999年国土资源部批准的第一个集体建设用地流转试点地区,首先在5个镇封闭进行,2003年4月,流转试点扩大到15个镇,2006年2月起,集体建设用地流转在全市铺开;江苏苏州1996年开始集体建设用地自发流转,当时苏州绝大多数乡镇企业改制办理了集体建设用地流转手续,1996~2006年,共流转农村集体建设用地约5333公顷;广东深圳宝安区和龙岗区两区在2000年6月以前的工业企业用地中85%是集体建设用地流转而来,2003年以来,广东发生集体建设用地流转2100宗,流转的土地面积为1550公顷,随后广东西部、北部等地区流转的土地占集体建设用地总量比例也超过了20%,这使广东成为全国第一个在全省范围内推行集体建设用地使用权流转的省份;浙江湖州南浔2000年以前通过出租、入股等方式获得集体建设用地使用权的乡镇企业累计达122家,流转的土地面积达167.93公顷,占土地总面积的72%,2003年获得集体建设用地使用权的乡镇企业增至171家,流转的土地面积增至233.45公顷,2012年土地流转面积更是达到15 200公顷(王松林,2001;上官彩霞,2015)。2015年,国家推行"三块地"改革,开启了集体经营性建设用地入市的改革序幕。据自然资源部的统计,截至2018年12月,全国集体经营性建设用地入市的地块达到1万多宗,面积规模达到9万多亩,总计得到257亿元价款,为国家增收了28.60亿元调节金;集体经营性建设用地抵押贷款228宗,贷款金额达38.60亿元。研究显示,集体经营性建设用地入市后主要用作工商企业生产性用地和生活性服务业用地(黄征学和吴九兴,2019)。

在我国农村集体建设用地流转过程中,不同地区依据自身特点进行了不同尝试与探索,产生了各种具有区域差异性的流转模式。在对我国农村集体建设用地流转模式的已有研究中,学者以不同的研究视角采用不同的分类标准,对集体建设用地流转的实施模式进行了分类。例如,陈会广等(2009)以地域特点为分类依据,梳理总结认为,自1999年国土资源部首先批准安徽芜湖作为集体建设用地流转试点以来，各地形成了具有地域特征的芜湖模式、苏南模式、南海模式、古田模式、安阳模式等集体建设用地流转模式。部分学者按照流转方式和土地权属性质及用途变化将集体建设用地流转模式划分为"保权让利""转权让利""规划区内转权让利，规划区外保权让利"三种（汪红群等，2002；刘永湘和杨明洪，2003；高迎春等，2007）。张梦琳（2008）、段晓梅和黄志亮（2009）等根据流转实践背景不同划分为乡镇企业改革、小城镇建设、农村工业化、统筹城乡发展模式；陈会广等（2009）基于市场与政府的替代关系总结出政府主导型、市场主导型和政府与市场并重型三种集体建设用地流转模式。特别是自2015年以来，随着"三块地"改革试验的全面推动，全国33个试点地区也分别探索和涌现出新的流转模式；从试点集体经营性建设用地入市的县市区来看，大多数试点地区进展顺利，开展了就地入市、异地调整入市和整治入市等实践，形成了具有推广价值的经验与操作案例（黄征学和吴九兴，2019）。例如，北京大兴镇级统筹模式（杨岩枫和谢俊奇，2016），浙江德清混合式入市模式（陈盼，2017），贵州湄潭的就地入市、调整入市、整治后入市综合模式（张玉梅和王子柱，2016），四川郫都村集体资产管理公司模式（孙伟，2018）。

值得注意的是，除了前述的农村集体建设用地直接流转外，在21世纪以来的农村集体建设用地流转实践中，更多的地区是以增减挂钩政策为抓手，进行农村集体建设用地间接流转的探索。在增减挂钩政策出台前期，大部分试点区域以增减挂钩政策为抓手，在国家制定的增减挂钩基本实施框架内进行模式探索，先后出现了多种特点鲜明的增减挂钩模式，包括天津"宅基地换房"模式（王腾飞和吴昊天，2016）、江苏"万顷良田建设"模式（上官彩霞，2015）、山东的农村社区建设模式（孙兰兰，2012）、四川成都拆院并院（韩立达和闫敏，2012）等。这些实践模式的本质是地方政府通过拆迁、复垦农村建设用地和农民集中居住获得建设用地指标。实践模式的差别体现在拆迁补偿水平和集中居住标准上，由地方政府部门主导制定，存在缺乏公共参与和讨论、占好补劣、挂钩资金筹集单一等问题（吕寒，2009；邱铃章，2010；汪晖和王兰兰，2011）。随着增减挂钩政策的不断深化，增减挂钩试点规模不断扩大、试点区域不断增多，部分试点区域突破了国家制定的增减挂钩基本实施框架，引入市场机制对传统增减挂钩模式进行创新，开启了以构建土地指标市场交易体系为主线的农村集体建设用地间接流转新模式，其中最为典型的应是重庆地票交易模式（顾汉龙，2020）。地票交易模式通过构建增减挂钩指标的市场化交易平台，突破了传统指标周转模式点对点、区域内的指标利用方式，从空间上和交易机制上实现了跨区域、市场化的资源配置（顾汉龙，2015）。此后，国家与区域层面更是围绕增减挂钩、补充耕地等指标，出台省域内甚至跨省域的指标市场调剂政策文件（王博等，2019），开始探索全国范围的农村集体建设用地间接流转市场化模式。

## 二、农村土地流转形成机理研究进展

### （一）农地流转形成机理研究进展

学者围绕农地流转的形成机理（影响因素）开展了一系列研究，主要包括宏观层面农地流转市场发育的影响因素分析和微观层面农地流转的形成机理（影响因素）研究。

1. 宏观层面农地流转市场发育的影响因素分析

农地流转是农地使用权（实践中具体化为农村土地经营权）的市场交易，农地流转市场的发育需同时具备农地使用权的有效供给和有效需求（陆文聪和朱志良，2007）。农地流转市场发育主要受到农地承包经营权的界定状况及其产权安排、社会经济条件（如村庄人地关系、经济发展水平、非农就业水平）、市场结构（如土地行政调整制度、市场中介服务组织）、宏观政策制度（如农村社会保障、社会化服务体系、户籍制度与基本农田保护政策），以及村干部的偏好和行为等因素的影响（Yao，2001；Kung，2002；钱忠好，2002，2003；田传浩，2003；Zhang et al.，2004；田传浩等，2005；叶剑平等，2006a；邓大才，2009；包宗顺等，2009；叶剑平等，2010；马瑞等，2011；张兰等，2014；Ito et al.，2016；Qiu et al.，2019）。

2. 微观层面农地流转的形成机理（影响因素）研究

现有从微观层面研究农地流转的形成机理的文献非常丰富，学者对农户农地流转意愿、转入转出行为及流转程度（面积、比例）的影响因素进行了大量的研究。研究发现，影响农户农地流转意愿、流转行为决策及结果的因素主要包括户主个人特征（如户主年龄、受教育程度、职业和非农就业技能）、农户家庭特征（如家庭人口规模、农业劳动力人数、非农收入比重）、农户农业生产特征（如农业劳动力人数、土地资源禀赋、畜役或耕牛数量、农业资产）、区域特征（如地理位置、经济发展水平、农地市场活跃程度）和制度环境（如产权制度、流转政策、中介服务）等方面（Yao，2000；Teklu and Lemi，2005；Tu et al.，2006；张丁和万蕾，2007；赵晓秋和李后建，2009；郝海广等，2010；林善浪等，2010；乐章，2010；李启宇和张文秀，2010；吕世辰和李华，2011；宋辉和钟涨宝，2013；徐美银，2014；石敏和李琴，2014；王亚运等，2015；何欣等，2016；冀县卿和钱忠好，2018；Jiang et al.，2019）。

此外，还有学者重点考察了产权安全和激励（田传浩和贾生华，2004；许恒周和郭忠兴，2011；Che，2014；Yan and Huo，2016；林文声等，2017；胡新艳等，2018）、非农就业（Yao，2000；Kung，2002；石晓平等，2004；马瑞等，2011；Huang et al.，2012；Che，2016；Xie and Lu，2017；李宁等，2018）、农户分化和兼业（廖洪乐，2012；Xu et al.，2018）、社会保障和功能替代（何国俊和徐冲，2007；赵光和李放，2014；聂建亮和钟涨宝，2015；张锦华等，2016；Wang et al.，2019）、自我剥削和农地禀赋效应（马贤磊等，2017）、生计资本（杨卫忠，2015；朱兰兰和蔡银莺，2016；王亚运和蔡银莺，2017；Min et al.，2017；苏岚岚等，2018；苏岚岚和孔荣，2019）、村委会干预和交易成本（Shi et al.，2018；Wang，2019；邰亮亮，2020）、农业补贴（吴鸢鸢等，2014；冀县卿等，2015；Zou et al.，2020；Zhang et al.，2019）、农业社会化服务（杨子等，2019）、饥荒经历（Deng et al.，2019）、互联网使用（张景娜和张雪凯，2020）等其他因素对农户农地流转意愿、流转行为决策及其结果的影响。

## （二）农村集体建设用地流转制度形成机理研究进展

我国农村集体建设用地制度变迁经历了从所有权确立、禁止流转、自发流转到试点流转的变迁过程（吕晓等，2015；丁琳琳等，2016；欧名豪和陶然，2016）。对于集体建设用地流转从无到有的演变过程，不同学者从不同方面分析了其形成机理。部分学者从集体建设用地流转的外部环境入手，认为城镇化快速推进中城镇建设用地供给不足（何秋洁等，2011；杜林永，2012）、耕地数量锐减导致的管理趋严（曲福田等，2010）、农村建设用地缺乏科学指导规划而粗放利用（李旺君等，2009；邱继勤等，2010），以及小城镇的集聚效应日趋明显（王振波等，2012）等因素可能激发了农村集体建设用地的自发流转。还有部分学者认为集体建设用地流转形成的原因主要是参与主体的收益大于成本（姜开宏等，2005；吴月芽，2005），即使是处于灰色状态的集体建设用地流转，其也能够在一定程度上满足农民获取土地级差收益的诉求，促使政府与农民都能够获取部分置于公共领域的租值，弥补农村经济运行效率损失（黄砺和谭荣，2015）。此外，还有部分学者分析认为虽然农村集体建设用地自身所固有的商品属性、建筑地租及资本增值特性决定了集体建设用地流转的必然性，但是这些因素不能解释集体建设用地流转从1984年的自发无序阶段到1996年之后的规范流转阶段再到2003年之后要逐步建立城乡统一的建设用地市场的变迁过程，真正驱动集体建设用地流转得以持续发展的因素是社会经济发展和土地制度（叶艳妹和彭群，2002；陈利根和龙开胜，2011）。

除了上述从整体上考察中国农村集体建设用地流转制度变迁形成机理外，诸多学者以案例的形式探索地方实践的制度创新过程。例如，曹正汉（2011）以浙江和广东为例,在构建地方政府与农民的资源转移博弈模型分析现行征地制度框架下,农民的安置方式为何从招工安置变迁到开发性安置和留用地安置;刘宪法(2011)以土地产权利度为分析脉络,分析广东南海模式的形式、发展和变迁;钱忠好(2006)构建"外部利润——同意一致性与制度创新"分析框架对昆山富民合作社制度创新和农地股份合作社进行了制度解析。2015年"三块地"改革试点启动后,相关研究大量涌现。例如,宇龙(2016)对四川郫县集体经营性建设用地入市改革的具体探索进行了归纳总结,将其制度探索归结为四个方面、四个阶段,并提出了郫县建设用地改革试点实践中的法律障碍及改革建议。舒宁(2017)以北京市大兴区为例,通过解读试点文件并结合大兴区实际情况,深入解析了大兴区集体经营性建设用地入市模式的形成机理及面临的多项挑战。邱芳荣等(2018)以浙江德清为例,总结了德清县通过确立建设一个统一市场、平衡两种权利、坚守三条底线、遵循四项工作原则的改革路径,构建一办法、两意见、五规定、十范本的政策体系,有效推进了集体经营性建设用地同权同价、同等入市的改革路径。虽然"三块地"改革实施破除了多年来集体建设用地不能直接进入市场流转的法律障碍,但是目前的改革还主要是针对总量占比较少的集体经营性建设用地,未涵盖整个农村集体建设用地。从整个农村集体建设用地流转来看,集体建设用地仍无法享受与国有土地同等的待遇,城乡建设用地二元问题依旧存在,而这种二元分化下的政府管制失灵、现行法律法规的限制约束、集体土地产权不清晰、权能残缺不全、公权力与私权力之间的冲突和农民社会保障体系建设滞后等因素,严重阻碍集体建设用地流转制度构建的顺利推进(吕萍和支晓娟,2008;郭瑞雪和付梅臣,2014;王振坡等,2015;刘新平等,2015;操小娟,2015;罗湖平和谢炳庚,2017;李永乐等,2017)。

## 三、农村土地流转绩效评价研究进展

### (一)农地流转绩效评价研究进展

已有关于农地流转绩效的评价研究考察了效率和公平两大方面的绩效,结合农地流转逐步分化为传统农地流转模式和新型农地流转模式的现实,本部分从效率和公平视角分别对两种农地流转模式绩效研究进行梳理。

1. 效率视角的农地流转绩效研究进展

1)传统农地流转模式的效率绩效研究

综合国内外相关文献发现,学者主要围绕资源配置效率和农业生产效率来探讨传统农地流转模式的效率绩效。

根据经济学理论，如果没有市场缺陷，土地和劳动力的边际产值应当等于农户参与该市场所获得（支付）的土地租金或薪资，此类农户的生产和消费决策具有可分性，其资源配置是有效的；但如果在土地和劳动力市场中都是自给自足的，那么土地和劳动力的边际产值取决于农户自己所拥有的土地和劳动力的资源，此类农户的生产和消费决策具有不可分性，其资源配置是无效的（Sadoulet and de Janvry，1995；Sadoulet et al.，1998）。学者的实证研究结果验证了这一理论：参与土地租赁市场（不论有无参与劳动力市场）的农户都是配置有效的，而只参与劳动力市场或（土地和劳动力）两个市场都不参与的农户都是配置无效的，表明参与土地租赁市场的农户能够自由调整土地经营规模，使得土地和劳动力投入比例处于最优，而自给自足的农户难以做到这一点（Feng，2006；李明涛，2013）。

国内外学者一致认为，通过将土地从农业生产能力差（低效率）的农户向生产能力强（高效率）的农户转移，农地流转可以提高农业生产效率（Deininger et al.，2008b；Zhang，2008；Jin and Deininger，2009；孔融融，2011；陈海磊等，2014；Chamberlin and Ricker-Gilbert，2016；杨钢桥等，2018）。而且，研究发现，在将土地转移给农业生产能力比较高（更有效率）的生产者方面，农地流转的作用远优于行政性的再分配（如土地调整）（金松青和 Deininger，2004；Deininger and Jin，2005）。然而，也有学者指出，尽管农地流转有利于土地流向效率更高的生产者，但这种生产效率的提升可能被效率低下的契约安排（如分成制租赁）所抵消；通过在产出分成的契约形式中加强对承租人的监管或者采取租赁双方共同分担投入成本的形式，消除分成制租赁带来的马歇尔低效（Deininger et al.，2008a；Deininger et al.，2013）。

2）新型农地流转模式的效率绩效研究

目前，关于新型农地流转模式的效率绩效研究相对较少，已有文献主要探讨规模经营主体参与农地流转对农业生产效率的影响。学者主要关注的是家庭农场、种植大户等规模经营主体转入土地、扩大规模对农业生产效率的影响。具体地，基于统计分析的研究发现，浙江省种粮大户粮田经营规模的变动与土地生产率（粮食单产）无关，但规模的扩大能够显著提高劳动生产率（黄祖辉和陈欣欣，1998）；对江苏、浙江、山东三省农业经营大户的调查结果显示，大部分农业经营大户的土地绩效（如大田作物的平均亩产量）都比租赁前有所改善（贾生华等，2003）；但利用卜凯农村社会调查的原始农户数据资料，比较分析小型、中小型、中型、中大型和大型农户的土地生产率差异，结果发现耕地面积与土地生产率呈负向关系（胡浩和于敏捷，2015）。以江苏省三个典型家庭农场为案例，张悦和刘文勇（2016）的研究显示，尽管家庭农场的劳动生产率显著高于小农户，但其在土地生产率方面较小农户并无显著优势，甚至土地生产率略低于小农户。此外，个别学者运用计量经济模型对农地经营规模与农业生产效率之间的关系进行实证检验。其中，对浙江省设施种植业经营户的研究表明，无论是基于土地生产率、劳动生产率还是资本利润率测度的最佳经营规模，都远大于浙江省设施种植业生产主体的实际经营规模，表明经营户扩大规模仍是有利可图的（张忠明等，2011）；基于种粮大户的实证分析发现，种粮大户的土地生产率、成本利润率及技术效率都与农地经营规模呈倒"U"形非线性关系，而种粮大户的劳动生产率与农地经营规模则呈正向线性关系（姚增福和刘欣，2012；王玥，2016）；针对家庭农场的实证研究也发现，家庭农场效率与农地经营面积之间呈倒"U"形关系，农地经营规模过小或过大都不利于家庭农场效率的提高（钱忠好和李友艺，2020）。

2. 公平视角的农地流转绩效研究进展

1）传统农地流转模式的公平绩效研究

农地流转的公平绩效一直备受关注，学者围绕农地流转对土地使用权配置、农户收入及分配的影响展开了大量的研究。

关于农地流转对土地使用权配置的影响，国内外研究普遍认为，土地租赁市场通过将土地从土地资源禀赋充裕的农户向土地资源禀赋匮缺的农户转移，为无地少地的贫穷农户提供了获取土地和脱贫的有效途径，因此有利于缓解土地分配不均状况和增加穷人的公平获益机会（Deininger et al.，2003a；金松青和 Deininger，2004；Deininger et al.，2008b；Chamberlin and Ricker-Gilbert，2016）。

对农户收入的影响方面，农地流转通过形成一种分拣机制，有助于农业生产能力较高但非农就业机会较少的农户转入土地和扩大经营规模，而农业生产能力较低但具有非农就业优势的农户转出土地和参与非农活动，进而促进农户收入（农业和非农收入）的提高（Teklu and Lemi，2005；Deininger and Jin，2005；Deininger et al.，2008b；Zhang，2008）。少数探讨农地流转对农户收入分配（或收入不平等）影响的研究得到了不同的结论。有学者认为，农地流转具有促进农户收入平均分配进而缩小收入差距的作用（Benjamin and Brandt，1997），农地流转使得不具有非农就业优势的农户可以获取更多土地以提高农业收入，从而有利于抑制和减缓非农收入对农村收入差距的拉大效应（Zhang，2008；Yang，2015）；但也有学者发现，村庄层面土地租赁市场的活跃程度和完善程度对农户收入不平等程度均无显著影响（Kung and Lee，2001；Yang，2015），或者说农地流转不是农村内部收入差距扩大的主因，因为农地流转对农村内部收入差距的贡献度不足 5%（杨子等，2017）。考虑农地转入和转出的异质性影响，基于 2013 年江苏省实地调查数据的研究发现，农地转入对总收入低且仍以农业收入为主的农户的增收效果更为显著，有利于缩小农户收入差距（Zhang et al.，2018a）；但基于 2015 年全国 6 省农村实地调研数据的研究却显示，农地转入使得收入水平越高的农户获益越大，会扩大农户收入差距，而农地转出仅使部分低收入户增收，在一定程度上会缩小收入差距（郭君平等，2018）。

2）新型农地流转模式的公平绩效研究

随着新型农地流转模式的产生和发展，少数学者也开始关注规模经营主体参与的农地流转的公平绩效，并从土地使用权配置和农户收入两个方面展开研究。

（1）对土地使用权配置的影响方面。田传浩和贾生华（2003）的研究发现，与农户自发交易及土地使用权配置的基尼系数无显著相关性不同，村集体经济组织介入的农地流转显著促进了土地使用权的集中和规模经营；而且，当其他市场（如信贷市场和保险市场）不完善及存在不恰当的政策时，雇工农场可能比家庭农场更有效率，使得土地使用权在市场机制的作用下集中到雇工农场手中（田传浩等，2004）；实证分析结果显示，在中国耕地均分的制度背景下，农地租赁市场增加了村庄内土地使用权分配的不平等程度，且村庄存在的农业规模经营支持政策会使土地使用权配置更加不平等（田传浩和方丽，2014）。

（2）对农户收入及收入分配的影响方面。与农户自发的农地流转相比，政府主导的农地流转有利于农户人均租地收入、人均土地资源报酬显著增加，但却导致农户人均纯收入、人均非农业收入和人均农业收入明显降低（诸培新等，2015）；从苹果专业种植户的研究发现，农地转入有利于苹果专业种植户扩大经营规模，进而显著提高家庭农业人均纯收入及家庭（人均）纯收入，且家庭纯收入也会随着转入土地面积的增加而显著提升（侯建昀等，2016；侯建昀和霍学喜，2016）；然而，也有研究表明，农户农业收入随着转入规模增加呈现出先增后减的倒"U"形趋势，即超过一定规模，农地转入面积越大，农户的经济收益率反而越低，因此不能盲目扩大流转面积和经营规模（徐玉婷等，2016）。此外，个别学者考察了政府干预农地流转市场（包括提供农地流转中介组织服务、下达推动农地流转和规模经营的行政命令、实施农地流转补贴政策）对农户收入分配的影响，结果发现，政府提供农地流转中介组织服务有利于减轻农户收入不平等程度，而实施农地流转补贴政策、下达推动农地流转和规模经营的行政命令则会加剧农户收入不平等程度（张建等，2017）。

## （二）农村集体建设用地流转绩效评价研究进展

已有关于农村集体建设用地流转绩效的评价研究主要集中在两个方面，一是评价集体建设用地流转项目实施前后区域总体效益的改善情况；二是关注流转项目实施前后各参与主体的利益变化及权益保障情况。因此，下面将分别从效益视角和公平视角进行文献回顾。

### 1. 效益视角的集体建设用地流转绩效研究

从效益视角关注农村集体建设用地流转绩效的学者主要从经济效益、社会效益和生态效益三个方面进行研究，有的学者仅针对某一种效益进行评价，有的则综合考虑了三种效益。郭文华等（2005）认为集体建设用地流转中如增减挂钩项目的经济效益评价，应包括财务评价和国民经济评价两个部分；马永坤（2011）运用案例分析的方法，以成都市温江区为例，从经济和社会效益两个角度对流转项目的实施绩效进行了分析；王宏娟等（2014）从利益主体的视角出发，以北京市为例，通过分析流转过程中利益相关方的利益诉求，发现集体建设用地流转已逐步成为村集体经济组织增收的重要渠道；杨军（2017）以浙江湖州吴兴"房票"为例，分析认为吴兴的制度设计在短期内可以增加农民财产性收入，但是长期来看存在难以持续经营的困境；张婷等（2017）应用1872份市场交易数据和372份调研数据，对广东佛山南海区农村集体建设用地流转市场的交易费用进行了分析，发现南海区市场交易形式存在明显的偏向性，以租代让现状普遍存在，而且，集体经济组织自组织化是市场有效交易的重要制度变迁；王福利等（2017）总结了山东省临沂市农村集体建设用地流转工作经验，认为集体建设用地流转增加了村集体的经济效益。相比以上学者的研究，部分学者依据现实案例，综合考量了集体建设用地流转在经济效益、社会效益和生态效益三个方面的情况（黄春芳，2011；周慷慨等，2012；李国权，2012；刘双振，2012）。例如，吉登燕（2011）结合资产评估的相关方法，将流转项目实施前后的经济效益、社会效益和生态效益三种效益价值化，并结合各相关参与主体所承担的成本和收益对整个项目的净效益值进行了估算；文思北等（2012）以贵州关岭自治县集体建设用地流转项目为例，运用模糊评价法和层次分析法构建指标评价体系，从项目实施前和项目实施后社会、经济、生态三个方面进行了综合效益评价；赵芸逸等（2017）以湖北省的五个增减挂钩项目作为研究对象，从经济、社会、生态三个方面构建效益评价指标体系，测度政府主导模式和市场主导模式下各项目在挂钩实施前后效益的隶属度。结果显示，政府主导模式下，综合效益隶属度增长幅度一般，社会效益增长最大，而市场主导模式下，经济效益和生态效益隶属度增长幅度均较为明显，但存在较大波动和风险。还有一部分学者从流转项目的构成要素出发，选取指标对流转项目进行评价。例如，袁浩正（2011）选择如村民支持率、归还指标占周转指标比例、村民是否能按时入住安置房等指标构建评价体系对集体建设用地流转项目实施情况进行评价；朱华（2016）选取集体建设用地总量、集体建设用地流转量、集体建设用地流转收益、集体建设用地抵押融资和资金等各方面的投入等指标构建评价体系，对成都市集体建设用地流转政策进行了评估。

### 2. 公平视角的集体建设用地流转绩效研究

农民在农村集体建设用地流转项目实施过程中常处于弱势位置（陈家泽，2008；刘彦随，2010），其权利和利益能否在项目实施过程中得到保障是学者关注的焦点。部分学者从农民参与集体建设用地流转项目意愿方面对流转的公平绩效进行研究，例如，张远索等（2012）以农民参与流转项目的意愿为主要调查内容，选取了北京市某远郊区县 245 个相关农户进行了调查，认为增减挂钩政策是好政策，农民对该政策也较为认可，但是增减挂钩政策在实施环节存在很多问题，另外当前增减挂钩政策试点批准节奏过快，建议在完善好相关配套政策尤其是公平明晰的利益分配方案之后再行推进；周铁刚等（2013）采用问卷调查和多元 Logistic 回归分析方法，对山西省河津市集体建设用地流转项目中农户的搬迁意愿及其影响因素进行了实证分析，认为年龄、家庭主业、住房修建年代、所处地形及通达程度是影响农户搬迁意愿的主要因素。部分学者从流转项目实施前后农民福利变化情况、实施的收益分配模式对集体建设用地流转的公平绩效进行衡量（贾燕等，2009；徐烽烽等，2010；马贤磊等，2012）。在此基础上，部分学者总结了其中可能存在的问题及相关建议。例如，陈美球和马文娜（2012）在对江西省九江市的修水县、赣州市的赣县区、吉安市的吉安县和上饶市的广丰县[①]进行实地调研的基础上，采用典型案例、小型座谈会和问卷调查三种方式对农民参与流转项目前后的福利情况进行了衡量，分析认为当前增减挂钩中存在农民利益保障的理论基础薄弱、公众参与机制不健全、农民利益保障监督机制缺失等问题；刘巧芹（2013）通过对各地流转案例进行总结归纳，发现我国当前集体建设用地流转中的收益分配缺乏行之有效的监督管理；黄雯欣和唐晓莲（2017）以广州城中村集体建设用地流转项目为例，研究发现对于集体经济规模较大、土地收益较高的村庄，更需要在收益分配过程中注重公平性和透明性。还有些学者主要从农民参与集体建设用地流转项目的满意程度上对公平绩效进行评估。例如，韩啸和张安录（2018）通过对湖北省增减挂钩政策实施示范区农户的抽样调查，采用重要性-绩效表现分析（importance-performance analysis，IPA）法和有序 probit 模型（ordered probit model），探讨了农户政策参与程度、个人及家庭特征等因素对其政策实施满意度的影响，进而建议应基于农户异质性制定差别化的补偿机制、建立科学长效的农户参与激励机制、构建立体的政策实施监督和问责机制；吴云青等（2013）以天津市东丽区华明街道流转项目为例，通过实地调查，运用 IPA，对农户感知的各挂钩要素的重要性和满意度进行对比分析，并据此构建了方格图，提出可采用继续努力、重点改进、不宜优先、不刻意追求等

---

① 2015 年，广丰县经过撤县设区变为广丰区。

策略来进一步完善增减挂钩工作；王雅文等（2011）通过对成都新津县[①]3个农民安置区的实地调查，构建了基于客观建设条件与主观满意度的安置区人居环境指标体系，运用模糊综合分析法对主观、客观两个方面因素进行综合分析，得出居民对安置区的满意度及安置区建设条件的评价。

## 四、简要评述

综上所述，国内外学者对农村土地（包括农地和集体建设用地）流转的模式、形成机理和绩效评价均已开展了一定的研究，但在以下方面仍有待深入研究。

第一，农村土地流转模式研究方面。在农地流转模式的相关研究中，学者从不同角度、对不同区域的农地流转模式进行了分类总结，但由于对农地流转模式的分类和认识标准因人而异，没有形成统一的模式划分标准；在农村集体建设用地流转模式的相关研究中，学者主要对典型模式采用案例分析的方法进行研究，但是缺乏对近期农村"三块地"改革后地方模式的考察分析。

第二，农村土地流转形成机理研究方面。关于农地流转形成机理的研究现有文献主要是宏观层面制度性影响因素的定性分析或基于微观层面农户流转决策影响因素的定量探讨，前者实证分析的欠缺使得研究结论缺乏说服力和针对性，而后者并不能解释农地流转的区域差异，也难以全面揭示农地流转的形成机理，且已有研究更缺乏对农地流转模式分化形成机理的剖析；在对中国农村集体建设用地流转政策形成机理的研究中，现有研究多侧重于定性分析农村集体建设用地政策的演化过程，缺乏从理论上深层次地探讨政策的演化机理，也未区别21世纪后我国农村集体建设用地流转政策变迁实质存在间接流转与直接流转的双路径演变特征。

第三，农村土地流转绩效评价研究方面。在农地流转绩效评价研究中，一方面，从效率方面的绩效研究来看，学者主要聚焦于传统农地流转模式对农业生产效率的影响，缺乏考察其对土地劳动力配置效率影响的实证研究，更匮乏对新型农地流转模式在效率方面的绩效评价；另一方面，从公平方面的绩效研究来看，已有文献往往局限于某个时点、某个地区农地流转对农民总收入影响的研究，未能从历史变化角度考虑不同农地流转发展状况对农民收入的不同影响，也鲜有文献关注农地流转模式分化（尤其是新型农地流转模式）对农户收入的影响。

在农村集体建设用地流转绩效评价研究中，一方面，从效率视角的绩效研究来看，学者目前的研究视角多局限于对某个流转项目实施前后效益的评价上，缺少从更为宏观的视角对集体建设用地流转实施效果的评价；另一方面，从公平视角的绩效研究来看，虽然目前以农民参与意愿和农民福利水平为视角的研究较多，

---
[①] 2020年，新津县经过撤县设区变为新津区。

但对于流转政策下农民满意度的研究则相对较少，并且大部分研究集中在对单一模式的分析，缺少对不同模式之间的比较研究。

鉴于此，本书对农村土地流转问题进行了系统的研究，围绕农地流转、集体建设用地流转两个方面，厘清流转政策的演变历程，应用宏观统计数据和微观调查数据，揭示农村土地流转及其模式的形成机理，从效率与公平两个视角评析农村土地流转的绩效，进而提出农村土地流转优化的政策建议，最后提出未来的研究展望。

## 第三节　农村土地流转研究框架

### 一、农村土地流转研究目标

遵循"制度环境—形成机理—制度绩效"的逻辑，围绕农地和集体建设用地流转，梳理我国农村土地流转政策的历史演变，揭示农村土地流转及其模式的形成机理，分别从效率与公平两个视角评析农村土地流转的绩效，最后提出农村土地流转优化的政策建议，以期为制定有利于促进农村土地流转、提高农村土地利用效率和保障农民权益的农村土地流转制度与公共政策提供科学依据。

研究的具体目标如下：①系统梳理我国农地流转政策的历史演变，全面揭示农地流转及其模式的形成机理，从效率和公平视角评价农地流转及其模式的绩效，提出促进农地流转的政策建议；②梳理总结我国农村集体建设用地流转制度的历史变迁，总结分析当前农村集体建设用地流转的典型模式，深入剖析农村集体建设用地流转制度政策的形成机理，从效率和公平两个方面系统评价当前我国农村集体建设用地流转的绩效，提出优化农村集体建设用地流转的政策建议。

### 二、农村土地流转研究内容

围绕上述研究目标，本书分上篇、下篇，分别从农地流转和集体建设用地流转两个方面展开研究。

#### （一）农地流转相关内容

农地流转是实现农地适度规模经营的前提条件和发展现代农业的必由之路，对于优化土地资源配置、提高劳动生产率、促进农业技术推广应用、保障粮食安全、实现农业增效和农民增收具有重要意义。因此，本部分围绕农地流转的相关问题，具体研究内容包括：①农地流转政策的历史演变。梳理我国农地流转政策的制度演变，并将农地流转政策的发展划分为禁止流转、探索起步、法律规范、全面推进及制度创新五个阶段。②农地流转形成机理及对收入的影响。基于江苏省宏观统计数据，分析农地流转产生和发展所需的区域社会经济及制度环境，考察农地流转对农户主要收入来源（即家庭经营纯收入和工资性收入）的影响。③农户参与农地流转及其效率绩效评价。基于江西省和江苏省农户调查数据，分析影响农户参与农地流转的因素，进而探究农户参与农地流转对土地劳动力配置效率、土地生产率和土地利用效率的影响。④农地流转模式分化及其对农业生产效率和农户收入的影响。基于江苏省农业经营主体（传统小农户和种植大户、家庭农场等规模经营主体）调查数据，分析转出户选择不同流转去向的影响因素，考察农地流转模式分化对农业生产效率、农户收入的影响。⑤农地流转研究结论、政策建议及研究展望。总结上述农地流转相关问题的研究结论，提出促进和完善农地流转的政策建议，最后提出未来的研究展望。

## （二）农村集体建设用地流转相关内容

快速的城镇化进程和愈发趋紧的资源环境约束使得原有的建设用地粗放式外延扩张模式难以为继，农村集体建设用地流转已经成为破解我国经济发展与资源保护两难困境的关键所在。因此，本部分围绕农村集体建设用地流转的相关问题，具体研究内容包括：①农村集体建设用地流转政策的历史变迁。本部分梳理我国农村集体建设用地流转政策的制度演变，并将流转政策的发展划分为全面禁止、自发形成和运行无序混乱、试点兴起和有限规范探索、制度突破和多元化规范等四个阶段。②农村集体建设用地流转模式。本部分以间接流转与直接流转的两类变迁为主线，基于21世纪后我国农村集体建设用地流转的地方实践，通过梳理比较江苏"万顷良田建设"与重庆地票交易、广东佛山三旧改造与广东南海土地整备、北京大兴镇级统筹、贵州湄潭异地调整入市等典型模式，分析总结我国农村集体建设用地流转的模式创新及其主要特征。③农村集体建设用地流转制度形成机理解析。通过构建农村集体建设用地制度创新的理论分析框架，梳理剖析我国农村集体建设用地流转制度政策的形成机理。④农村集体建设用地流转效率绩效评价。本部分以农村集体建设用地间接流转形式为主线，选择增减挂钩政策试点的典型模式——重庆地票交易为对象，评析当前我国农村集体建设用地流转在资源节约与经济促进、市场交易机制优化等方面的绩效。⑤农村集体建设用地流转公平绩效评价。本部分继续以农村集体建设用地间接流转形式为主线，选择增减挂钩政策试点的另一典型模式——江苏"万顷良田建设"为对象，考察我国现行农村集体建设用地流转政策对农民福利的影响。⑥农村集体建设用地流转研究结论、政策建议及研究展望。总结上述关于我国农村集体建设用地流转的研究结论，并提出完善农村集体建设用地流转的政策建议，最后提出未来的研究展望。

## 三、农村土地流转研究思路

本书将农地、集体建设用地流转纳入统一分析框架,围绕"制度环境—形成机理—制度绩效"这一逻辑主线,将整个研究主要分为三个阶段,即"农村土地流转政策的历史演变"研究阶段、"农村土地流转及其模式分化:形成机理"研究阶段、"农村土地流转绩效评价"研究阶段,见图 1-1。

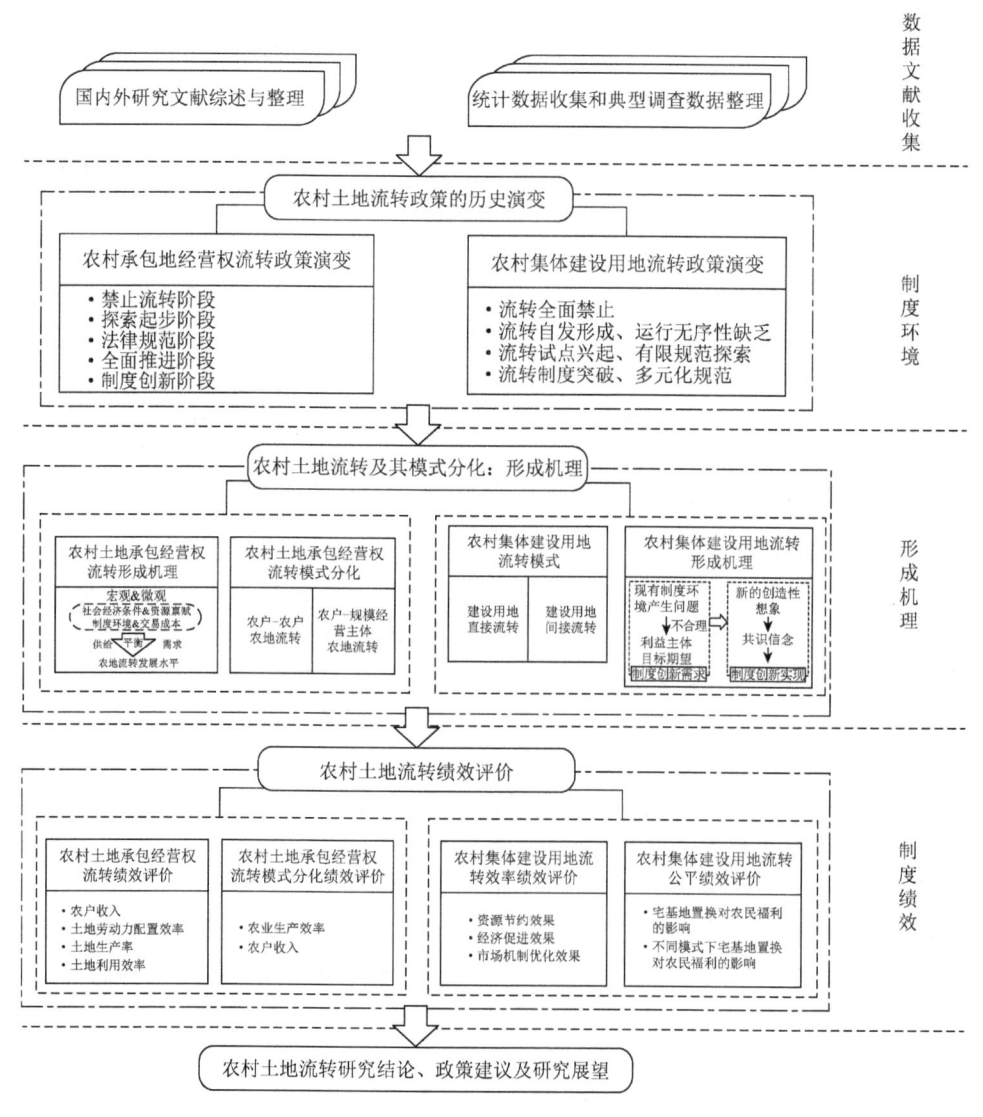

图 1-1 农村土地流转问题研究思路

## 第四节 主要创新点

本书的创新之处主要体现在以下三个方面。

（1）研究内容上具有全面性和创新性。本书对农村土地流转（包括农地流转和集体建设用地流转）的形成机理和绩效进行了全面系统的研究。在农村土地流转形成机理研究中，既考察了农地流转的影响因素，又揭示了农地流转模式分化的形成机理，还探析了农村集体建设用地流转的制度成因。在农村土地流转绩效评价中，不同于以往相关研究多关注效率绩效，本书既关注效率绩效又关注公平绩效，对农地流转的配置效率、农业生产效率、收入效应及集体建设用地流转的经济效益、配置效率、福利效应进行综合评价，力图全面了解与把握农村土地流转政策的实施效果。尤其需要强调的是，在中央政策的鼓励和引导下，我国农地流转规模不断扩大，而且越来越多的规模经营主体参与其中，使得农地流转模式出现分化（即农户与农户、农户与规模经营主体之间的农地流转），进而在效率和公平方面可能产生不同的影响。本书在国内较早关注到农地流转模式分化，突破了以往研究主要针对传统农地流转模式的缺陷，考察了农地流转模式分化的形成机理，以及效率、公平绩效，使农地流转研究涵盖的内容更为全面，研究结果也更符合客观实际。

（2）分析方法上具有巧妙性和创新性。在农村土地流转形成机理研究中，对有宏观统计数据支持的农地流转采用计量经济方法分析其影响因素，而对缺乏数据支撑的农村集体建设用地流转则应用制度经济学分析范式剖析其形成机理。在农村土地流转绩效评价研究中，对农地流转的效率与公平绩效评析时，考虑到农户参与农地流转决策和行为的内生性，构建内生转换模型来准确定量评价农地流转的综合绩效。在考察农村集体建设用地流转效率绩效部分，一方面巧妙地将重庆市各区县视为地票交易主体，应用主体行为选择模型，构建重庆地票交易的二元选择模型，定量评估了重庆地票交易的效率绩效；另一方面创新性地运用合成控制法（synthetic control method），系统评估了重庆地票政策的直接（人均耕地、人均城市建设用地）和间接［人均国内生产总值（gross domestic product，GDP）、非农就业人口比重］影响，从而更为全面、准确地评估了农村集体建设用地间接流转模式的效率绩效。

（3）研究视角具有综合性和创新性。本书建立起了农村土地流转绩效的宏观与微观评价相结合的分析体系，对农地流转的效率与公平绩效评价时，既利用微观层面（农户调查）数据检验农地流转的配置效率、土地生产率及土地利用效率，又运用宏观层面（市级统计）数据考察农地流转的收入效应；对农村集体建设用地流转的效率与公平绩效评价时，既有宏观（区县）层面农村集体建设用地流转的经济效益和配置效率评析，也有微观（农户）层面农村集体建设用地流转的福利效应分析，实现了对农村土地流转不同层面的效率和公平绩效的综合把握。

# 上篇　农村承包地经营权流转

# 第二章 农地流转政策的历史演变

改革开放以来，随着市场经济体制的建立和发展、工业化和城镇化建设稳步推进，农村劳动力大量转向非农就业，农地流转也越来越频繁。从总体来看，我国农地流转政策的发展经历了禁止流转、探索起步、法律规范、全面推进及制度创新几个阶段[①]。

## 第一节 1978～1983年：禁止流转阶段

通过"互助组（1953年）—初级农业生产合作社—高级社（1957年）—人民公社"的一系列合作化运动，农民剩余高度集中的体制得以确立。然而集体生产中存在监管困难、对管理者激励不足及合作生产中劳动者积极性低等突出问题，导致农村经济的发展受到严重影响。突破原有土地制度的束缚成为必然趋势，1978年12月，安徽凤阳小岗村的18位农民在政策不允许的情况下，冒着极大风险，最先自发实行包产到户。1982年1月1日，中共中央第一个关于农村工作会议的"一号文件"，明确指出包产到户、包干到户的合法性，对家庭联产承包责任制予以充分认可。到1983年，全国农村实行包干到户的农户数占全国农户总数的94.50%，实行家庭联产承包责任制的生产队占全国生产队总数的99.70%，家庭承包的耕地面积占总耕地面积的97%（曹幸穗，1996）。家庭联产承包责任制的制度改革实现了土地集体所有权与家庭承包经营使用权的两权分离模式，这为农民对农地使用权的流转提供了权利基础。

然而，政策与法律在此阶段仍然明确禁止农地流转。1982年的《中华人民共和国宪法》第十条第四款规定："任何组织或者个人不得侵占、买卖、出租或者以其他形式非法转让土地。"同年的中央"一号文件"《全国农村工作会议纪要》（中发〔1982〕1号）也指出："社员承包的土地，不准买卖，不准出租，不准转让，不准荒废，否则，集体有权收回；社员无力经营或转营他业时应退还集体。"在这一阶段，国家政策与法律层面严令禁止农地流转，但是家庭联产承包责任制的现实突破与诞生为农地流转带来了契机，存在部分农民私下流转行为。

---

[①] 本部分内容改写自：张婷. 2015. 农地流转对农民收入的影响研究——基于全国和江苏省的实证分析. 南京：南京农业大学硕士学位论文.

## 第二节 1984～2002年：探索起步阶段

生产队体制向家庭联产承包责任制的转变，对农业增长正的显著刺激效应在1984年后呈现出放慢的现象（Lin，1992）。土地均分制度导致的农户土地经营规模小、土地细碎化、农业经营效率偏低等局限性开始凸显，而农民的农地流转可以更好地解决土地、劳动力等生产要素的配置问题，提高农业生产率。同时，1984年出现农民卖粮难等增产不增收的现象，导致劳动力大量剩余，亟须国家出台相关政策落实人口自由流动、充分就业及农村地权稳定等问题。一方面，出台了《国务院关于农村个体工商业的若干规定》和《国务院关于农民进入集镇落户问题的通知》，为农民的就业、落户城镇问题放宽了条件；另一方面，1984年中央"一号文件"《中共中央关于一九八四年农村工作的通知》规定"土地承包期一般应在十五年以上"，"在延长承包期以前，群众有调整土地要求的，可以本着'大稳定、小调整'的原则，经过充分商量，由集体统一调整"，延长至15年土地承包期为农民提供了较为稳定的土地产权。这两个方面都为农地流转提供了充足的有利条件。同时，"一号文件"进一步提出"鼓励土地逐步向种田能手集中。社员在承包期内，因无力耕种或转营他业而要求不包或少包土地的，可以将土地交给集体统一安排，也可以经集体同意，由社员自找对象协商转包，但不能擅自改变向集体承包合同的内容"。虽然也规定"自留地、承包地均不准买卖，不准出租，不准转作宅基地和其他非农业用地"，但是农地流转政策已经有所突破，政府的政策开始放宽并允许农地向种田能手集中，可以通过转包的形式实现部分符合条件的农地流转行为。

1986年的中央"一号文件"《中共中央、国务院关于一九八六年农村工作的部署》再一次强调，"随着农民向非农产业转移，鼓励耕地向种田能手集中，发展适度规模的种植专业户"。1988年4月12日《中华人民共和国宪法修正案》将第十条第四款"任何组织或者个人不得侵占、买卖、出租或者以其他形式非法转让土地"修改为"任何组织或者个人不得侵占、买卖或者以其他形式非法转让土地。土地的使用权可以依照法律的规定转让"，允许土地使用权可以通过出租的形式进行流转交易。

1988年之后，法律虽然认可了农地流转的合法地位，但是农民的实际流转行为受到农业生产绩效不好、农业实际收入不高及剩余劳动力大量转向沿海地区等因素的影响，承包地出现撂荒、闲置现象。进而，1993年的中共中央、国务院11号文件《关于当前农业和农村经济发展的若干政策措施》重申了"以家庭联产承包为主的责任制和统分结合的双层经营体制"，并提出"在原定的耕地承包期到期之后，再延长三十年不变"，就是为了避免承包地的频繁变动造成耕地不断细碎化，给予农民土地产权上的充分稳定预期。同时更加明确了承包期内的土地使用权可以在农民自愿基础上依法、有偿流转，规定"在坚持土地集体所有和不改变土地用途的前提下，经发包方同意，允许土地的使用权依法有偿转让"。党的十四届三中全会通过的《中共中央关于建立社会主义市场经济体制若干问题的决定》进一步提出经济发达地区可以尝试性发展多种形式的土地适度规模经营，指出"在坚持土地集体所有的前提下，延长耕地承包期，允许继承开发性生产项目的承包经营权，允许土地使用权依法有偿转让。少数经济比较发达的地方，本着群众自愿原则，可以采取转包、入股等多种形式发展适度规模经营"。

1995年，国务院在批转农业部《关于稳定和完善土地承包关系的意见》（国发〔1995〕7号文件）中明确规定"在坚持土地集体所有和不改变土地农业用途的前提下，经发包方同意，允许承包方在承包期内，对承包标的依法转包、转让、互换、入股，其合法权益受法律保护"，农地的流转形式从原来的单一化转向了多元化，并强调"农村集体土地承包经营权的流转，是家庭联产承包责任制的延续和发展，应纳入农业承包合同管理的范围"，"土地承包经营权流转的形式、经济补偿，应由双方协商，签订书面合同，并报发包方和农业承包合同管理机关备案"。可以看出，农地流转上升到了与家庭联产承包责任制同等重要的地位，并得到政策、法律法规层面的认可和约束。

第二轮土地承包政策由1998年修订的《土地管理法》中规定的"土地承包经营期限为三十年"展开。在此，农村土地使用权可以自由转让，但是限制依然较多。2001年《中共中央关于做好农户承包地使用权流转工作的通知》（中发〔2001〕18号）进一步强调"农户承包地使用权流转必须坚持依法、自愿、有偿的原则"，为充分保障农民的流转收益做出详细规定"土地流转的转包费、转让费和租金等，应由农户与受让方或承租方协商确定，流转的收益应归农户所有，任何组织和个人不得擅自截留、扣缴"，并且对流转主体也进行了约束，如不提倡工商企业长时间、大面积租赁和经营农户承包地，农村土地流转应当主要在农户间进行等（罗江龙等，2003）。到2001年上半年，全国农地流转面积达6854.20万亩，占农户承包地总面积的5.46%（陈卫平和郭定文，2006）。

农地流转政策与法律为农民的农地流转行为提供可靠支撑，但是必须结合当时的客观经济环境与劳动力、就业等情况。1997年爆发的亚洲金融危机使我国沿海乡镇企业发展陷入困境，进而导致农民工回流，给农地承包经营权的流转带来了不少负面冲击，在一定程度上阻碍了其发展（袁铖，2011），且在大多数传统农区，农地流转仍以农户之间的流转为主，没有较大规模的流转，这一阶段的流转速度也一直较为缓慢。

## 第三节 2003~2007年：法律规范阶段

2003年3月1日正式实施的《农村土地承包法》首次从国家法律层面认可农村土地承包经营权的流转，第二章第五节共有12项条款涉及"土地承包经营权的流转"，具体对农地流转的形式、流转发包方与承包方关系、流转租金等进行了明确规定，为土地承包经营权流转提供了较为完整的法律依据。同年11月14日出台的《中华人民共和国农村土地承包经营权证管理办法》及2005年1月19日颁布的《农村土地承包经营权流转管理办法》较《农村土地承包法》更为详细、明确地规定了流转当事人的权利、流转方式、流转合同的签订及土地流转管理工作，并进一步为土地承包经营权流转中的产权确认与流转登记提供了充分的政策依据。为此，农地流转的范围更广，参与主体更灵活，进一步促进了农地流转的市场化程度。

2007年3月16日通过的《中华人民共和国物权法》首次将土地承包经营权正式定性为用益物权。在沿袭《农村土地承包法》的相关规定基础上，明确提出"土地承包经营权人依照农村土地承包法的规定，有权将土地承包经营权采取转包、互换、转让等方式流转。流转的期限不得超过承包期的剩余期限。未经依法批准，不得将承包地用于非农建设"，"通过招标、拍卖、公开协商等方式承包荒地等农村土地，依照农村土地承包法等法律和国务院的有关规定，其土地承包经营权可以转让、入股、抵押或者以其他方式流转"。对此，可以看出，农地流转政策已经在农地承包经营权流转的原则、流转当事人利益、流转形式、流转期限、流转合同、流转管理等各方面进行了全面规范化的阐释与规定。不仅农地流转制度得到了初步建立，针对农民的实际流转行为也有了一定的规范约束。

## 第四节 2008~2012年：全面推进阶段

2008年十七届三中全会通过的《中共中央关于推进农村改革发展若干重大问题的决定》提出"土地承包关系要保持稳定并长久不变"，并强调"加强土地承包经营权流转管理和服务，建立健全土地承包经营权流转市场，按照依法自愿有偿原则，允许农民以转包、出租、互换、转让、股份合作等形式流转土地承包经营权，发展多种形式的适度规模经营。有条件的地方可以发展专业大户、家庭农场、农民专业合作社等规模经营主体"。这一文件的出台，一方面，肯定了中央政府维系土地承包关系长久不变的态度，为农地流转提供充分的保障和前提条件；另一方面，建立了土地流转制度为中国农村改革轴心的思想，要建立健全农地流转市场，充分体现了中央政府开始推动农地流转的积极政策导向。

随后，地方政府纷纷制定相关的地方配套政策、地方性法规以规范和积极促进农地流转并在农地流转试点出现各种创新流转模式。土地流转规模、流转速度、流转覆盖范围都呈现出前所未有的增长趋势。

2009 年 6 月 27 日第十一届全国人民代表大会常务委员会第九次会议通过了《中华人民共和国农村土地承包经营纠纷调解仲裁法》，为农地流转中农民之间产生纠纷的处理提供了法律依据与解决方案。2010 年中央"一号文件"提出"稳定和完善农村基本经营制度"，"加强土地承包经营权流转管理和服务，健全流转市场，在依法自愿有偿流转的基础上发展多种形式的适度规模经营"，并强调"严格执行农村土地承包经营纠纷调解仲裁法，加快构建农村土地承包经营纠纷调解仲裁体系"，建立起农地流转市场完善配套的体系。据农业部统计，到 2012 年底，全国家庭承包耕地流转总面积达到 2.78 亿亩，占家庭承包经营耕地面积的 21.20%，土地流转合同签订率达 65%。

## 第五节 2013 年至今：制度创新阶段

2013 年中央"一号文件"提出，"鼓励和支持承包土地向专业大户、家庭农场、农民合作社流转，发展多种形式的适度规模经营"，充分体现国家希望通过鼓励将农地流转给大规模经营主体，激发农村生产要素潜能，以推进现代农业建设、增加农民收入。2014 年 11 月，中共中央办公厅、国务院办公厅《关于引导农村土地经营权有序流转发展农业适度规模经营的意见》提出，"坚持农村土地集体所有，实现所有权、承包权、经营权三权分置，引导土地经营权有序流转"，这既保障了承包农户的权利，又放活了土地的经营权。2016 年 10 月，中共中央办公厅、国务院办公厅印发《关于完善农村土地所有权承包权经营权分置办法的意见》，明确"将土地承包经营权分为承包权和经营权，实行所有权、承包权、经营权（以下简称'三权'）分置并行，着力推进农业现代化"。通过加快放活土地经营权，赋予新的经营主体在流转土地上享有占有、耕作并取得相应收益的权利，稳定经营预期，使其放心投入、培肥地力、完善农业基础设施，从而推动现代农业的发展。同时，该意见强调，要健全市场运行规范，提高服务水平，为流转双方提供信息发布、产权交易、法律咨询、权益评估、抵押融资等服务。

在"三权分置"的政策背景下，以落实农村土地的用益物权、赋予农民更多财产权利为出发点，2015 年 8 月《国务院关于开展农村承包土地的经营权和农民住房财产权抵押贷款试点的指导意见》进一步指出要"做好农村承包土地（指耕地）的经营权和农民住房财产权（以下统称'两权'）抵押贷款试点工作"，"有效盘活农村资源、资金、资产，增加农业生产中长期和规模化经营的资金投入，为稳步推进农村土地制度改革提供经验和模式，促进农民增收致富和农业现代化加快发展"。在该意见精神指导下，2016年3月，中国人民银行、中国银行业监督管理委员会、中国保险监督管理委员会、财政部、农业部等印发了《农村承包土地的经营权抵押贷款试点暂行办法》和《农村承包土地的经营权抵押贷款试点县（市、区）名单》，指出"通过家庭承包方式依法取得土地承包经营权和通过合法流转方式获得承包土地的经营权的农户及农业经营主体（以下称借款人），均可按程序向银行业金融机构申请农村承包土地的经营权抵押贷款"。2018年12月第二次修正的《农村土地承包法》从国家法律层面再次明确，"承包方可以用承包地的土地经营权向金融机构融资担保"，以及"受让方通过流转取得的土地经营权，经承包方书面同意并向发包方备案，可以向金融机构融资担保"。此外，2019年4月《中共中央 国务院关于建立健全城乡融合发展体制机制和政策体系的意见》提出，"健全土地流转规范管理制度，强化规模经营管理服务，允许土地经营权入股从事农业产业化经营"。在坚持农村土地集体所有的前提下，农户的承包权和经营权得到了充分保障和体现。总之，"三权分置"是引导土地有序流转的重要基础，不仅深化了农村土地制度改革，而且体现了中国特色农村土地制度改革的理论创新。截至2019年底，全国流转出承包耕地的农户数达到7321.08万户，超过承包经营农户总数的33.27%；全国承包耕地流转面积达到了5.55亿亩，超过承包耕地总面积的35.90%[①]。

## 第六节 本 章 小 结

从总体来看，在改革开放之初，我国的农村土地是禁止流转的。随后，家庭联产承包责任制的制度突破实现了所有权和承包经营权的一次分离，为农村土地流转带来了契机；随着中央政府推动农地流转的积极政策导向，各地方政府也纷纷制定相应的地方配套政策和法律法规，农地流转逐步经历了探索起步、法律规范到全面推进的大幅度变革。在这个基础上，为引导农村土地经营权有序流转、发展农业适度规模经营，中央政策进一步促使土地承包经营权分离，确立土地的所有权、承包权和经营权的"三权分置"，充分放活了土地经营权，实现了农村土地制度改革的创新。

---

① 根据农业农村部编的2019年《中国农村政策与改革统计年报》中的相关数据整理。

# 第三章　农地流转形成机理及对农户收入的影响

在政治、经济和社会等多重因素的推动下，我国农地流转政策的发展经历了"禁止流转—探索起步—法律规范—全面推进—制度创新"的阶段性变化。随着农地流转政策的逐步放宽，我国农地流转规模不断扩大，但农地流转的区域差异也日益明显，不同地区甚至同一地区内部农地流转的发展都呈现较大的差异。那么，如何理解农地流转发展的区域差异？换言之，影响区域农地流转形成和发展的因素是什么？而且，农地流转是农户家庭根据自身生产要素（土地、劳动力、资本）禀赋对土地资源的优化配置结果，会直接或间接地影响其家庭经营纯收入、工资性收入、财产性收入及转移性收入，为农民总收入的提高创造了新的途径。然而，从宏观层面（或整体情况）来看，农地流转是否真正促进了农民收入的增加？对农民收入影响的具体路径又如何？为了回答这些问题，本章研究以经济和农地流转发展水平都在全国领先且均具有明显地区梯度差距的江苏省为例，基于该省 13 个地级市的宏观统计数据，分析农地流转产生与发展所需的区域社会经济和制度环境，考察农地流转的收入效应，进而揭示和检验农地流转的形成机理与公平绩效，以期为政府制定引导农地流转、发展规模经营的政策提供有益的参考[①]。

## 第一节　农地流转形成机理研究

随着我国农地流转的不断发展，农地流转的区域差异日益明显，农地流转的区域差异及其影响因素也逐步成为学者关注的重点。包宗顺等（2009）基于农村社会调查数据和政府部门农村土地流转统计资料，总结和分析了江苏省农村土地流转的区域差异和影响因素；卞琦娟等（2011）研究了浙江省东、中、西部不同经济发展水平地区农户农地转入和转出行为的差异；李庚（2012）探讨了西安市经济发展水平不同的三县区土地流转差异情况及造成差异的影响因素。以上研究为了解我国各地农地流转的区域差异及其形成机理提供了重要参考，但上述研究均以统计性描述分析或简单的相关分析为主，缺乏实证检验，从而难以准确地揭

---

① 第三章的内容改写自：张婷. 2015. 农地流转对农民收入的影响研究——基于全国和江苏省的实证分析. 南京：南京农业大学硕士学位论文.

示影响区域之间农地流转差异的因素。基于此，本书试图从理论上分析影响区域农地流转形成和发展的因素，并采用2000~2013年江苏省13个地级市的宏观统计数据进行实证检验，进而揭示农地流转的形成机理。

## 一、农地流转形成机理的理论分析

农地流转取决于有效的农地需求和农地供给（钱忠好，2003），区域农地流转的发展水平就是该地区农地供给与需求达到均衡的结果，而地区农地流转总体的供给与需求又受到地区农村非农就业水平、农村人地关系、农地产权状况、农业生产性资产水平、农村土地及农业政策等多种因素的影响（Feng，2006；叶剑平等，2006a；谭丹和黄贤金，2007；叶剑平等，2010；黄季焜等，2012；张兰等，2014）。由此，各地区不同的社会经济条件和制度环境导致农地供需均衡的差异，进而形成不同的农地流转发展水平（图3-1）。而且，随着社会经济水平和制度环境的变化，各地区的农地供需均衡也处于动态变化之中，即区域农地流转发展水平也随之变化。

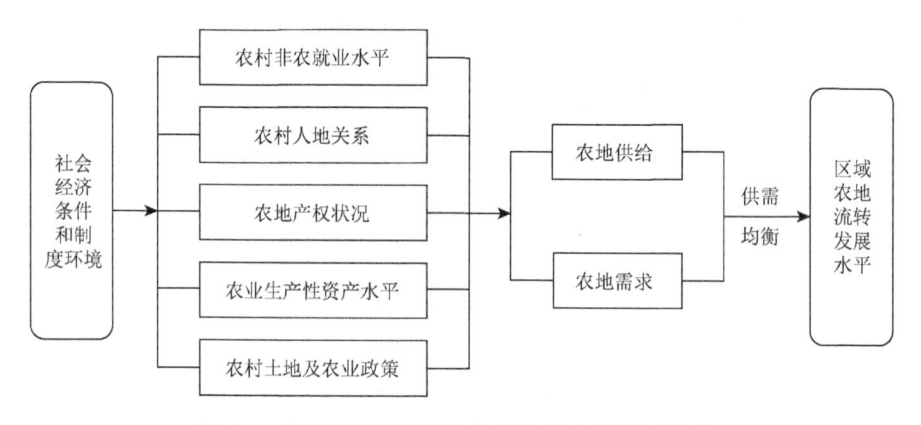

图3-1 区域农地流转发展水平影响因素的分析框架

具体地，影响区域农地流转发展水平的因素主要包括以下几个方面。

（1）农村非农就业水平。由于农业生产与其他产业利益相比处于劣势，随着区域非农产业的发展和劳动力市场的发育，越来越多的农民选择进城务工或就近在乡镇企业打工，从事农业生产的人数和投入农业生产的时间相应减少，加之家庭非农收入的增加将会降低农民对承包地的依赖程度，因此农民愿意将土地流转出去，从而增加农地流转市场中的土地供给（马晓河和崔红志，2002；谭丹和黄贤金，2007）。

（2）农村人地关系。人均（或劳均）耕地面积反映了地区的耕地资源和劳动力数量的关系，人均（或劳均）耕地面积越少，一方面表明耕地资源越稀缺，耕地资源市场价格和流转租金越高，从而降低农地需求；另一方面反映出耕地资源较为分散、细碎，扩大农地经营规模需要面对众多农户，流转交易成本高，从而降低农地流转收益，也将抑制农地流转的发展。

（3）农地产权状况。产权明晰是市场经济的客观要求，也是农地流转的基本前提。通过土地确权发证可以提高农地承包经营权的安全性，农地使用权越明确、越充分，土地供需双方流转土地后的预期收益越稳定，从而农地需求和供给的意愿也越高。调查结果表明，土地产权越清晰和安全，农地流转市场发展水平和完善程度越高。例如，签订过30年土地承包经营权合同，以及发放过30年土地承包经营权证书的农户更倾向于参与土地流转（叶剑平等，2010）。

（4）农业生产性资产水平。农业生产条件，尤其是拥有的农业生产性资产水平也可能影响农地流转的产生和发展。拥有农业生产性资产（如农业机械）越多，农户越可能扩大经营规模以使具有不可分性特征的固定资产充分发挥作用和降低成本（Feng，2006），因而农地流转市场中的土地需求越高，进而农地流转越易于发展。

（5）农村土地及农业政策。从法律层面认可、规范农地流转到财政扶持农地流转，鼓励农地流转的农村土地政策法规的陆续出台为农地流转市场的发展提供了良好的制度环境；而与粮食种植面积（实际操作中往往按第二轮承包地面积核算）挂钩的粮食直补、良种补贴、农资综合补贴等农业补贴政策，会提高农地的交易价格或租金，租入农地后经营成本提高，使得农地流转预期收益降低，进而抑制农地流转市场中的土地需求，出租方也可能因预期补贴提高而降低签订长期租赁合同的意愿，从而妨碍农地流转市场的良性运转（黄季焜等，2012）。

## 二、农地流转形成机理的实证检验

### （一）模型构建

本书采用面板数据模型来实证检验理论分析中各种宏观社会经济条件和制度环境因素对区域农地流转发展水平的影响。构建的模型形式如下：

$$Y_{it} = \alpha_{it} + \beta_{it} X_{it} + \varepsilon_{it}, \quad i=1,2,\cdots,N; \ t=1,2,\cdots,T \qquad (3-1)$$

其中，下标 $i$ 和 $t$ 分别为第 $i$ 个城市和第 $t$ 年；$Y_{it}$ 为因变量农地流转发展水平；$\alpha_{it}$ 为模型的常数项；$X_{it}$ 为各影响因素，具体从农村非农就业水平、农村人地关系、农地产权状况、农业生产性资产水平、农村土地及农业政策等方面选取相应的变量；$\beta_{it}$ 为各影响因素的估计系数；$\varepsilon_{it}$ 为模型的随机误差项；$N$ 为城市数量；$T$ 为观察时期总数，本书将采用 2000~2013 年江苏省 13 个地级市的面板数据[①]，则 $N=13$，$T=11$。

## （二）变量选取及数据来源

根据前述的理论分析及数据的可获得性，本书选取的因变量和自变量如下。

（1）农地流转发展水平。为了能够更好地衡量和比较不同地区的农地流转发展水平，模型中采用农地流转率（$y$），即家庭承包耕地流转面积占家庭承包经营土地面积的比重这一相对指标作为因变量。相关数据来源于历年的《江苏省农村经济收益分配及农经统计资料》。

（2）农村非农就业水平。农地流转的发展水平不仅与农村非农就业劳动力的多寡及比重相关，还可能和非农就业结构有关，如当地非农就业和外出务工对农地流转的影响不同。因此，采用上一年乡镇企业从业人员数（$x_1$）和上一年外出务工劳动力比重（$x_2$）两个指标分别考察当地非农就业和外出务工对农地流转的影响。沿海发达地区和大城市郊区乡镇企业的发展壮大为农村劳动力提供了大量的非农就业机会，进而为农地流转提供了供求两个方面的条件（北京天则经济研究所《中国土地问题》课题组，2010），但考虑到乡镇企业中的当地从业人员也可能选择兼业，所以乡镇企业从业人员数对农地流转率的影响不确定。一般来说，外出务工劳动力比重越大，农地供给也越多，而留在农业的农村劳动力扩大种植规模实现规模效益的条件也越充分，从而越容易促进农地流转，因此预期外出务工劳动力比重对农地流转率有正向影响。用上一年指标的目的是消除内生性。相关数据来源于历年的《江苏统计年鉴》《江苏省农村统计年鉴》《江苏省农村经济收益分配及农经统计资料》。

（3）农村人地关系。户均承包经营耕地面积（$x_3$）反映了地区的土地资源和人口数量的关系。根据理论分析，户均承包经营耕地面积越大，农地流转越容易发生。相关数据来源于历年的《江苏省农村经济收益分配及农经统计资料》。

（4）农地产权状况。本书采用土地承包经营权证书颁发率（$x_4$）来表示农地

---

[①] 需要说明两点：第一，被解释变量农地流转比例计算所需的家庭承包耕地流转面积和家庭承包经营耕地面积来源于江苏省农业农村厅提供的《江苏省农村经济收益分配及农经统计资料》，但 2004 年、2005 年和 2009 年该资料未编制，因而本书使用的面板数据存在时间不连续问题，实际的观察时期 $T=11$。第二，之所以选择 2000~2013 年作为研究时段，一方面是因为 2000 年之前的《江苏省农村经济收益分配及农经统计资料》未统计市级层面家庭承包耕地流转面积，因而无法追溯到更早的时段；另一方面，2000~2013 年涵盖了江苏省农地流转探索起步、法律规范、全面推进、制度创新等不同阶段，且此期间江苏省农地流转的年均增幅为 28.67%，远高于 2013~2018 年的年均增幅（0.94%），即反映了江苏省农地流转发展最快的阶段，同时考虑到江苏省农地流转发展在全国超前（张兰等，2017），因而基于此时段得到的研究结果可为其他农地流转后发地区提供参考。

产权明晰和安全状况。由于正规的土地承包经营权证书的颁发有利于农地流转市场的发展和完善（叶剑平等，2006b），因而预期土地承包经营权证书颁发率对农地流转率有正向影响。相关数据来自历年的《江苏省农村经济收益分配及农经统计资料》。

（5）农业生产性资产水平。采用上一年年末农业机械劳均拥有量（$x_5$）来表征农业生产性资产水平。农业生产性资产（如农业机械）越多的地区，农户越可能参与农地流转和扩大经营规模，因而预期年末农业机械劳均拥有量对农地流转率有正向影响。相关数据来自历年的《江苏统计年鉴》和《江苏省农村统计年鉴》。

（6）农村土地及农业政策。根据江苏省农地流转政策的发展历程（冯淑怡等，2014），研究时段中2000～2002年为探索起步阶段，2003～2007年为法律规范阶段，2008～2012年为全面推进阶段，2013年至今为制度创新阶段，因此采用有序虚拟变量表征农地流转政策变量（$x_6$，其中，2000～2002年$x_6=0$，2003～2007年$x_6=1$，2008～2013年$x_6=2$[①]），预期农地流转政策的推动和引导有利于农地流转发展水平的提高。江苏省从2004年起开始实施水稻和小麦良种补贴，并对农民粮食生产进行直接补贴，2006年开始实行农资综合补贴，因而根据上述时间节点和农业补贴种类设置农业补贴政策变量（$x_7$，其中，2000～2003年$x_7=0$，2004～2005年$x_7=2$，2006～2013年$x_7=3$）。由于江苏省的农业补贴在实际操作中大多按承包面积补贴给原土地承包人，种植大户扩大规模的生产成本不能得到补贴，而农业补贴政策带来的租金上涨进一步增加经营成本，在一定程度上抑制了农地需求；同时农地供给者可能缩短流转期限或调整流转租金，进而对农地流转市场发展产生不利影响，因此预期农业补贴政策对农地流转率有负向影响。

（三）描述性统计分析

变量的计算说明与描述性统计分析见表3-1。从研究时间段（2000～2013年）的平均情况来看，江苏省农地流转发展水平较高，农地流转率平均为24.40%；全省上一年乡镇企业从业人员数平均达到近百万人（994 556人），上一年外出务工劳动力比重平均为35.66%；户均承包经营耕地面积为3.77亩，表明该地区耕地资源较为稀缺；土地承包经营权证书颁发率较高，平均达到90.70%；上一年年末农业机械劳均拥有量平均为1.29千瓦。

---

① 尽管2013年被划分为制度创新阶段，但考虑到研究时间段（2000～2013年）中仅此一年的数据难以反映整个制度创新阶段的情况，因而实证分析中将2013年归并到全面推进阶段。

表 3-1 农地流转影响因素模型相关变量说明与描述性统计

| | 变量名 | 含义 | 均值 | 标准差 |
|---|---|---|---|---|
| 因变量 | 农地流转率（y） | 家庭承包耕地流转面积/家庭承包经营土地面积 | 24.40% | 21.83% |
| 自变量 | 上一年乡镇企业从业人员数（$x_1$） | 上一年在乡镇企业从业的人员数量（人） | 994 556 | 696 329 |
| | 上一年外出务工劳动力比重（$x_2$） | 上一年外出务工劳动力/乡村劳动力 | 35.66% | 14.75% |
| | 户均承包经营耕地面积（$x_3$） | 家庭承包经营耕地面积/家庭承包经营农户数（亩） | 3.77 | 0.86 |
| | 土地承包经营权证书颁发率（$x_4$） | 土地承包经营权证书颁发份数/家庭承包经营的农户数 | 90.70% | 10.03% |
| | 上一年年末农业机械劳均拥有量（$x_5$） | 上一年年末农业机械拥有量/乡村劳动力（千瓦） | 1.29 | 0.38 |
| | 农地流转政策变量（$x_6$） | 2000~2002 年 $x_6=0$，2003~2007 年 $x_6=1$，2008~2013 年 $x_6=2$ | 1.18 | 0.84 |
| | 农业补贴政策变量（$x_7$） | 2000~2003 年 $x_7=0$，2004~2005 年 $x_7=2$，2006~2013 年 $x_7=3$ | 1.91 | 1.45 |

从研究时间段内各年份来看，江苏省农地流转比例整体呈现逐步上升的势头，但地区之间的差异较大（表 3-2）。总体来看，江苏省农地流转越来越普遍，农地流转率逐年提高。2000 年，全省只有 2.15%的家庭承包经营耕地发生流转，到 2013 年底，这一比例增加了 54.81 个百分点。同一时期，苏南、苏中、苏北农地流转率也分别增长了 63.96 个百分点、47.36 个百分点和 55.45 个百分点。但在不同地区之间农地流转的发展水平存在较大差异。2000 年，经济发达的苏南地区农地流转率（6.52%）明显高于经济发展水平居中的苏中地区（1.78%）和经济欠发达的苏北地区（0.49%）。然而，尽管 2013 年底三大区域中苏南的农地流转率仍然保持最高（70.48%），但这期间苏北地区的农地流转年均增长率（43.97%）显著大于苏中（29.08%）和苏南（20.09%），而且 2010 年开始苏北地区的农地流转率已经超过苏中地区。区域之间的这种差异表明，农地流转发展状况与经济发展水平并非完全一致，也就是说，农地流转区域差异是多种因素共同作用的结果。

表 3-2 江苏省三大区域农地流转率及其增长情况

| 地区 | 农地流转率 | | | | | | | | | | | 增幅/个百分点 | 年均增长率 |
|---|---|---|---|---|---|---|---|---|---|---|---|---|---|
| | 2000 年 | 2001 年 | 2002 年 | 2003 年 | 2006 年 | 2007 年 | 2008 年 | 2010 年 | 2011 年 | 2012 年 | 2013 年 | | |
| 苏南 | 6.52% | 10.99% | 17.96% | 20.45% | 21.11% | 24.71% | 34.37% | 49.45% | 57.84% | 64.74% | 70.48% | 63.96 | 20.09% |
| 苏中 | 1.78% | 2.38% | 6.08% | 9.17% | 10.78% | 13.29% | 17.74% | 28.34% | 33.49% | 39.19% | 49.14% | 47.36 | 29.08% |
| 苏北 | 0.49% | 2.33% | 5.08% | 5.51% | 4.50% | 5.11% | 14.24% | 31.67% | 39.14% | 46.75% | 55.94% | 55.45 | 43.97% |
| 全省 | 2.15% | 4.25% | 8.02% | 9.38% | 9.93% | 10.05% | 13.13% | 34.21% | 41.22% | 48.23% | 56.96% | 54.81 | 28.67% |

注：根据历年《江苏省农村经济收益分配及农经统计资料》的数据整理

## (四）模型估计结果与分析

静态的面板数据模型估计方法主要有混合回归模型（pooled regression model）、固定效应模型（fixed effect model）和随机效应模型（random effect model）三种，具体根据 $F$ 检验、拉格朗日乘子（Lagrange multiplier, LM）检验和 Hausman 检验结果确定合适的模型估计形式。本书分别采用固定效应模型和随机效应模型加以估计，并进行上述检验，其中，$F$ 检验和 LM 检验均在1%的显著水平下拒绝了原假设，表明无论是固定效应模型还是随机效应模型均优于混合估计模型；而 Hausman 检验结果表明应该拒绝"两种模型的估计系数没有系统差别，但随机效应模型更有效"的原假设，因而选择固定效应模型更恰当（陈强，2010）。考虑到面板数据可能存在的异方差问题，本书采用聚类稳健的标准误进行修正。同时，对模型中各变量的数据是否符合正态分布进行检验，针对不符合正态分布的变量均通过取对数的方式加以调整和改进。

宏观层面农地流转的影响因素估计结果见表3-3。模型总体上拟合程度较好，模型设定有效，并且各变量的回归系数与理论预期基本一致。

表3-3 宏观层面农地流转的影响因素估计结果

| 解释变量 | 固定效应模型 | |
| --- | --- | --- |
|  | 系数 | $t$ 值 |
| ln 上一年乡镇企业从业人员数（$\ln x_1$） | 0.20** | 2.73 |
| ln 上一年外出务工劳动力比重（$\ln x_2$） | 0.24* | 2.14 |
| 户均承包经营耕地面积（$x_3$） | 0.14* | 2.01 |
| 土地承包经营权证书颁发率（$x_4$） | 0.11 | 0.76 |
| ln 上一年年末农业机械劳均拥有量（$\ln x_5$） | 0.20* | 2.14 |
| 农地流转政策变量（$x_6$） | 0.14*** | 8.34 |
| 农业补贴政策变量（$x_7$） | −0.07*** | −4.17 |
| 常数项 | −2.89** | −2.63 |
| $R^2$ | 0.76 | |
| $F$ 值 | 99.41 | |
| 观测值 | 143 | |

*、**、***分别表示10%、5%和1%的显著性水平

（1）农村非农就业水平对农地流转的影响。综合考虑不同非农就业结构对农地流转的影响，上一年乡镇企业从业人员数变量在5%的水平上显著，且符号为

正，表明江苏省各市乡镇企业的蓬勃发展吸引了当地农村劳动力从事非农活动，从而促进了农地流转；上一年外出务工劳动力比重对农地流转也具有显著正向影响，与理论预期一致，这意味着各地区外出务工劳动力比重的提高可以促进当地农地流转的发展。以上结果表明，不论是当地非农就业还是外出务工，江苏省农村劳动力非农就业对农地流转起到了较大的推动作用，这也证实了石晓平等（2004）的研究结论，即非农就业是农地流转市场发育的一个重要驱动因素。

（2）农村人地关系对农地流转的影响。户均承包经营耕地面积在10%的水平上显著，系数符号表明户均承包经营耕地面积越多，农地流转率越高。这一结果说明在其他条件不变的情况下，农村人地关系相对紧张的地区，因耕地资源稀缺性形成的土地流转价格较高，以及由农地细碎化带来的流转交易成本较高，使得农地流转后的收益较低，农地需求与供给也较少，因而农地流转率较低，这与前文的理论分析一致，同时也可以解释2008年以后经济发展水平更低的苏北地区农地流转率反超经济发展水平较高的苏中地区的现象。

（3）农地产权状况对农地流转的影响。尽管土地承包经营权证书颁发率的系数符号与理论预期一致，但影响并不显著。原因是近年来江苏省的土地承包经营权明晰程度已经较高（平均证书颁发率达到90%），所以土地承包经营权证书颁发不再是影响江苏省各市农地流转发展的重要因素。换句话说，就江苏省促进农地流转而言，农地产权制度安排的重点可能不再是土地承包经营权的明晰问题，而是土地承包经营权各项权能的完善问题，即要保障农民对承包地占有、使用、收益、流转、抵押、担保等权能的实现。

（4）农业生产性资产水平对农地流转的影响。上一年年末农业机械劳均拥有量在10%的水平上显著，且符号为正，表明上一年年末拥有的农业生产性资产越多，区域内农户越有可能参与农地流转和扩大经营规模，因而农地流转率也越高。这主要是因为，农户可以通过农地流转改变耕地经营规模，从而调整耕地与农业生产性资产的比例，进而改善资源配置效率和实现规模效益（Taslim and Ahmed，1992）。

（5）农村土地及农业政策对农地流转的影响。农地流转政策变量回归系数在1%的水平上显著，且符号为正，与理论预期一致。2003年，江苏省人民政府颁布的《江苏省农村土地承包经营权流转办法》，对建立土地承包经营权流转信息库、土地承包经营权流转方式、流转价格、流转合同签订、流转纠纷调解等做了明确规定，为规范农地流转提供了实施依据；2008年，江苏省财政厅、江苏省农林厅印发《江苏省财政扶持农村土地流转实施意见》，设立了"农村土地流转扶持资金"，专项用于扶持合法有序的农村土地流转。实证结果表明，江苏省积极鼓励和扶持农地流转的政策有效促进了农地流转市场的发展。农业补贴政策变量估计系数在1%的水平上显著，但符号为负，这不仅与理论预期一致，也与黄季焜等（2012）

农户层面的研究结论一致。这一结果意味着江苏省粮食直补、良种补贴、农资综合补贴等农业补贴政策对农地流转有反向影响，进而对实现规模经营和优化要素配置起阻碍作用。

## 第二节 农地流转对农户收入的影响研究

随着农地流转政策的推行和农地流转的快速发展，大量学者运用定性及定量方法分析了农地流转对农户收入的影响（Kung and Lee，2001；Zhang，2008；李庆海等，2011；薛凤蕊等，2011；冒佩华和徐骥，2015；陈飞和翟伟娟，2015；刘俊杰等，2015；张建等，2016）。但现有的研究仍存在以下不足：①理论研究中，更多阐述了农地流转对农民总收入的影响，并未建立农地流转对农民各分项收入（家庭经营纯收入、工资性收入、财产性收入、转移性收入）影响的完整分析框架；②实证研究中，往往局限于某个时点、某个地区农地流转对农民总收入影响的研究，未能从历史变化角度考虑不同农地流转发展状况对农民收入的不同影响，也缺乏从宏观层面分析农地流转对农户各分项收入（尤其是家庭经营纯收入、工资性收入）的影响。基于此，本书首先构建农地流转对农民各分项收入影响的理论分析框架，然后采用2000~2013年江苏省13个地级市的宏观统计数据进行实证检验，进而评价农地流转在收入增加方面的公平绩效。

### 一、农地流转对农户收入影响的理论分析

理论上，农地流转对农户家庭经营纯收入、工资性收入、财产性收入及转移性收入具有积极推动作用，具体逻辑分析如下。

（1）农地流转对农户家庭经营纯收入的影响。农村土地流转的租出户往往是无力耕种者或转向比较利益更高的他业者，租入土地的农户则多是种田能手（种田经验丰富、掌握农业生产新技术或使用农业机械者），农村土地流转使土地资源流向生产效率更高的农户，土地资源的效益能在这类农户的经营下得到更好的发挥，进而可以增加农户的家庭经营纯收入。与此同时，种田能手可以发挥其农业生产比较优势，将零散的土地集中，扩大经营规模，促进农业生产的规模化与机械化，使得农业生产的规模效应得以实现，农业生产的固定成本相应得到分摊，总成本相对降低，再加之运用农业生产新技术，从而使得农户家庭经营纯收入增加。

（2）农地流转对农户工资性收入的影响。农地流转释放了原本滞留在农地上的劳动力，这部分剩余劳动力通过转移至比较收益更高的行业，如专注于非农就

业（当地非农就业或外出务工），可以充分实现劳动力价值，进而获得比农业收入更高的工资性收入。

（3）农地流转对农户财产性收入的影响。已经实现非农就业或转移的农户，通过将耕地流转给仍留在农村从事种植的人，不仅避免了土地弃耕风险，同时还可以获取农地流转租金，从而增加其财产性收入。

（4）农地流转对农户转移性收入的影响。国家出台一系列优惠政策，鼓励并扶持大规模流转农地的农户。各地方政府也出台相关文件，针对流转达到一定规模，符合补偿标准的流转主体（转出与转入户均有相应补贴），给予相应的土地流转补贴。例如，从2008年起，江苏省财政设立"农村土地流转扶持资金"，专项用于扶持具有一定规模的、合法有序的农村土地流转。具体地，江苏省财政对2011年以来新发生且未享受过补助的单宗土地流转面积达到500亩以上（纯粮食生产的达到300亩以上）的村，入股（流转）合同期限在3年以上、面积在300亩以上的农地股份合作社，按每亩100元的标准给予土地流出方（入股农户）一次性奖补[①]。这些优惠和奖补政策有利于增加符合要求的流转主体的转移性收入。

根据上述分析，农地流转对农户各分项收入的影响机制如图3-2所示。

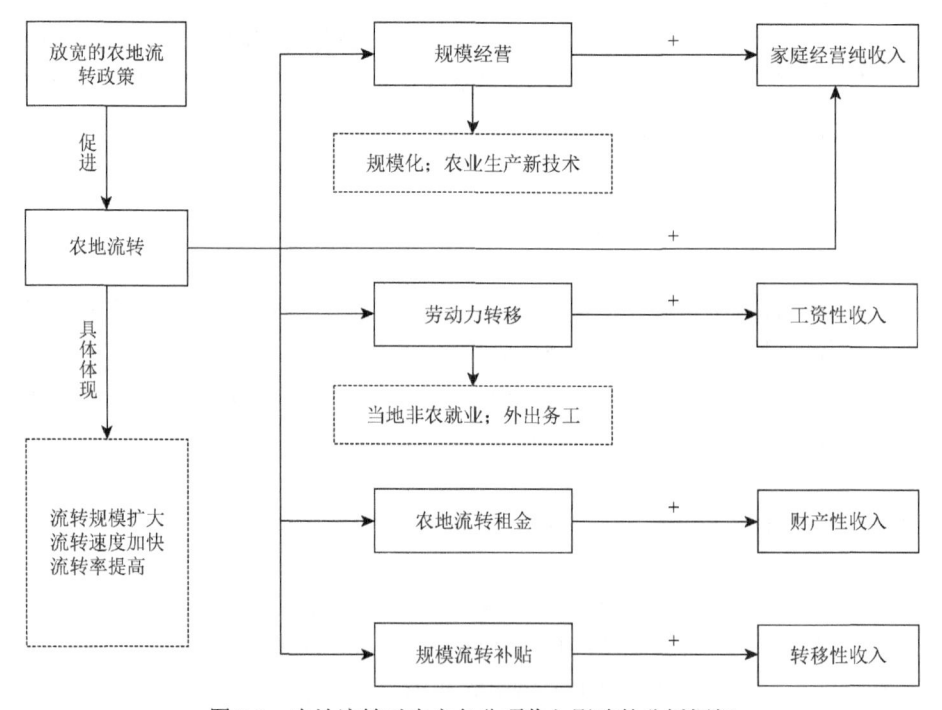

图 3-2 农地流转对农户各分项收入影响的分析框架

---

① 江苏财政下达农村土地流转资金 9750 万元，http://www.chinacoop.gov.cn/HTML/2012/06/27/77589.html [2022-06-14]。

## 二、农地流转对农户收入影响的实证分析

需要说明的是,尽管宏观统计数据中农民人均纯收入由家庭经营纯收入、工资性收入、财产性收入和转移性收入构成,但考虑到家庭经营纯收入和工资性收入这两项收入占总的纯收入比重超过85%,而财产性收入和转移性收入所占比重仍然较小,农户纯收入的提高仍然依赖于家庭经营纯收入及工资性收入水平的提升,因而宏观层面农地流转的收入效应实证检验中仅探讨农地流转对农户家庭经营纯收入及工资性收入的影响。

### (一)模型构建

#### 1. 农户家庭经营纯收入模型

根据理论和已有文献,除农地流转外,土地、劳动力和资本等生产要素的投入也对农户家庭经营纯收入有直接的影响(孙继辉,2004;沈坤荣和张璟,2007;孔荣和梁永,2009)。为了更为准确地评价农地流转对农户家庭经营纯收入的影响,有必要控制其他因素可能产生的影响。因此,构建的农户家庭经营纯收入模型如下:

$$\ln \text{hbi}_{it} = \alpha_0 + \alpha_1 \text{rrent}_{it} + \alpha_2 \text{land}_{it} + \alpha_3 \text{labor}_{it} + \alpha_4 \text{invt}_{it} + \delta_{it}, \quad (3\text{-}2)$$
$$i = 1, 2, \cdots, N; \quad t = 1, 2, \cdots, T$$

其中,下标 $i$ 和 $t$ 分别为第 $i$ 个城市和第 $t$ 年;$\text{hbi}_{it}$ 为因变量农户家庭经营纯收入;$\text{rrent}_{it}$ 为关键变量农地流转相关值;$\text{land}_{it}$、$\text{labor}_{it}$ 和 $\text{invt}_{it}$ 分别为耕地资源禀赋、劳动力情况和农业生产投资情况等要素投入变量;$\alpha_0$ 为常数项;$\alpha_1$、$\alpha_2$、$\alpha_3$、$\alpha_4$ 为各变量的估计系数;$\delta_{it}$ 为模型的随机误差项;$N$ 为城市数量;$T$ 为观察时期总数,本书将采用2000~2013年江苏省13个地级市的面板数据,则 $N=13$,$T=11$。

#### 2. 农户工资性收入模型

农户工资性收入主要来源于非农就业,而非农就业状况不仅受限于地区非农劳动力资源禀赋,也取决于地区经济发展水平和农村非农产业的发展(张占贞和王兆君,2010;徐增海,2011;周雪松,2012)。据此构建农户工资性收入模型:

$$\ln \text{hwi}_{it} = \beta_0 + \beta_1 \text{rrent}_{it} + \beta_2 \text{labor}_{it} + \beta_3 \text{pgdp}_{it} + \mu_{it}, \quad (3\text{-}3)$$
$$i = 1, 2, \cdots, N; \quad t = 1, 2, \cdots, T$$

其中，下标 $i$ 和 $t$ 分别为第 $i$ 个城市和第 $t$ 年；$hwi_{it}$ 为因变量农户工资性收入；$rrent_{it}$ 为关键变量农地流转相关值；$labor_{it}$ 和 $pgdp_{it}$ 分别为劳动力情况和地区经济发展水平等控制变量；$\beta_0$ 为常数项；$\beta_1$、$\beta_2$、$\beta_3$ 为各变量的估计系数；$\mu_{it}$ 为模型的随机误差项；$N$ 为城市数量，$N=13$；$T$ 为观察时期总数，$T=11$。

### （二）变量说明及数据来源

#### 1. 被解释变量

农户家庭经营纯收入是指农村住户以家庭为生产经营单位进行生产筹划和管理而获得的收入。本书采用江苏省各市农户的人均家庭经营纯收入作为式（3-2）的被解释变量。

农户工资性收入是指农村住户成员受雇于单位或个人，靠出卖劳动而获得的收入。本书采用江苏省各市农户人均工资性收入作为式（3-3）的被解释变量。

相关数据来源于江苏省各市历年的市级年鉴及市级统计年鉴，如南京市的相关数据来自历年的《南京年鉴》及《南京统计年鉴》。为了消除价格波动带来的影响，利用江苏省农村居民消费价格指数，将收入数据折算为以 2000 年为基期的可比值，而农村居民消费价格指数数据来自《江苏统计年鉴》。

#### 2. 解释变量

1）农地流转相关值

区域农地流转发展水平可以通过农地流转率，即家庭承包耕地流转面积占耕地总面积的比重来反映。但是，考虑到直接采用当年农地流转率存在内生性问题，因此本书分别引入以下三种农地流转变量加以解决和检验结果的稳健性：一是农地流转率预测值（由 3.1 节农地流转影响因素模型估计得到）；二是农地流转率滞后一期值（即上一年的农地流转率）；三是农地流转政策虚拟变量（2000~2002 年赋值为 0，2003~2007 年赋值为 1，2008~2013 年赋值为 2）。相关数据来源于历年的《江苏省农村经济收益分配及农经统计资料》。

2）耕地资源禀赋

土地资源是农业生产中最主要的生产要素，家庭拥有土地的多少和优劣对农民家庭经营纯收入有重要的影响（孙继辉，2004）。本书采用人均家庭承包经营耕地面积反映各地区耕地资源禀赋条件。人均家庭承包经营耕地面积越大，表明该地区的耕地资源越丰富，越能保障农业生产中的土地要素投入，进而可能获得的家庭经营纯收入越高。因此，预期人均家庭承包经营耕地面积对人均家庭经营纯收入有正向影响。相关数据来源于历年的《江苏省农村经济收益分配及农经统计资料》和《江苏省农村统计年鉴》。

3）劳动力情况

农业劳动力数量可以反映农业生产过程中劳动力要素的投入水平，从事农业劳动力数量越多，投入农业生产的时间越多，越有利于农业生产，自然会促进农户家庭经营纯收入的增加。相反，非农就业劳动力数量越多，投入农业生产的时间越少，越不利于农业生产和家庭经营纯收入的提高。

为与工资性收入模型中的劳动力变量保持一致，这里选择非农劳动力来表征劳动力情况。非农就业对农业生产可能兼具劳动力流失效应和收入增加效应两个方面的影响（Feng et al., 2010），进而对家庭经营纯收入的影响尚不明确：一方面，非农就业减少了农业生产劳动力投入量，可能对农业生产进而家庭经营纯收入产生负面影响；另一方面，非农就业增加了农户的收入，有利于消除信贷和资金约束，从而增加农业生产投资进而提高家庭经营纯收入。考虑到当地非农就业和外出务工可能存在异质性影响，进一步将农户非农就业划分为就近在乡镇企业打工或外出务工，分别采用乡镇企业从业人员数和外出务工劳动力比重来表征当地非农就业和外出务工。当地非农就业虽然使得劳动力转移至非农工作岗位，但农户可能选择兼业行为，并不彻底放弃农业生产，进而其对农业生产的劳动力流失效应和收入增加效应可能均有限。因此，预期当地非农就业对农户家庭经营纯收入的影响也有限。外出务工可能给农业生产带来劳动力流失效应，但若农户家庭存在无法外出务工的剩余劳动力，或者采用机械替代劳动，那么外出务工的劳动力流失效应可能不明显；同时，外出务工可能对农业生产带来收入增加效应，但若增加的非农收入和汇款并未用于购买机械、化肥、农药、良种等生产要素，而主要用于家庭住宅建设与维修、子女教育和其他耐用品消费方面，那么外出务工的收入增加效应可能也不明显（钱龙和洪名勇，2016）。因此，预期外出务工对农户家庭经营纯收入的影响尚不明确：若劳动力流失效应大于收入增加效应，影响方向为负；若前者小于后者，影响方向为正；若两种效应作用相当，则影响不显著。此外，农户家庭劳动力投入非农就业，不论是当地非农就业还是外出务工，都会增加工资性收入。

相关数据来源于历年的《江苏省农村统计年鉴》和《江苏省农村经济收益分配及农经统计资料》。

4）农业生产投资情况

农业资本投入可分为农民个人投资、政府对农业的财政支出、农村集体投资及企业投资。考虑到农村集体经济组织投资农业和外资直接投资农业比例一直未超过5%（韩巍，2010），故本书主要考察农民个人及政府这两个主体对农业生产的投资。农户自己的投资主要包括农业生产过程中农药、化肥、薄膜等经营支出，以及购买农用拖拉机、播种机、水泵等生产性固定资产支出，可用人均家庭经营农业生产支出来衡量农民个人投资。政府对农业生产的投资主要包括支援农业生产支出、农林水利气象部门事业费及农业综合开发支出，可由人均政府财政支农支出表征。不论是农民个人投资还是政府财政投入，都有利于改善农业生产条件、提高农业生产率，进而促使农户家庭经营纯收入增长。

相关数据来自历年的《江苏省农村统计年鉴》及各市历年的市级年鉴、市级统计年鉴。为了消除价格波动的影响，统一采用江苏省历年农村居民消费价格指数对人均家庭经营农业生产支出、人均政府财政支农支出进行处理。

5) 地区经济发展水平

地区经济发展水平直接决定农村劳动力需求水平和农民的非农就业机会，经济发展水平越高的地区，工业化程度越高，可为农户提供的非农就业机会越多，因此越有利于农户获取较高的工资性收入。本书采用人均地区生产总值来表征地区经济发展水平，预期此变量对农户工资性收入有正向影响。相关数据来源于历年《江苏统计年鉴》，并对该指标按各年各市人均地区生产总值指数进行处理，以消除价格波动带来的影响。

## （三）描述性统计分析

农民收入模型相关变量的计算说明与描述性统计分析见表3-4。

**表3-4 农民收入模型相关变量说明与描述性统计**

| | 变量名 | 含义 | 均值 | 标准差 |
|---|---|---|---|---|
| 被解释变量 | 人均家庭经营纯收入 | 农村住户以家庭为生产经营单位进行生产筹划和管理而获得的收入（元） | 2 230.98 | 600.92 |
| | 人均工资性收入 | 农村住户成员受雇于单位或个人，靠出卖劳动而获得的收入（元） | 3 687.19 | 2 129.66 |
| 解释变量 | 农地流转率预测值 | 通过农地流转影响因素模型估计得到 | 24.40% | 23.69% |
| | 农地流转率滞后一期值 | 上一年家庭承包耕地流转面积/家庭承包经营土地面积 | 20.93% | 19.35% |
| | 农地流转政策虚拟变量 | 依据阶段划分赋值：2000~2002年=0；2003~2007年=1；2008~2013年=2 | 1.18 | 0.84 |
| | 人均家庭承包经营耕地面积 | 家庭承包经营的耕地面积/乡村人口（亩） | 0.99 | 0.19 |
| | 乡镇企业从业人员数 | 在乡镇企业从业的人员数量（人） | 1 031 894 | 721 370 |
| | 外出务工劳动力比重 | 外出务工劳动力/乡村劳动力 | 37.56% | 14.70% |
| | 人均家庭经营农业生产支出 | 人均家庭经营费用支出+人均购置生产性固定资产支出（元） | 1 356.53 | 661.04 |
| | 人均政府财政支农支出 | （支援农业生产支出+农林水利气象部门事业费+农业综合开发支出）/乡村人口（元） | 468.11 | 489.94 |
| | 人均地区生产总值 | 地区生产总值/地区总人口（元） | 14 839.16 | 7 988.17 |

2000~2013年，江苏省农村居民的人均家庭经营纯收入、人均工资性收入平均为2230.98元、3687.19元，标准差分别为600.92元、2129.66元；人均工资性收入比家庭经营纯收入高1456.21元，其标准差也远超过家庭经营纯收入的标准差，说明人均工资性收入水平的变化更大。

江苏省农地流转率预测值与农地流转率滞后一期值相当，农地流转率预测值平均为24.40%，农地流转率滞后一期值平均为20.93%。江苏省人均家庭承包经营耕地面积平均为0.99亩，表明该地区耕地资源较为稀缺。江苏省农村劳动力非农就业水平较高，乡镇企业从业人员数平均达到百万人以上（1 031 894人），选择外出务工劳动力比重平均为37.56%。反映农户个体农业生产投资情况的人均家庭经营农业生产支出平均为1356.53元，而反映政府农业生产投资情况的人均政府财政支农支出平均仅为468.11元，表明研究期内农业生产投资仍以农户个体投入为主。江苏省经济发展水平较高，人均地区生产总值平均为14 839.16元。

### （四）估计方法

根据农地流转变量的三种表征形式，将农户收入模型区分为三类：模型Ⅰ中采用农地流转率预测值，模型Ⅱ引入农地流转率滞后一期值，模型Ⅲ采用农地流转政策这一虚拟变量。由于本书采用的是2000~2013年江苏省13个市的面板数据，$N=13$，$T=11$，$T$ 小于 $N$，属于短面板数据，通常采用混合估计模型、随机效应模型、固定效应模型三种模型加以估计。依据 $F$ 检验、LM检验和Hausman检验结果，除了农户工资性收入的模型Ⅰ应该采用随机效应模型进行估计，农户家庭经营纯收入模型Ⅰ、Ⅱ、Ⅲ及农户工资性收入模型Ⅱ、Ⅲ均应采用固定效应模型估计。模型估计前，对模型中各变量是否符合正态分布进行检验，对不符合的变量通过取对数的方式加以调整和改进，如乡镇企业从业人员数、外出务工劳动力比重、人均家庭经营农业生产支出。同时，考虑到面板数据可能存在的异方差问题，模型估计过程中采用聚类稳健的标准误进行修正。

### （五）模型估计结果

#### 1. 农户家庭经营纯收入模型估计结果

农户家庭经营纯收入模型估计结果见表3-5。与理论预期一致，模型Ⅰ、Ⅱ、Ⅲ分别对应的关键变量农地流转率预测值、农地流转率滞后一期值、农地流转政策均在10%的水平下显著，且系数为正，表明农地流转对农户家庭经营纯收入的提高有显著促进作用。这一结果也与已有学者的研究结论一致：一方面，农地流转有利于耕地资源向农业生产效率更高的农民手中集中，促进农户家庭经营纯收入的增加（Jin and Deininger，2009；王春超，2011）；另一方面，农地流转有利于农民扩大土地经营规模，实现农业生产的规模化与机械化，促使农户家庭经营纯收入增加（龚晓红，2012；金丽馥和冉双全，2012）。

表 3-5　农户家庭经营纯收入模型的估计结果

| 解释变量 | 模型Ⅰ（固定效应） | 模型Ⅱ（固定效应） | 模型Ⅲ（固定效应） |
| --- | --- | --- | --- |
| 农地流转率预测值 | 0.23* (1.83) | | |
| 农地流转率滞后一期值 | | 0.34* (1.78) | |
| 农地流转政策虚拟变量 | | | 0.05* (1.95) |
| 人均家庭承包经营耕地面积 | −0.27 (−0.90) | −0.12 (−0.45) | −0.15 (−0.48) |
| ln 乡镇企业从业人员数 | 0.06 (0.79) | 0.07 (0.91) | 0.06 (0.88) |
| ln 外出务工劳动力比重 | −0.02 (−0.21) | 0.06 (0.84) | −0.04 (−0.51) |
| ln 人均家庭经营农业生产支出 | 0.14** (2.67) | 0.12* (1.78) | 0.13** (2.42) |
| 人均政府财政支农支出 | 0.00*** (5.00) | 0.00** (2.22) | 0.00*** (6.03) |
| 常数项 | 5.98*** (4.50) | 5.93*** (3.90) | 5.83*** (4.23) |
| 观测值 | 143 | 130 | 143 |
| 分组数 | 13 | 13 | 13 |
| $R^2$ | 0.85 | 0.86 | 0.85 |
| F 值 | 22.91 | 57.8 | 27.15 |
| 显著性水平（Prob＞F） | 0.00 | 0.00 | 0.00 |

注：括号内为 t 值，空白处表示未考虑此变量

*、**、***分别表示在 10%、5%和 1%的水平显著

　　三个模型中其他变量的回归系数显著性及方向都较为一致。其中，人均家庭经营农业生产支出及人均政府财政支农支出这两个变量的系数都显著且为正，与理论预期一致，表明不论是农户个体还是政府的农业资本投入都能显著促进农户家庭经营纯收入的提高。这不仅与黄静等（2009）关于农户的农业生产要素投入越多，越有利于促进其家庭经营纯收入增加的结论一致，也与杜玉红和黄小舟（2006）、王德祥和李建军（2009）、杨建利和岳正华（2013）等关于政府财政支农支出可以提高农民收入的结论一致。这是因为，人均家庭经营农业

生产支出越多，种子、肥料、农药、机械和雇工投入越多；人均政府财政支农支出越多，农业生产基础设施，如能源、水利灌溉、道路交通等条件越好，越有利于提高家庭经营纯收入。

人均家庭承包经营耕地面积、乡镇企业从业人员数、外出务工劳动力比重这三个变量对农户家庭经营纯收入的影响均不显著。可能的原因是，江苏人均家庭承包经营承包耕地面积较小、耕地细碎化程度较高，耕地面积的相对变化对农户家庭经营纯收入的影响较微弱。在当地就业的乡镇企业从业人员，可能存在兼业行为，对农业生产的劳动力流失效应和收入增加效应均有限，进而对农户家庭经营纯收入的影响不显著。外出务工劳动力比重在家庭经营纯收入模型Ⅰ和Ⅲ中的估计系数均为负，但影响并不显著。这表明，一方面，外出务工的农户家庭存在剩余劳动力或采用机械替代劳动进行农业生产，缓解了外出务工对农业生产可能带来的劳动力流失效应；另一方面，增加的非农收入和汇款可能主要用于家庭住宅建设与维修、子女教育和其他耐用品消费方面，并未起到增加农业生产投资的作用，最终使得外出务工对农户家庭经营纯收入的影响并不显著。

2. 农户工资性收入模型估计结果

农户工资性收入模型估计结果见表3-6。模型Ⅰ、Ⅱ、Ⅲ中表征农地流转的三个变量分别在1%、5%和1%的水平下显著，且系数都为正，表明农地流转对农民的工资性收入有显著的促进作用。这与李先玲（2010）、薛凤蕊等（2011）等的结论一致，即农地流转能带动土地及劳动力资源的最优配置，有利于劳动力资源在比较效益更高的领域发挥作用，从而促使工资性收入的提高。

表3-6 农户工资性收入模型估计结果

| 解释变量 | 模型Ⅰ（随机效应） | 模型Ⅱ（固定效应） | 模型Ⅲ（固定效应） |
| --- | --- | --- | --- |
| 农地流转率预测值 | 0.37***<br>(2.67) | | |
| 农地流转率滞后一期值 | | 0.55**<br>(2.22) | |
| 农地流转政策虚拟变量 | | | 0.14***<br>(4.22) |
| ln 乡镇企业从业人员数 | −0.02<br>(−0.25) | −0.01<br>(−0.05) | 0.02<br>(0.81) |
| ln 外出务工劳动力比重 | 0.70***<br>(15.06) | 0.66***<br>(6.78) | 0.57***<br>(5.67) |
| 人均地区生产总值 | 0.00***<br>(11.00) | 0.00***<br>(5.78) | 0.00***<br>(5.22) |

续表

| 解释变量 | 模型Ⅰ（随机效应） | 模型Ⅱ（固定效应） | 模型Ⅲ（固定效应） |
|---|---|---|---|
| 常数项 | 7.69*** (9.54) | 7.47*** (5.29) | 6.94*** (5.40) |
| 观测值 | 143 | 130 | 143 |
| 分组数 | 13 | 13 | 13 |
| $R^2$ | 0.92 | 0.92 | 0.92 |
| Wald 卡方值/$F$ 值 | 351.99 | 92.79 | 118.49 |
| 显著性水平（Prob＞chi2/Prob＞$F$） | 0.00 | 0.00 | 0.00 |

注：模型Ⅰ中的括号内为 $z$ 值，模型检验为 Wald 卡方值，显著性水平检验对应为 Prob＞chi2 的结果；模型Ⅱ、Ⅲ中的括号内为 $t$ 值，模型检验为 $F$ 值，显著性水平检验对应为 Prob＞$F$ 的结果；空白处表示未考虑此变量 **、***分别表示在 5%和 1%的水平显著

三个模型中其他变量的回归系数方向及显著性基本一致。与理论预期一致，外出务工劳动力比重变量均在 1%的水平下显著，且系数都为正，表明外出务工的劳动力越多，投入非农就业的劳动时间越长，则越有利于农户工资性收入的提升。反映当地经济发展水平的人均地区生产总值变量对农户工资性收入有显著正向影响，这与孙华臣和王晓霞（2004）、徐增海（2011）等的研究结论一致。可能的原因是，经济发展水平越高的地区，为农民提供的非农就业机会越多，工资水平也相对越高，越有利于农户工资性收入的增长。

乡镇企业从业人员数对农户工资性收入的影响并不显著，这是因为乡镇企业从业人员数并不能完全表征当地非农就业水平，而且农户工资性收入的高低与乡镇企业的经营和盈利状况相关。

## 第三节 本章小结

本章基于 2000~2013 年江苏省 13 个地级市的宏观统计数据，分析了农地流转产生和发展所需的区域社会经济与制度环境，检验了农地流转对农户主要收入来源（即家庭经营纯收入和工资性收入）的增收效应。

农地流转形成机理的实证分析结果表明：①农村非农就业水平是影响农地流转发展的重要因素，不论是当地非农就业还是外出务工劳动力较多的地区，其农地流转发展水平都明显更高；②农村人地关系也影响着农地流转的发展水平，农村人地矛盾相对缓和（户均承包经营耕地面积更大）的地区农地流转发展更为顺利；③土地承包经营权产权安全性已经不是制约农地流转发展的因素，因为土地承包经营权证书颁发率对农地流转的影响并不显著；④农业生产性资产水平会对

农地流转发展产生一定影响，上一年年末农业机械劳均拥有量越多的地区农地流转发展水平越高；⑤农村土地及农业政策也是影响农地流转发展的重要制度因素，其中，鼓励和扶持农地流转的农村土地政策促进了农地流转的发展，但农业补贴政策在一定程度上抑制了农地流转的发展。

农地流转收入效应的实证检验结果表明：①不论采用农地流转预测值、农地流转率滞后一期值还是农地流转政策虚拟变量来表征农地流转，其都对农户家庭经营纯收入及工资性收入有显著的正向影响，表明农地流转改善了农民增收方面的公平绩效；②部分控制变量也能显著促进农户的收入增长。具体来看，农业生产投资（无论是农民个人投资还是政府对农业的财政支出）增加，能够显著促进农户家庭经营纯收入的增长；选择外出务工的劳动力相对越多、经济发展水平越高的地区，农户工资性收入越高。

# 第四章 农户参与农地流转及其效率绩效评价

第三章基于江苏省地市级宏观统计数据，分析了农地流转产生和发展所需的区域社会经济与制度环境，考察了农地流转对农户收入的影响，进而揭示和评价了农地流转的形成机理和收入效应。宏观层面的研究有利于把握整体情况，但从微观农户层面，分析影响农户参与农地流转的因素，对于探寻农地流转发展的深层次原因有重要意义。而且，在农村劳动力不断向城镇转移、农地流转不断发展的大背景下，农户参与农地流转究竟会对农业绩效产生什么影响？具体地，农户参与农地流转能否提高土地劳动力配置效率？又能否改善土地生产率和土地利用效率？为了回答这些问题，本章研究基于江西省东北部水稻生产区和江苏省覆盖苏南、苏中、苏北三大地区的农户调查数据，分析影响农户参与农地流转的因素，在此基础上，考察农户参与农地流转对土地劳动力配置效率、土地生产率和土地利用效率的影响，进而探究农地流转的形成机理和效率绩效。

## 第一节 农户参与农地流转的影响因素研究

从农户微观决策视角，国内外众多学者对农户农地流转意愿、转入转出行为及流转程度（面积、比例）的影响因素进行了大量的研究（Carter and Yao，2002；Teklu and Lemi，2004；Feng，2006；张丁和万蕾，2007；乐章，2010；Deininger et al.，2011；Huang et al.，2012）。基于上述研究，本节首先对影响农户参与农地流转的因素进行理论推导，然后根据所设置的农地流转参与变量性质分别构建有序 Probit 模型和双变量 Probit 模型（bivariate probit model），并采用 2011 年江西省东北部三个村的 306 户农户调查数据，实证分析影响农户参与农地流转的因素，进而揭示农地流转的形成机理[①]。

### 一、农户参与农地流转影响因素的理论分析

假设一个农户家庭拥有土地资源禀赋 $\bar{A}$，拥有劳动力资源禀赋 $\bar{L}$，农户家庭

---

[①] 本部分内容改写自：李明涛. 2013. 农户参与农地租赁市场对农业绩效的影响——基于江西省东北部水稻生产区的实证分析. 南京：南京农业大学硕士学位论文。

特征 $Z^h$（如家庭规模、家庭结构及家庭非农资产的数量等）和固定要素特征 $Z^q$（如耕牛数量、农业机械等）。假定不存在农业劳动力市场，该农户能够在农业生产（$l^a$）、非农就业（$l^o$）和休闲（$l$）中分配其劳动力，并能够转入（$A^{in}$）和转出（$A^{out}$）土地。这样该农户能够从农业生产、非农就业和土地流转活动中获得收入。该农户选择 $l^a$、$l^o$、$l$、$A^{in}$ 和 $A^{out}$ 以使其效用最大化：

$$\underset{\substack{l^a,l^o,l\\A^{in},A^{out}}}{\text{Max}} U(y,l,Z^h) \tag{4-1}$$

限制条件为

$$y = f(l^a, A, Z^q) + wl^o - (r + \text{TA}^{in})A^{in} + (r - \text{TA}^{out})A^{out} \tag{4-2}$$

$$l^a + l^o + l = \overline{L} \tag{4-3}$$

$$A = \overline{A} + A^{in} - A^{out} \tag{4-4}$$

$$A^{out} \leqslant \overline{A} \tag{4-5}$$

$$l^a, l^o, l, A^{in}, A^{out} \geqslant 0 \tag{4-6}$$

其中，$w$ 为非农就业工资；$r$ 为市场地租；$f(\cdot)$ 为农业生产函数；而 $\text{TA}^{in}$、$\text{TA}^{out}$ 分别为参与土地转入、转出的交易成本。为简单起见，农产品的价格设定等于1；所有其他价格都是农产品价格的相对值。

如果农地流转市场功能完善，则农户流转土地不存在交易成本，即 $T^A = 0$（$\text{TA}^{in}$ 和 $\text{TA}^{out}$ 简略为 $T^A$），此时，农户土地配置决策的一阶条件是 $f_A = r$，也就是说土地的边际产值等于市场地租。然而当 $T^A > 0$，即农户流转土地面临交易成本时，农户的劳动力和土地配置决策满足以下一阶条件：

$$f_{l^a} = w \tag{4-7}$$

$$f_A = r + \text{TA}^{in}（转入土地） \tag{4-8}$$

$$r - \text{TA}^{out} \leqslant f_A \leqslant r + \text{TA}^{in}（土地自给自足） \tag{4-9}$$

$$f_A = r - \text{TA}^{out}（转出土地） \tag{4-10}$$

基于上述一阶条件，可以得到农户农地流转参与决策的简化方程：

$$A = A(\overline{A}, \overline{L}, Z^h, Z^q, r, w, T^A) \tag{4-11}$$

其中，$A$ 为农户农地流转参与决策，则农户农地流转决策受土地和劳动力资源禀赋（$\overline{A}$ 和 $\overline{L}$）、农户家庭特征 $Z^h$、固定要素特征 $Z^q$、要素市场价格（$r$ 和 $w$）及流转交易成本 $T^A$ 等因素的影响。

## 二、农户参与农地流转影响因素的实证检验

### （一）模型设定与估计方法

根据理论推导得到的简化方程式（4-11），农户参与农地流转的实证模型设定如下：

$$y = \alpha_0 + \alpha_E E + \alpha_{Z^h} Z^h + \alpha_{Z^q} Z^q + \alpha_{T^A} T^A + \alpha_D D + \varepsilon \qquad (4-12)$$

为了满足下文农户参与农地流转对土地劳动力配置效率和土地生产率的影响研究的要求，这里因变量农户农地流转参与决策 $y$ 对应设置为两种形式：一是农地流转参与情形有序变量 $y_A$，即农户转出土地时 $y_A = 0$，农户不参与流转时 $y_A = 1$，农户转入土地时 $y_A = 2$；二是农户是否转出（转入）土地的二分变量 $y_{A^{\text{out}}}$（$y_{A^{\text{in}}}$），即农户转出（转入）土地时 $y_{A^{\text{out}}} = 1$（$y_{A^{\text{in}}} = 1$），不转出（转入）土地时 $y_{A^{\text{out}}} = 0$（$y_{A^{\text{in}}} = 0$）。$E$、$Z^h$、$Z^q$ 和 $T^A$ 分别为资源禀赋特征、农户家庭特征、固定要素特征、流转交易成本等四个方面的变量，同时引入村庄虚拟变量 $D$ 来代理市场租金 $r$ 和市场非农就业工资 $w$ 的影响（假定同一个村内农户面临相同的市场地租和非农就业工资）。其中，$\alpha_0$ 为常数项；$\alpha_E$、$\alpha_{Z^h}$、$\alpha_{Z^q}$、$\alpha_{T^A}$、$\alpha_D$ 为待估参数；$\varepsilon$ 为随机误差项。

式（4-12）的估计方法取决于被解释变量的性质，由于农地流转参与情形 $y_A$ 是有序变量，因而采用有序 Probit 模型进行估计；而农户是否转出（转入）土地 $y_{A^{\text{out}}}$（$y_{A^{\text{in}}}$）为二分变量，这里运用双变量 Probit 模型进行估计。

### （二）变量选取

本书的解释变量包括资源禀赋特征、农户家庭特征、固定要素特征、流转交易成本及村庄虚拟变量等五大方面的变量。

#### 1. 资源禀赋特征变量

劳均承包水田面积用于反映农户的土地和劳动力资源禀赋特征。由于扩大农地经营规模的内在需求，劳均承包水田面积越小，农户越倾向转入土地；相反，农户拥有的土地资源禀赋（劳均承包水田）越多，其对土地的需求越小，因而转入（转出）土地的可能性越小（大）。

2. 农户家庭特征变量

选取的农户家庭特征变量包括户主年龄、户主受教育年限、户主非农就业经验、家庭人口规模、被抚养人数及家庭女性劳动力比例。

户主年龄增长对农业生产具有两个方面影响：一是经验提升的正向作用，即年龄较大的户主积累的农业生产经验较丰富，因此转入（转出）土地的意愿较高（低）；二是体力下降的负向作用，即年长的户主因体力下降无力耕种土地，因而转入（转出）土地的可能性更小（大）。

户主受教育年限用于反映决策者人力资本差异和管理能力的影响。户主受教育水平对农地流转参与决策的影响尚不明确：一方面，户主文化程度高，其接受新生事物和学习的能力强，农业生产率可能更高，进而更倾向于转入土地和扩大农地经营规模；另一方面，受教育程度高的户主可能为了追求家庭收益最大化而将劳动力、资本等资源配置于比较效益更高的经营活动中，从而更可能转出土地。

户主有非农就业经验更倾向于从事非农就业，选择转入（转出）土地的概率较小（大）。

家庭人口规模越大，可支配的劳动力数量越多，消费的粮食也越多，因此农户会更倾向于转入土地，而不倾向于转出土地。

被抚养人数在一定程度上可能会分散家庭劳动成员从事农业生产的精力，且其消耗的食物相较于劳动力更少，因此被抚养人口越少的农户越倾向于转入土地，而越不可能转出土地。

家庭女性劳动力比例指的是家庭成员中女性劳动力占总劳动力数量的比重。一般而言，女性劳动力在生理力量上明显弱于男性劳动力，而女性劳动力比例较低的农户家庭在农业生产中的体力优势更大，更可能转入土地。因此，预期女性劳动力比例对农户转入土地有负向影响，对转出土地有正向影响。

3. 固定要素特征变量

固定要素特征变量包括水田肥力指数、耕牛数量、是否拥有大型农业机械及受灾情况。

（1）水田肥力指数用于反映农田的肥沃程度。一般来说，农户家庭承包的水田越贫瘠，越有可能转入农地来提高农业产出，反之则越倾向于转出土地。

（2）耕牛数量。作为役畜，耕牛在丘陵地区小规模农户农业生产过程中具有重要的作用。预期转入土地与耕牛数量正相关，而转出土地与耕牛数量负相关。

（3）是否拥有大型农业机械。为了降低单位土地面积的固定资产投入成本，拥有大型农业机械的农户更倾向于转入土地和扩大规模，而更不可能转出土地。

（4）受灾情况是指农户在水稻生产过程中遭受自然灾害的情况。受灾情况越严重，农户越可能通过转入土地来弥补自然灾害带来的损失，相反越不可能转出土地。

#### 4. 流转交易成本变量

选取农户对土地凭证重要性认知、家庭非农总资产这两个变量来代理农地流转交易成本的影响。

农户对土地凭证是否重要的认知可能会对农地流转市场交易成本产生影响，若土地凭证的重要性被认可，说明对该农户而言土地凭证能够更好地明晰和保护农地产权，土地凭证带来的产权安全感知也更强烈，有利于降低交易风险和减少交易成本，促使农户参与农地流转（Carter and Yao，2002）。因此，对土地凭证重要性认知程度越高的农户，其转入、转出土地的可能性越大。

家庭非农总资产可以反映农户家庭富裕程度，拥有较多非农总资产的农户在参与农地流转时可能面临更低的交易成本，因为他们有更多的资源可用于获得转入或转出土地所需要的信息，从而转入、转出土地的概率更高。

#### 5. 村庄虚拟变量

假设同一个村内的农户面临的要素市场价格（农地租金和非农就业工资）相同，因此以港沿村为对照组，设置板桥村、上祝村两个村庄虚拟变量，用以代理要素市场价格对农户农地流转参与决策的影响。

### （三）数据来源

本节所用数据是课题组于2011年7~8月对江西省东北部3个行政村在2000年和2006年调查基础上的一次跟踪扩展调查数据[①]，涉及鹰潭市的余江县和贵溪市、上饶市的铅山县这3县（市）3个行政村21个自然村。行政村的选择充分反映了地区经济和农村土地流转市场发展水平的差异，且这3个行政村在地理环境状况、耕地资源禀赋、农村基础设施条件和单位播种面积产量等方面也呈现出明显的差异性，因此能够充分反映农户参与农地流转市场状况和水稻生产情况的多样性。

本次调查采用与农户面对面交流访谈的方式，询问农户有关2010年的家庭、农业生产状况及其他信息。样本选择尽量与2000年、2006年所调查的农户一致，由于客观原因（如全家迁徙等）未覆盖的农户，采用随机抽样方法从村庄中选出相应数量农户以补充样本。调查收回问卷319份，有效问卷为310份，问卷有效

---

[①] 需要说明的是，本节为作者早期对农地流转的研究成果，所用的研究数据也相对较早，不能全面反映当前农地流转市场发展的情况，但此部分中农户农地流转参与决策的理论分析为当前研究提供了较好的参考。

率为97.18%。由于本书主要关注农户农地流转和水稻生产情况，因此将没有承包地的有效样本剔除，最终采用的样本为306户水稻种植户。

## （四）描述性统计分析

各变量说明与描述性统计分析见表4-1。

表4-1 变量说明与描述性统计分析

| | 变量 | 定义及单位 | 转出户 | 未流转户 | 转入户 | 全部农户 |
|---|---|---|---|---|---|---|
| 资源禀赋特征 | 劳均承包水田面积 | 家庭承包水田面积/劳动力数量（亩） | 1.95<br>(1.38) | 1.84<br>(1.35) | 1.77<br>(1.13) | 1.83<br>(1.28) |
| 农户家庭特征 | 户主年龄 | 户主的年龄（岁） | 56.31<br>(12.55) | 55.50<br>(11.07) | 52.53**<br>(8.61) | 54.53<br>(10.59) |
| | 户主受教育年限 | 户主接受教育的年数（年） | 6.22**<br>(3.01) | 5.22<br>(2.81) | 5.46<br>(2.61) | 5.49<br>(2.78) |
| | 户主非农就业经验 | 有=1，没有=0 | 0.41<br>(0.50) | 0.31<br>(0.46) | 0.42*<br>(0.50) | 0.37<br>(0.48) |
| | 家庭人口规模 | 家庭成员总数（人） | 5.31<br>(2.04) | 5.05<br>(1.91) | 4.98<br>(1.68) | 5.08<br>(1.85) |
| | 被抚养人数 | 年龄在16岁以下或65岁以上的家庭成员数量（人） | 1.61<br>(1.12) | 1.39<br>(1.17) | 1.29<br>(1.14) | 1.39<br>(1.15) |
| | 家庭女性劳动力比例 | 家庭成员中女性劳动力占总劳动力数量的比重 | 0.50**<br>(0.14) | 0.45<br>(0.18) | 0.45<br>(0.13) | 0.46<br>(0.16) |
| 固定要素特征 | 水田肥力指数 | 肥沃=1、一般=2、较差=3，全部水田面积加权平均值 | 1.13***<br>(1.05) | 2.13<br>(0.56) | 2.07<br>(0.53) | 1.93<br>(0.76) |
| | 耕牛数量 | 2010年农户家庭拥有的耕牛数量（头） | 0.17***<br>(0.38) | 0.46<br>(0.56) | 0.43<br>(0.59) | 0.40<br>(0.55) |
| | 是否拥有大型农业机械 | 2009年末是否拥有耕田机、插秧机、收割机等较大价值的农业机械 | 0.04<br>(0.19) | 0.04<br>(0.18) | 0.28***<br>(0.42) | 0.13<br>(0.34) |
| | 受灾情况 | 受灾程度：未受灾=0，轻微=1，一般=2，严重=3 | 0.70***<br>(1.18) | 1.55<br>(1.36) | 1.72<br>(1.39) | 1.46<br>(1.38) |
| 流转交易成本 | 农户对土地凭证重要性认知 | 非常重要=1，重要=2，一般=3，不太重要=4，不重要=5，不知道=6 | 3.30<br>(1.73) | 3.55<br>(1.81) | 3.33<br>(1.86) | 3.42<br>(1.81) |
| | 家庭非农总资产 | 2009年末农户家庭拥有的非农资产折现值（元） | 59 492<br>(63 233) | 51 671<br>(60 470) | 47 119<br>(49 202) | 51 341<br>(56 997) |

续表

| 变量 | | 定义及单位 | 转出户 | 未流转户 | 转入户 | 全部农户 |
|---|---|---|---|---|---|---|
| 村庄虚拟变量（以港沿村为对照组） | 板桥村 | 板桥村=1，非板桥村=0 | 0.19 (0.39) | 0.12 (0.33) | 0.18 (0.39) | 0.16 (0.36) |
| | 上祝村 | 上祝村=1，非上祝村=0 | 0.24** (0.43) | 0.40 (0.49) | 0.23 (0.42) | 0.31 (0.46) |
| 观测值 | | | 54 | 137 | 115 | 306 |

注：括号内为标准差

*、**、***分别表示在10%、5%、1%的水平上转出户、转入户和未流转户的均值存在显著的组间差异

（1）农地流转参与情况。306户样本农户中，有169户农户参与水田流转，其中，转出水田的有54户，转入水田的有115户。根据农地流转参与情况，本书将样本农户区分为转出户、未流转户和转入户三类。

（2）资源禀赋特征。所有样本农户的劳均承包水田面积为1.83亩。从不同类型农户来看，劳均承包水田面积呈现转出户（1.95亩）＞未流转户（1.84亩）＞转入户（1.77亩）的特征。

（3）农户家庭特征。所有样本农户的户主平均年龄为54.53岁，平均受教育年限为5.49年，平均有37%的户主有非农就业经验，家庭人口规模平均为5.08人，被抚养人数平均为1.39人，家庭女性劳动力比例平均为46%。与未流转户相比，转入户户主平均年龄（52.53岁）显著更低，拥有非农就业经验的户主比例（42%）显著更高，而转出户户主平均受教育年限（6.22年）显著更长，家庭女性劳动力所占比例（50%）显著更大；转入户、转出户与未流转户的家庭人口规模和被抚养人数并无显著差异。

（4）固定要素特征。所有样本农户的水田肥力指数平均为1.93，拥有的耕牛数量平均不到1头，平均有13%的农户拥有大型农业机械，受灾情况平均介于"轻微"和"一般"之间。与未流转户相比，转出户的水田肥沃程度（水田肥力指数为1.13）显著更高，拥有的耕牛数量（平均为0.17头）显著更少，受灾情况（0.70）显著更低，转入户拥有大型农业机械的比例（28%）显著更高。

（5）流转交易成本。所有样本农户对土地凭证重要性认知平均介于"一般"和"不太重要"之间，家庭非农总资产平均为51 341元。参与农地流转的农户（包括转入户、转出户）与未流转户对土地凭证重要性认知和家庭非农总资产并无显著差异。

（6）村庄虚拟变量。306户样本农户中，有16%的农户分布在板桥村，31%的农户分布在上祝村。54户转出土地的农户中，分别有19%、24%的转出户分布在板桥村、上祝村；137户未流转土地的农户中，分别有12%、40%的未流转户分布在板桥村、上祝村；115户转入土地的农户中，分别有18%、23%的转入户分布在板桥村、上祝村。

## (五)估计结果与分析

模型估计前,对模型中各变量是否符合正态分布进行检验,对不符合正态分布的变量通过取对数加以调整和改进。表 4-2 呈现了有序 Probit 模型的估计结果。临界值 1、临界值 2 分别在 1%、5%水平上显著,验证了参与转出、不参与流转和参与转入三种行为决策之间有序的理论预期,说明选择有序 Probit 模型进行估计是有效的。表 4-3 则呈现了双变量 Probit 模型的估计结果。相关系数(athrho)在 1%水平上显著,说明参与转入和转出的决策存在一定关联,采用双变量 Probit 模型进行估计也是合理的。

表 4-2 农户农地流转参与决策的有序 Probit 模型估计结果

| 解释变量 | | 有序 Probit 模型 | |
|---|---|---|---|
| | | 系数 | z 值 |
| 资源禀赋特征 | ln 劳均承包水田面积 | −0.72*** | −3.17 |
| 农户家庭特征 | 户主年龄 | −0.02*** | −2.68 |
| | 户主受教育年限 | −0.05** | −1.96 |
| | 户主非农就业经验 | 0.11 | 0.67 |
| | ln 家庭人口规模 | −0.10 | −0.35 |
| | ln 被抚养人数 | −0.00 | −0.01 |
| | ln 家庭女性劳动力比例 | −0.67 | −1.18 |
| 固定要素特征 | 水田肥力指数 | 0.62*** | 6.05 |
| | 耕牛数量 | 0.33** | 2.39 |
| | 是否拥有大型农业机械 | 1.34*** | 5.00 |
| | 受灾情况 | 0.08 | 1.42 |
| 流转交易成本 | 农户对土地凭证重要性认知 | −0.07 | −1.60 |
| | ln 家庭非农总资产 | −0.09** | −1.97 |
| 村庄虚拟变量 | 板桥村 | −0.14 | −0.61 |
| | 上祝村 | −0.54*** | −3.35 |
| 临界值 | 临界值 1 | −3.25*** | −3.86 |
| | 临界值 2 | −1.68** | −2.02 |
| 观测值 | | 306 | |
| 伪 $R^2$ | | 0.17 | |
| 对数伪似然值 | | −262.43 | |

**和***表示统计值分别在 5%和 1%水平上显著

表 4-3　农户参与农地流转决策的双变量 Probit 模型估计结果

| 解释变量 | | 系数（z 值） | |
|---|---|---|---|
| | | 转入方程 | 转出方程 |
| 资源禀赋特征 | ln 劳均承包水田面积 | −0.73*** (−3.21) | 0.80*** (2.85) |
| 农户家庭特征 | 户主年龄 | −0.02** (−2.41) | 0.03*** (2.67) |
| | 户主受教育年限 | −0.04 (−1.19) | 0.11** (2.38) |
| | 户主非农就业经验 | 0.22 (1.31) | 0.15 (0.74) |
| | ln 家庭人口规模 | −0.04 (−0.14) | −0.05 (−0.12) |
| | ln 被抚养人数 | 0.08 (0.35) | 0.26 (0.77) |
| | ln 家庭女性劳动力比例 | −0.33 (−0.47) | 1.54 (1.57) |
| 固定要素特征 | 水田肥力指数 | 0.25** (2.38) | −0.94*** (−7.40) |
| | 耕牛数量 | 0.30* (1.89) | −0.59** (−2.10) |
| | 是否拥有大型农业机械 | 1.43*** (5.54) | −1.06* (−1.73) |
| | 受灾情况 | 0.03 (0.48) | −0.20** (−2.35) |
| 流转交易成本 | 农户对土地凭证重要性认知 | −0.07* (−1.65) | 0.09 (1.45) |
| | ln 家庭非农总资产 | −0.06 (−1.11) | 0.11* (1.75) |
| 村庄虚拟变量 | 板桥村 | −0.12 (−0.50) | 0.21 (0.64) |
| | 上祝村 | −0.63*** (−3.33) | 0.30 (1.09) |
| 常数项 | | 1.89** (2.13) | −4.01*** (−3.37) |
| 相关系数（athrho） | | −14.54*** (−3.76) | |
| 观测值 | | 306 | |
| 对数伪似然值（log pseudolikelihood） | | −238.76 | |

*、**和***表示统计值分别在10%、5%和1%水平上显著

资源禀赋特征对农户参与农地流转具有显著影响。劳均承包水田面积变量在有序 Probit 模型和双变量 Probit 模型的转入、转出方程中都显著，且系数符号与预期一致，表明耕地资源禀赋越丰富的农户，越有可能转出土地，相反越不可能转入土地。可见，农地流转使得土地由地多农户向地少农户转移，从而有利于土地配置效率的提高。

农户家庭特征是影响农户参与农地流转的重要因素。户主年龄在有序 Probit 模型和双变量 Probit 模型的转入方程中显著且系数符号为负，在双变量 Probit 模型的转出方程中显著且系数符号为正，表明户主年龄越大的农户越倾向于转出土地，越不可能转入土地。可能的解释是，户主年龄越大，体力下降给农业生产带来的负面影响大于经验积累带来的积极作用。受教育年限在有序 Probit 模型中显著且系数符号为负，在双变量 Probit 模型的转出方程中显著且符号为正，说

明户主受教育程度越高的农户越有可能转出土地。这可能是因为，户主受教育程度越高，其越可能将有限的家庭劳动力资源配置于收益更高的非农活动，因而从事或扩大农业生产的意愿越小。无论在有序 Probit 模型还是双变量 Probit 模型中，户主非农就业经验、家庭人口规模、被抚养人数、家庭女性劳动力比例等变量均不显著，表明这些因素并未对样本农户的农地流转参与决策产生显著影响。

固定要素特征会影响农户农地流转参与决策。水田肥力指数、耕牛数量和是否拥有大型农业机械三个变量在有序 Probit 模型和双变量 Probit 模型的转入方程中均显著且系数符号为正，在双变量 Probit 模型的转出方程中都显著且系数符号为负，表明农户家庭承包的水田越贫瘠（肥沃），越有可能转入（转出）农地；拥有耕牛或者拥有役畜越多的农户，转入（转出）土地的可能性越大（小）；拥有大型农业机械对农户参与农地转入（转出）具有显著正向（负向）影响。受灾情况在有序 Probit 模型中不显著，但在双变量 Probit 模型的转出方程中显著且系数符号为负，说明遭受自然灾害程度越严重，农户越不可能转出土地。

流转交易成本也是影响农户参与农地流转的重要因素。农户对土地凭证重要性认知变量在有序 Probit 模型中不显著，但在双变量 Probit 模型的转入方程中显著且系数符号为负，表明农户如果认为土地凭证对保护承包经营权越重要（对应的变量值越小），则越有可能参与农地转入。家庭非农总资产在有序 Probit 模型中显著且系数符号为负，在双变量 Probit 模型的转出方程中显著且系数符号为正，表明家庭非农总资产越高的农户越有可能转出土地。

不同地区的农户农地流转参与情况存在显著差异。村庄虚拟变量上祝村在有序 Probit 模型和双变量 Probit 模型的转入方程中均显著且系数符号为负，说明与港沿村相比，上祝村参与农地转入的农户显著更少。

## 第二节 农户参与农地流转对土地劳动力配置效率的影响研究

关于农户参与农地流转对资源配置效率的影响，国外学者的实证研究发现农地流转能够提高农户土地和劳动力资源配置效率（Binswanger，1995；Sadoulet et al.，1998；Brandt et al.，2004）；国内学者多关注农户参与农地流转对农户劳动力配置效率的影响，缺乏对土地劳动力配置效率影响的实证研究（Feng，2006；李明涛，2013）。基于此，本书首先在不同农地流转参与情形下，对影响农户最优土地劳动力配置效率的资源禀赋特征、农户家庭特征、固定要素特征、流转交易成本、要素市场价格等因素进行推理分析，然后利用 2011 年江西省东北部三个村的 306 户农户调查数据，运用内生转换回归模型，实证检验农户参与农地流转对土地劳动力配置效率的影响[①]。

## 一、农户参与农地流转影响土地劳动力配置效率的理论推演

由于农地流转市场不完善，农户无法完全按照自己的意愿配置农地资源，从而不得不在很大程度上或者完全使用自家劳动力进行农业生产。这种市场缺陷使得农户经营的土地规模与单位土地劳动投入强度之间存在反向关系（Sen，1966；Feng，2006）。

Feng（2006）研究了不同农地流转与非农就业市场参与情形下的配置效率问题，构建了土地与劳动力市场缺陷条件下的农户模型。借鉴 Feng（2006）的思路，结合本章第一节中农户参与农地流转的决策模型式（4-8）～式（4-10），假设生产函数满足规模报酬不变，本书运用单位土地的劳动力投入强度 $\lambda$ 和单位土地的平均产量 $f(\lambda)$，将农户的劳动力和土地配置决策一阶条件修改为

$$f_\lambda(\lambda) = w \tag{4-13}$$

$$f(\lambda) - \lambda f_\lambda(\lambda) = r + \mathrm{TA}^{in}（转入土地） \tag{4-14}$$

$$r - \mathrm{TA}^{out} \leqslant f(\lambda) - \lambda f_\lambda(\lambda) \leqslant r + \mathrm{TA}^{in}（土地自给自足） \tag{4-15}$$

$$f(\lambda) - \lambda f_\lambda(\lambda) = r - \mathrm{TA}^{out}（转入土地） \tag{4-16}$$

### （一）农户不参与农地流转

对于不参与农地流转的农户而言，其土地和劳动力的配置决策取决于其自身的土地和劳动力资源禀赋。劳均农地资源的增加将导致劳动投入强度的降低。假设劳均农地资源为 $E = \overline{A}/\overline{L}$，其中 $\overline{L}$ 为家庭劳动力数量，我们可以得出以下假设：

$$\frac{\partial \lambda_0^*}{\partial E} < 0 \tag{4-17}$$

其中，$\lambda_0^*$ 为农户不参与农地流转情形下的最佳单位土地劳动投入强度。式（4-17）表明对不参与农地流转的农户而言，其最佳单位土地劳动投入强度随着劳均农地资源的上升而逐渐降低（配置无效）。

农户不参与农地流转时，其土地配置决策取决于土地影子价格。因此，他们的最佳单位土地劳动投入强度不会受交易成本影响。

---

[①] 本部分内容改写自：李明涛. 2013. 农户参与农地租赁市场对农业绩效的影响——基于江西省东北部水稻生产区的实证分析. 南京：南京农业大学硕士学位论文.

$$\frac{\partial \lambda_0^*}{\partial T^A} = 0 \qquad (4-18)$$

在不参与农地流转时,影响农户消费决策的农户家庭特征也会影响农户的生产决策,他们的生产与消费决策是不可分的。因此,其单位土地劳动投入强度($\lambda_0^*$)也将受农户家庭特征 $Z^h$ 的影响。

## (二)农户参与农地流转

对于参与农地流转的农户而言,他们将根据实际土地租金来调整自己的土地和劳动力资源配置。如果没有其他的市场缺陷,他们的最佳单位土地劳动投入强度将不会受到自家劳均农地资源禀赋的影响(配置有效):

$$\frac{\partial \lambda_1^*}{\partial E} = 0 \qquad (4-19)$$

其中,$\lambda_1^*$ 为农户参与农地流转情形下的最佳单位土地劳动投入强度。

对于转入土地的农户来说,土地转入交易成本的存在会增加他们支付的实际租金。这将减少转入土地的数量,从而增加他们的单位土地劳动投入强度:

$$\frac{\partial \lambda_1^*}{\partial \text{TA}^{in}} > 0 \qquad (4-20)$$

同样地,土地转出交易成本的存在会减少农户转出土地所获得的实际租金。他们将会减少转出土地的数量,从而降低单位土地劳动投入强度:

$$\frac{\partial \lambda_1^*}{\partial \text{TA}^{out}} < 0 \qquad (4-21)$$

在参与农地流转时,影响农户消费决策的农户家庭特征不会影响农户的生产决策,他们的生产与消费决策是可分的。因此,其单位土地劳动投入强度($\lambda_1^*$)也将不受农户家庭特征 $Z^h$ 的影响。

## 二、农户参与农地流转对土地劳动力配置效率影响的实证检验

### (一)模型设定与估计方法

本书的目的在于探讨农户参与农地流转对土地劳动力配置效率的影响,但分析过程中应考虑到农户农地流转参与决策的内生性(选择误差)问题,即农户的农地流转参与决策也可能取决于流转交易成本和家庭资源禀赋。

根据理论分析中提出的一阶条件,农地流转参与情形 $j$ 下的第 $i$ 个农户单位土地劳动投入强度 $\lambda_{ij}$ 为

$$\ln \lambda_{ij} = x_i' \beta_j + \varepsilon_{ij}, \quad j = 0, 1, 2 \tag{4-22}$$

其中，$j=0,1,2$ 分别为参与转出、未参与流转和参与转入；$x_i'$ 包括资源禀赋特征 $E$（$E=\overline{A}/\overline{L}$）、农户家庭特征 $Z^h$、固定要素特征 $Z^q$、流转交易成本 $T^A$ 及要素市场价格（$r$ 和 $w$）；$\beta_j$ 为相关变量对应的参数；$\varepsilon_{ij}$ 为随机误差项（干扰项），并且满足 $\varepsilon_{ij} \sim N(0, \sigma_j^2)$。

假设农户通过选择参与农地流转而使其期望效用最大化，则农地流转参与情形 $j$ 下的第 $i$ 个农户的期望效用 $V_{ij}$ 可以用间接效用函数来表示：

$$V_{ij} = z_i' \gamma_j + \upsilon_{ij}, \quad j = 0, 1, 2 \tag{4-23}$$

其中，$z_i'$ 包括可能影响农户单位土地劳动投入强度的变量和影响农户参与农地流转的变量；$\gamma_j$ 为相关变量对应的参数；$\upsilon_{ij}$ 为随机误差项（干扰项）。假设干扰项符合标准正态分布，则可得到有序 Probit 模型：

$$\text{Prob}(y_i = j) = y_i^* = z_i' \gamma_j, \quad j = 0, 1, 2 \tag{4-24}$$

其中，$y_i$ 为被解释变量；$y_i^*$ 为潜变量或者隐性变量。

假设 $\alpha_1$、$\alpha_2$ 为阈值，而且 $\alpha_1 < \alpha_2$，并有

$$y = \begin{cases} 0, & y^* \leqslant \alpha_1 \\ 1, & \alpha_1 < y^* \leqslant \alpha_2 \\ 2, & y^* > \alpha_2 \end{cases} \tag{4-25}$$

农户农地流转参与情形 $j$ 的单位土地劳动投入强度为

$$\ln \ell_{ij} = x_i' \beta_j - \sigma_j \rho_j \frac{\phi\{\Phi^{-1}[F(z_i' \gamma_j)]\}}{F(z_i' \gamma_j)} + \xi_{ij} \tag{4-26}$$

其中，$F$ 为有序 Probit 模型分布函数；$\Phi$ 和 $\phi$ 分别为标准的正态分布与密度函数；$\rho_j$ 为单位土地劳动投入强度与农户农地流转参与方程中干扰项 $\varepsilon_{ij}$ 和 $\upsilon_{ij}$ 间的相关系数；$\xi_{ij}$ 为随机误差项（干扰项）；且 $E(\xi_{ij}|y_i=j)=0$。式（4-26）右侧第二项是有序 Probit 模型的逆米尔斯比率（inverse Mills' ratio）。

本书采用两阶段方法来估计农户参与农地流转对土地劳动力配置效率的影响：第一阶段运用有序 Probit 回归方程计算逆米尔斯比率，用于纠正农户农地流转参与决策的内生性（选择误差），且选择农户是否拥有大型农业机械作为工具变量；第二阶段分别对不同农地流转参与情形下的农户类型（转出户=0，未流转户=1，转入户=2），运用普通最小二乘法（ordinary least squares，OLS）检验资源禀赋特征及其他控制变量对单位土地劳动投入强度的影响，解释变量中包含第一阶段得到的逆米尔斯比率。

## （二）变量选取

### 1. 被解释变量

（1）农地流转变量。这是第一阶段的因变量，即农户农地流转参与情形，包括参与转出、不参与流转和参与转入。定义和赋值如下：参与转出（对应农户类型为转出户）= 0，不参与流转（对应农户类型为未流转户）= 1，参与转入（对应农户类型为转入户）= 2。

（2）土地劳动力配置效率。这是第二阶段的因变量，选用单位土地劳动投入强度，即单位播种面积的劳动投工量（工）来表征土地劳动力配置效率。

### 2. 解释变量

根据理论分析，本部分选取包括资源禀赋特征、农户家庭特征、固定要素特征、流转交易成本及村庄虚拟变量等五大方面的解释变量，各变量的定义与本章第一节相同。

1）资源禀赋特征变量

劳均承包水田面积用于反映农户的土地资源禀赋特征。由理论分析推断，劳均承包水田面积对未流转户的单位土地劳动投入强度有负向影响，对参与农地流转的农户的单位土地劳动投入强度没有影响。

2）农户家庭特征变量

选取的农户家庭特征变量包括户主年龄、户主受教育年限、户主非农就业经验、家庭人口规模、被抚养人数及家庭女性劳动力比例。

户主年龄在一定程度上能够代表农业生产经验。一方面，户主年龄越大，积累的农业生产经验越多，其生产效率可能越高，且其在寻找非农工作上的优势越小，这可能促使农户在农业生产中保持一定规模的单位土地劳动投工量。另一方面，户主年龄越大，其劳动体力越弱，对单位土地劳动投工可能产生负面影响。因此，对于参与农地流转的农户，预期户主年龄对单位土地劳动投入强度的影响不显著；而对于不参与农地流转的农户，则其影响不确定。

户主受教育年限用于反映决策者人力资本差异和管理能力的影响。户主受教育水平对单位土地劳动投入强度的影响尚不明确：一方面，户主文化程度高，其接受新生事物和学习的能力强，农业生产率可能更高，进而可能在单位土地上投入更多劳动以获取农业收益；另一方面，受教育程度高的户主可能为了追求家庭收益最大化而将劳动力、资本等资源配置于比较效益更高的经营活动中，从而可能减少农业生产的劳动力投入。

户主有非农就业经验更倾向于从事非农就业，减少农业生产的劳动力投入，从而对单位土地劳动投入强度有负向影响。

家庭人口规模越大，可支配的劳动力数量越多，消费的粮食也越多，因此农户投入到农业生产中的劳动力也越多。对参与农地流转的农户，预期家庭人口规模对单位土地劳动投入强度没有影响；对于不参与农地流转的农户，预期其有正向影响。

被抚养人口在一定程度上可能会分散家庭劳动成员从事农业生产的精力，并且增加农户家庭的生存生活压力，使得农户将有限劳动力资源配置于收益更高的非农产业，但也可能使得农户希望从土地上获得更多效用。对参与农地流转的农户，预期被抚养人数对其单位土地劳动投入强度没有影响；对不参与农地流转的农户，预期其影响不确定。

家庭女性劳动力比例可以反映女性和男性在农业生产中体力与其他方面的差异。一般而言，完成相同的农业生产活动，女性劳动力因体力劣势可能需要花费更多的时间。对参与农地流转的农户，预期家庭女性劳动力比例对其单位土地劳动投入强度没有影响；对不参与农地流转的农户，预期其影响为正。

3）固定要素特征变量

固定要素特征变量包括水田肥力指数、耕牛数量、是否拥有大型农业机械及受灾情况。

水田肥力指数用于反映农田的肥沃程度，一般来说，越贫瘠的农田，可能需要越多时间来打理，因此预期该变量对单位土地劳动投入强度有正向影响。

拥有耕牛的农户可能更多投入役畜而非使用机械来代替劳动力，因此预期耕牛数量对农户单位土地劳动投入强度有正向影响。

是否拥有大型农业机械作为工具变量引入第一阶段估计方程当中。

受灾情况对单位土地劳动投入强度的影响不明确，因为在受灾情况下，农户既有可能通过增加劳动力投入来弥补自然灾害带来的损失，也可能在损失确定的情况下减少劳动力投入。

4）流转交易成本变量

选取农户对土地凭证重要性认知、家庭非农总资产这两个变量来表征农地流转交易成本的影响。

对于参与转出（转入）的农户，土地凭证越重要，流转交易成本越小，可能转出（转入）的土地越多，从而单位土地劳动投入强度越高（低）；对不参与农地流转的农户，土地凭证重要性认知不会影响其单位土地劳动投入强度。

家庭非农总资产较多的农户参与农地流转可能面临的交易成本较低（Zhang and Li，2003；Zhao，2008），因此更可能参与农地流转。对于参与转出的农户，家庭非农总资产越多，可能转出越多的土地，从而提高单位土地劳动投入强度；对于参与转入的农户，家庭非农总资产越多，可能转入越多的土地，从而降低单位土地劳动投入强度。此外,家庭非农总资产较多的农户可能使用机械来代替自家劳动力,这将对其单位土地劳动投入强度产生负面影响。

5) 村庄虚拟变量

和本章第一节一样,通过村庄虚拟变量来控制要素市场价格(市场农地租金和非农就业工资)可能产生的影响。

(三)描述性统计分析

本节的数据来源与上一节中使用的数据一致[①],各解释变量的定义及描述性统计分析见表4-1,不再赘述。这里仅描述被解释变量单位土地劳动投入强度的统计值。

所有样本农户的单位土地劳动投入强度(即单位播种面积劳动投工量)平均为4.59工/亩。从不同类型农户来看,单位播种面积劳动投工量呈现转出户(6.45工/亩)>未流转户(5.14工/亩)>转入户(4.36工/亩)的特征。

(四)估计结果与分析

模型估计前,对模型中各变量是否符合正态分布进行检验,对不符合正态分布的变量通过取对数的方式加以调整和改进。如前文所述,本书模型估计采用两阶段方法,因而能够得到两组估计结果,第一组为农户农地流转参与决策的估计结果(表4-2),第二组为农户参与农地流转对土地劳动力配置效率影响的估计结果(表4-4)。由于本节关注的是农户参与农地流转对土地劳动力配置效率的影响,因此这里不再赘述第一组的估计结果(详见本章第一节中的估计结果与分析),仅分析第二组的估计结果。

表4-4 农户参与农地流转对单位土地劳动投入强度影响的回归结果

| 解释变量 | | 系数 ($z$ 值) | | | |
| --- | --- | --- | --- | --- | --- |
| | | 转出户 | 未流转户 | 转入户 | 全部农户 |
| 资源禀赋特征 | ln 劳均承包水田面积 | −0.59 (−1.48) | −0.30** (−1.99) | −0.09 (−0.60) | −0.19** (−2.18) |
| 农户家庭特征 | 户主年龄 | 0.02 (1.05) | −0.01 (−1.55) | −0.00 (−0.17) | 0.00 (1.25) |
| | 户主受教育年限 | 0.01 (0.21) | 0.00 (0.07) | −0.01 (−0.37) | 0.01 (1.19) |
| | 户主非农就业经验 | 0.11 (0.31) | 0.04 (0.38) | 0.04 (0.48) | 0.09 (1.30) |

---

① 需要说明的是,本节为作者早期对农地流转的研究成果,所用的研究数据也相对较早,不能全面反映当前农地流转市场发展的情况,但此部分中农户参与农地流转影响土地劳动力配置效率的理论推导及实证检验方法为当前研究提供了较好的参考。

续表

| 解释变量 | | 系数（z 值） | | | |
|---|---|---|---|---|---|
| | | 转出户 | 未流转户 | 转入户 | 全部农户 |
| 农户家庭特征 | ln 家庭人口规模 | 0.11（0.25） | −0.07（−0.39） | −0.20（−1.02） | −0.09（−0.76） |
| | ln 被抚养人数 | 0.47（1.11） | −0.08（−0.61） | −0.04（−0.26） | 0.01（0.17） |
| | ln 家庭女性劳动力比例 | −1.34（−1.27） | 0.40（1.10） | 0.74（1.62） | 0.50*（1.92） |
| 固定要素特征 | 水田肥力指数 | −0.21（−0.59） | 0.37***（3.45） | 0.02（0.18） | 0.12*（1.72） |
| | 耕牛数量 | 0.03（0.09） | 0.18（1.40） | 0.02（0.30） | 0.05（0.86） |
| | 受灾情况 | 0.12（1.38） | 0.01（0.19） | −0.01（−0.18） | −0.02（−0.68） |
| 流转交易成本 | 农户对土地凭证重要性认知 | 0.07（1.47） | −0.03（−0.95） | 0.04*（1.70） | 0.02（1.26） |
| | ln 家庭非农总资产 | 0.02（0.25） | −0.03（−1.02） | −0.05*（−1.70） | −0.01（−0.74） |
| 村庄虚拟变量 | 板桥村 | 0.27（0.71） | 0.03（0.21） | −0.04（−0.34） | 0.07（0.57） |
| | 上祝村 | 1.14***（3.02） | 0.34***（2.61） | 1.01***（7.62） | 0.68***（8.16） |
| 逆米尔斯比率 | | 0.05（0.13） | −0.37**（−2.32） | −0.10（−0.69） | −0.19（−2.18） |
| 常数项 | | 1.01（0.44） | 1.89***（3.22） | 1.88***（2.96） | 0.99**（2.44） |
| 观测值 | | 31 | 136 | 114 | 281 |
| 显著性水平（Prob>F） | | 0.00 | 0.00 | 0.00 | 0.00 |
| $R^2$ | | 0.65 | 0.33 | 0.60 | 0.36 |

*、**和***表示统计值分别在 10%、5%和 1%水平上显著

如表 4-4 所示，总体上模型拟合效果较好，转出户、未流转户、转入户和全部农户对应的四个方程 $R^2$ 分别为 0.65、0.33、0.60、0.36，模型具有较高的解释力度。各变量的回归系数与理论预期基本一致，具体如下。

资源禀赋特征对土地劳动力配置效率的影响。表 4-4 最后一列的结果显示，在全部农户中，劳均承包水田面积对农户单位土地劳动投入强度具有显著的负面影响，表明样本农户总体上是配置无效的。该结果与已有关于中国农村农户配置效率的研究结论一致（Benjamin and Brandt，2002；Carter and Yao，2002；Bowlus and Sicular，2003；Kuiper，2005；Feng，2006）。然而，如果考虑到不同农地流转参与情形时，其结果呈现出明显的差异性。对于未流转户而言，劳均承包水田面积对其单位土地劳动投入强度具有显著负影响，这与理论预期［式（4-17）］一致，说明不参与农地流转的农户土地劳动力配置是无效的。对于转出户和转入户来说，劳均承包水田面积对其单位土地劳动投入强度影响不显著，验证了式（4-19）的推理，表明参与农地流转的农户土地劳动力配置是有效的。由此可见，参与农地流转的农户能够按自己的意愿调整土地规模，使得农地上的劳动力投入处于最优，然而未参与农地流转的农户却无法做到这一点。这也与 Feng（2006）的研究

结论一致，即参与农地流转市场的农户是配置有效的，而不参与农地流转市场的农户是配置无效的。

农户家庭特征对土地劳动力配置效率的影响。不论是基于全部样本农户，还是针对不同农地流转参与情形下的农户的估计结果都显示，户主年龄、户主受教育年限、户主非农就业经验、家庭人口规模、被抚养人数对农户单位土地劳动投入强度影响都不显著。由于这些农户家庭特征对消费偏好有直接影响，如果未流转户的生产和消费决策不可分，则上述农户家庭特征变量也会影响土地劳动力配置效率，但本书的结果未能验证未流转户的生产和消费决策的不可分性。家庭女性劳动力比例变量在总样本模型中显著且系数符号为正，表明家庭女性劳动力比例越高的农户的单位土地劳动投工量越多，这与女性体力比男性更弱、从事农业生产时需要花费更多时间相关。

固定要素特征对土地劳动力配置效率的影响。对于未流转农户，其单位土地劳动投入强度与承包水田肥力指数显著正相关，说明农田越贫瘠的农户会投入更多劳动力；对于参与农地流转的农户（包括转出和转入户），其单位土地劳动投入强度则不受水田肥力指数的影响。耕牛数量和受灾情况对所有样本农户的单位土地劳动投入强度影响都不显著。

流转交易成本对土地劳动力配置效率的影响。表征流转交易成本的农户对土地凭证重要性认知、家庭非农总资产这两个变量在未流转户模型中均不显著，验证了式（4-18）的推理，即不参与农地流转的农户的单位土地劳动投入强度不受交易成本的影响。农户对土地凭证重要性认知、家庭非农总资产在转入模型中均显著且系数符号相反（前者为正，后者为负），验证了式（4-20）的推理，即参与农地转入的农户的单位土地劳动投入强度与交易成本正相关。具体来说，根据两个变量的定义，农户对土地凭证重要性认知变量值越小（表示土地凭证越重要）、家庭非农总资产越多，转入户面临的流转交易成本越低，则其可能转入的土地越多，进而使得单位土地劳动投入强度越低。然而，对于转出户，并未发现流转交易成本的两个代理变量对其单位土地劳动投入强度有显著影响，可能的原因是参与农地转出的农户样本量偏少，且相当一部分转出户已经将土地全部转出而不再种植水稻。

土地劳动力配置效率存在显著的地区差异。与港沿村相比，上祝村全部农户样本和不同农地流转参与情形下的农户的单位土地劳动投入强度都显著更高。但是，板桥村农户的土地劳动力配置效率相较于港沿村并无显著差异。

## 第三节 农户参与农地流转对土地生产率的影响研究

国外关于农户参与农地流转对农业生产效率影响的文献较多，且主要运用经济计量模型进行实证分析，并发现农户参与农地流转能够提高农业生产效率（Lohmar et al., 2001; Deininger et al., 2003a; Vranken and Swinnen, 2006; Jin and Deininger, 2009)。然而，国内类似的文献相对较少，且已有的实证研究较少考虑到农户参与农地流转的内生性。基于此，本书同样采用 2011 年江西省东北部三个村的 306 户农户调查数据，通过工具变量的方法来解决农户决策的内生性问题，采用两阶段估计方法，定量研究农户参与农地流转对土地生产率（采用单位播种面积水稻产量来表征）的影响①。

## 一、农户参与农地流转影响土地生产率的理论分析

农户参与农地流转对农业产出可能产生以下三个方面的影响：其一，农地流转具有边际产出拉平效应（姚洋，2014），使得农地从边际产出（农业生产率）低的农户流向边际产出（农业生产率）高的农户，从而提高土地资源配置效率和农业生产率，带来全社会总产出效益的提高（Faruqee and Carey，1997；Deininger and Feder，1998；Deininger and Jin，2002；Deininger，2003；Deininger et al.，2003a；Deininger et al.，2003b）；其二，中国农户之间的农地流转仍然存在随意性大、租期短、正式合同缺乏等情况，转入的地块产权不安全，直接导致土地的长期投资不足（如使用有机肥），从而降低农业生产率（Feng，2006）；其三，农户转入土地后，随着经营规模的扩大，单位土地自家劳动力投入减少，雇工增加而监督成本高，可能导致单位土地产出效率的下降（李明涛，2013）。

不管产生何种影响，只要参与农地转入的农户总体上拥有较高的生产效率，就能保证农户层面农业生产率不下降，实现国家推动土地向种田能手集中以获取规模经营效益和提高土地生产率的初衷。本书将实证验证农户参与农地流转能否提高土地生产率这一期望。

由于本部分是基于农户层面的研究，因此土地生产率用单位播种面积上的水稻产量来衡量。结合本章第一节对农户参与农地流转影响因素的理论分析，农户参与农地流转和粮食生产的简化方程可以表示为

$$A^{in} = A^{in}(\overline{A}, \overline{L}, Z^h, Z^q, r, w, T^A) \tag{4-27}$$

$$A^{out} = A^{out}(\overline{A}, \overline{L}, Z^h, Z^q, r, w, T^A) \tag{4-28}$$

$$Q_i = Q_i(A^{in}, A^{out}, \overline{A}, \overline{L}, Z^h, Z^q, r, w, p, T^A) \tag{4-29}$$

其中，$A^{in}$ 为农户是否转入水田；$A^{out}$ 为农户是否转出水田；$Q_i$ 为农户的水稻单产；$\overline{A}$ 为耕地（水田）资源禀赋；$\overline{L}$ 为农户劳动力禀赋；$Z^h$ 为农户家庭特征（如户主年龄、受教育年限、非农就业经验、家庭人口规模、家族人口结构）；$Z^q$ 为

---

① 本部分内容改写自：李明涛. 2013. 农户参与农地租赁市场对农业绩效的影响——基于江西省东北部水稻生产区的实证分析.南京：南京农业大学硕士学位论文。

固定要素特征；$r$ 为市场农地租金；$w$ 为市场非农就业工资；$p$ 为非劳动力投入品价格；$T^A$ 为流转交易成本。

如果实证分析发现 $A^{in}$ 或者 $A^{out}$ 能够显著影响水稻单产 $Q_i$，那么就能证明农户参与农地流转对土地生产率有影响，否则就无显著影响。

## 二、农户参与农地流转对土地生产率影响的实证分析

### （一）模型设定与估计方法

本书的目的在于分析农户参与农地流转对土地生产率的影响，但分析过程中应考虑到农户农地流转参与决策的内生性，因此，这里将设定两阶段估计模型，分别用于估计农户参与农地流转的可能性及参与农地流转对土地生产率的影响。具体地：第一阶段，构建双变量 Probit 模型，估计和预测农户转入、转出土地的概率[式（4-30）和式（4-31）]；第二阶段，将第一阶段获得的农户转入、转出土地概率预测值作为农户转入、转出的实际行为决策的工具变量引入式（4-32），用以解决直接引入农户转入、转出的实际行为决策可能存在的内生性问题。

$$A^{in} = \beta_0 + \beta_1 E + \beta_2 Z^h + \beta_3 Z^q + \beta_4 T^A + \beta_5 D + \varepsilon_1 \quad (4\text{-}30)$$

$$A^{out} = \lambda_0 + \lambda_1 E + \lambda_2 Z^h + \lambda_3 Z^q + \lambda_4 T^A + \lambda_5 D + \varepsilon_2 \quad (4\text{-}31)$$

$$Q = \eta_0 + \eta_1 \hat{A}^{in} + \eta_2 \hat{A}^{out} + \eta_3 E + \eta_4 Z^h + \eta_5 Z^q + \eta_6 T^A + \eta_7 D + \varepsilon_3 \quad (4\text{-}32)$$

其中，$A^{in}$ 为农户是否转入水田；$A^{out}$ 为农户是否转出水田；$Q$ 为农户的水稻单产；$E$ 为资源禀赋变量（如劳均承包水田面积）；$Z^h$ 为农户家庭特征（包括户主年龄、户主受教育年限、户主非农就业经验、家庭人口规模、被抚养人数和家庭女性劳动力比例）；$Z^q$ 为固定要素特征（包括农户水田肥力指数、耕牛数量、是否拥有大型农业机械、受灾情况）；$T^A$ 为流转交易成本变量（农户对土地凭证的重要性认知、家庭非农总资产）；$D$ 为村庄虚拟变量（板桥村、上祝村，以港沿村为对照组，用于控制市场农地租金、非农就业工资以及非劳动力投入品价格的影响）；$\hat{A}^{in}$ 为农户转入农地的概率预测值；$\hat{A}^{out}$ 为农户转出农地的概率预测值；$\beta_0$、$\lambda_0$、$\eta_0$ 为常数项，$\beta_i(i=1,2,\cdots,5)$、$\lambda_j(j=1,2,\cdots,5)$、$\eta_k(k=1,2,\cdots,7)$ 为待估参数；$\varepsilon_n$（$n=1,2,3$）为随机误差项。

与所设定的模型对应，本部分拟用两阶段方法来估计农户参与农地流转市场对土地生产率的影响。第一阶段运用双变量 Probit 模型估计和预测农户参与农地转入与转出市场的可能性，用以解决第二阶段估计时可能存在的内生性问题。第二阶段则将第一阶段的转入、转出概率预测值代入 OLS 回归模型中，用以估计农户参与农地转入、转出对土地生产率的影响。

## （二）变量选取

### 1. 被解释变量

（1）农地流转变量。这是第一阶段的因变量，定义和赋值如下：是否转入水田，是＝1，否＝0；是否转出水田，是＝1，否＝0。正如前文所述，农地流转能够促进土地从生产率低的农户向生产率高的农户转移，预期转出土地可能性越大的农户土地生产率越低，转入土地可能性越大的农户土地生产率越高。

（2）土地生产率。这是第二阶段的因变量，本书主要着眼于水稻生产，因此选取单位播种面积的水稻产量来衡量农户的土地生产率。

### 2. 解释变量

根据所设定的实证模型，本部分选取包括资源禀赋特征、农户家庭特征、固定要素特征、流转交易成本及村庄虚拟变量等五大方面的解释变量。

1）资源禀赋特征变量

本部分采用的资源禀赋特征变量与本章第一节相同，为劳均承包水田面积。劳均承包水田面积越多的农户，一方面可能会由不利于精耕细作导致土地生产率的下降，另一方面也有可能会形成适度规模效应，带来土地生产率的提高。因此，预期劳均承包水田面积对土地生产率的影响不确定。

2）农户家庭特征变量

本部分采用的农户家庭特征变量与本章第一节相同，分别为户主年龄、户主受教育年限、户主非农就业经验、家庭人口规模、被抚养人数及家庭女性劳动力比例。

户主年龄在一定程度上能够代表该农户农业生产的经验。户主年龄越大，其从事农业生产的经验越丰富，可能具有越高的农业生产效率，因此预期此变量对水稻单产的影响为正。

户主受教育年限对土地生产率的影响不确定：一方面，受教育程度高的户主更可能学习先进的农业生产知识和采用新技术，进而有利于农业生产效率的提高；另一方面，受教育水平高的户主也可能将家庭的人力、物力转移到收益更高的非农就业中，导致农业生产效率降低。

户主拥有非农就业经验可能倾向于从事收益更高的非农活动，减少土地上的投资，因此预期该变量对水稻单产有负向影响。

家庭人口规模越大、被抚养人数越少的农户需要越多的粮食消费，这可能会刺激农户提高农业生产水平，预期这两个变量对水稻单产有正向影响。

由于农业生产需要较高强度的体力劳动，一般情况下男性劳动力相较于女性劳动力更有体力优势，进而更擅长农业生产，因此预期家庭女性劳动力比例高的农户拥有更低的水稻单产水平。

3) 固定要素特征变量

本部分采用的固定要素特征变量与本章第一节相同，分别为水田肥力指数、耕牛数量、是否拥有大型农业机械及受灾情况。

水田肥力指数越低，代表农户经营的水田平均肥力越好，越有利于农业产出的提高，预期对水稻单产的影响为正。

耕牛是小规模农户家庭非常重要的役畜，拥有耕牛的农户可能会增加土地的投资，从而提高农业产出水平，因此预期此变量对水稻单产有正向影响。

是否拥有大型农业机械作为工具变量引入第一阶段的估计方程。

遭受自然灾害越严重，水稻单产越低，因此预期受灾情况对土地生产率有负向影响。

4) 流转交易成本变量

本部分采用的流转交易成本变量与本章第一节相同，包括农户对土地凭证重要性的认知和家庭非农总资产两个变量。农户对土地凭证重要性认知对土地生产率的影响存在不确定性：一方面，农户认为土地凭证越重要，则农地产权越安全，越能够激励农户对土地进行长期性投资，进而有利于土地保持可持续的土壤肥力，增加水稻单产；另一方面，农户对土地凭证重要性程度低，则农地产权不稳定，可能引发农户掠夺地力的现象，农户较多施用化肥以获取更高的当期收益和提高水稻单产。家庭非农总资产对土地生产率的影响也不明确：一方面，家庭非农总资产较多的农户，能够有更多的资金购买价高的良种、配方肥料等，有利于水稻单产的提高；另一方面，家庭非农总资产丰裕的农户对农田高产出的欲望较低，因此不利于水稻单产的增加。

5) 村庄虚拟变量

与前面章节一样，以港沿村为对照组，设置板桥村、上祝村两个村庄虚拟变量来控制市场农地租金、非农就业工资及非劳动力投入品价格可能产生的影响。

(三) 描述性统计分析

本节的数据来源与本章第一节中使用的数据一致[①]，各解释变量的定义及描

---

① 需要说明的是，本节为作者早期对农地流转的研究成果，所用的研究数据也相对较早，不能全面反映当前农地流转市场发展的情况，但此部分中农户农地流转参与决策的内生性处理方法为当前研究提供了较好的参考。

述性统计分析见表 4-1，不再赘述。这里仅描述被解释变量土地生产率（水稻单产）的统计值。

所有样本农户的水稻单产平均为 680.08 斤[①]/亩。从不同类型农户来看，转出户的水稻单产平均水平最高（769.26 斤/亩），转入户的水稻平均单产其次（695.62 斤/亩），未流转户的水稻平均单产最低（636.93 斤/亩）。这一统计结果看似与预期不符，但是考虑到农户的水稻产出是受多重因素影响的综合结果，而本部分关注的农户参与农地流转对水稻单产的影响，是在控制其他变量之后的"净"影响，因此这与理论预期并无实质性矛盾。

## （四）估计结果与分析

模型估计前，对模型中各变量是否符合正态分布进行检验，对不符合的变量通过取对数的方式加以调整和改进。本书采用两阶段估计方法，因此能够得到两组估计结果，第一组为农户农地转入、转出可能性的回归结果（表 4-3），第二组为农户参与转入、转出对土地生产率（水稻单产）影响的估计结果（表 4-5）。由于本节关注的是农户参与农地流转对土地生产率的影响，因此这里不再赘述第一组的估计结果（详见本章第一节中的估计结果与分析），仅分析第二组的估计结果。

表 4-5　农户参与农地流转对土地生产率影响的回归结果

| 变量名称 | | 系数 | z 值 |
| --- | --- | --- | --- |
| 农地流转变量 | 农户参与转入 | 0.20[*] | 1.70 |
| | 农户参与转出 | 0.21 | 0.99 |
| 资源禀赋特征 | ln 劳均承包水田面积 | 0.06 | 1.15 |
| 农户家庭特征 | 户主年龄 | 0.01 | 1.37 |
| | 户主受教育年限 | −0.01 | −0.67 |
| | 户主非农就业经验 | 0.01 | 0.12 |
| | ln 家庭人口规模 | 0.03 | 0.49 |
| | ln 被抚养人数 | −0.02 | −0.38 |
| | ln 家庭女性劳动力比例 | −0.01 | −0.06 |
| 固定要素特征 | 水田肥力指数 | −0.01 | −0.35 |
| | 耕牛数量 | −0.02 | −0.53 |
| | 受灾情况 | −0.07[***] | −5.38 |
| 流转交易成本 | 农户对土地凭证重要性认知 | 0.01 | 0.51 |
| | ln 家庭非农总资产 | 0.01 | 0.45 |

---

① 1 斤 = 0.5 公斤。

续表

| 变量名称 | | 系数 | z 值 |
|---|---|---|---|
| 村庄虚拟变量 | 板桥村 | 0.07* | 1.82 |
| | 上祝村 | −0.19*** | −3.69 |
| 常数项 | | 6.31*** | 27.60 |
| 观测值 | | 281 | |
| F 值 | | 4.80 | |
| 显著性水平（Prob>F） | | 0.00 | |
| $R^2$ | | 0.27 | |

注：农地流转变量是用第一阶段双变量 Probit 模型估计的转入、转出概率预测值来表示的

*、***分别表示在 10%、1%的水平上显著

本书重点关注的是农户参与农地转入、转出对土地生产率（水稻单产）的影响。与理论预期一致，农户参与转入（概率预测值）在 10%水平显著，且系数符号为正，表明转入户相较于其他农户的水稻单产显著更高。这意味着农地转入市场能够促进土地从低生产效率的农户向高生产效率的农户转移（Feng，2006；孔融融，2011）。然而，农户参与转出（概率预测值）并不显著，这可能是因为转出户样本量偏少。

资源禀赋特征、农户家庭特征、固定要素特征中的水田肥力指数和耕牛数量、流转交易成本等方面的控制变量对土地生产率的影响都不显著。固定要素特征中的受灾情况变量在 1%水平上显著，且系数符号为负，表明受灾程度越严重，水稻单产越低。可见，当年的日照、降水、气温等自然条件是影响农户水稻产出的一个关键因素。因此，加强农田水利等农业基础设施建设，提高农户防灾抗灾能力是保障粮食产出的重要手段。

水稻产出具有显著的地区差异。相对港沿村而言，板桥村的农户水稻单产水平显著更高，而上祝村的农户水稻单产则显著更低。

## 第四节　农户参与农地流转对土地利用效率的影响研究

理论上，完善的农地流转市场能够提高土地利用效率（Jin and Deininger，2009）。实证中，国内外学者主要关注农户参与农地流转对资源配置效率和农业生产效率（如土地生产率、劳动生产率、技术效率等）的影响（Feng，2006；Zhang，2008；黄祖辉等，2014；冒佩华等，2015；钱龙和洪名勇，2016；Wang et al.，2017；杨钢桥等，2018），围绕农户参与农地流转对土地利用效率的影响研究较为匮乏。基于此，本书采用 2013 年和 2014 年江苏省 128 个村庄的 1202 户农户调查数据，

构建了一个土地利用效率的衡量指标，然后利用基于工具变量的两步控制函数法（two-step control function approach），实证检验农户参与农地流转对土地利用效率的影响，并进一步剖析检验农户参与农地流转对土地利用效率的影响路径[①]。

## 一、农户参与农地流转影响土地利用效率的理论机制分析

本书中土地利用效率为给定产出及其他要素投入不变的情况下，在理想情况下的土地最低投入与实际投入的比值。农户参与农地流转可以通过下述几条路径影响土地利用效率。

影响路径一：规模经济。与大农户相比，小农户在单位土地上通常面临更高的要素投入（如机械、灌溉）成本，因而可能存在机械等要素投入不足的情况，导致土地利用效率较低（Wu et al.，2005）；而且，即使拥有相同的生产要素投入水平，小农户也因农地规模小而无法有效利用这些投入，如可能存在化肥投入过剩的现象，导致单位土地上的投入损失更大（Ma et al.，2014），进而土地利用效率更低。因此，在其他条件相同的情况下，大农户的土地利用效率通常更高。农户转入农地可以扩大农地经营规模，使得土地利用效率可能随着规模增加而提高；反之，农户转出农地则减少了农地经营规模，使得土地利用效率可能随之下降。

影响路径二：土地质量。在农地流转市场功能不完善时，农户倾向于耕种生产力更高的土地（Holden et al.，2001）。这意味着，如果农地流转市场发展起来，流转交易的土地质量往往不高。Rahman（2010）的研究发现，土地质量与农地转出决策呈负向关系，因为土地所有者优先耕种高质量土地，转出低质量土地。因此，转入户可能由经营的土地平均质量较低导致土地利用效率较低，与之相反，转出户则因土地平均质量较高而获得更高的土地利用效率（Rahman，2009）。

影响路径三：产权安全。与自家承包地相比，转入（尤其是流转期限较短）的土地的产权安全性较差（Deininger and Ali，2008）。产权不安全可能降低农户长期要素投入、降低土地利用效率（Deininger et al.，2011），也可能增加农户短期要素投入（如掠夺性生产）、增加土地利用效率（Kassie and Holden，2007）。转入土地的农户由于既有自家承包地又有转入土地，可能面临产权不安全问题，进而其土地利用效率可能受到转入决策的影响；转出土地的农户只有自家承包地，不存在产权安全问题，因而其土地利用效率可能不受转出决策的影响。

影响路径四：非农劳动力市场发育不完善。如果农户非农转移困难，其会将更多的劳动用于农业生产，导致人地比例过高，进而土地利用效率低下（Lamb，

---

[①] 本部分内容改写自：Liu Z，Zhang L，Rommel J，et al. 2020. Do land markets improve land-use efficiency? Evidence from Jiangsu，China. Applied Economics，52（3）：317-330。

2003；Deininger et al., 2018）。在非农劳动力市场发育不足的情况下，农户参与农地流转有利于土地资源的重新配置，进而提高土地利用效率（Lamb，2003）。农户转入土地能够更有效地利用其劳动力，进而提高土地利用效率；反之，农户转出土地，其劳动力利用效率更低，从而降低土地利用效率。

## 二、农户参与农地流转对土地利用效率影响的实证检验

### （一）研究方法

#### 1. 土地利用效率的测算

本书主要借鉴 Reinhard 等（1999）的效率测算方法，该方法最初被应用于测算化肥利用或环境效率（Ma et al., 2014；Abedullah et al., 2015；Abdulai A N and Abdulai A, 2017），最近被应用于测算玉米生产中的土地利用效率（Zhang et al., 2018b）。为了求取土地利用效率，首先需要估计技术效率。具体地，由于超越对数生产函数放宽了中性技术进步的假定，是一种变替代弹性生产函数，比较灵活，因此我们选择随机前沿超越对数生产函数进行估计，如下所示：

$$\ln Y_i = \beta_0 + \sum_j \beta_j \ln X_{ij} + \beta_z \ln Z_i + 0.5 \sum_j \sum_k \beta_{jk} \ln X_{ij} \ln X_{ik} \\ + \sum_j \beta_{jz} \ln X_{ij} \ln Z_i + 0.5 \beta_{zz} (\ln Z_i)^2 + D_i + v_i - u_i \quad (4\text{-}33)$$

其中，$Y_i$ 为农户 $i$ 的水稻总产出；$X_{ij}$ 为 $j$ 种非土地投入要素，包括劳动力、种子、农药、机械和化肥；$Z_i$ 为土地实际投入；$D_i$ 为地区（镇级）虚拟变量，用于控制土地价格、自然因素及其他不可观测因素的影响；$\beta_0$、$\beta_j$、$\beta_z$、$\beta_{jk}$、$\beta_{jz}$、$\beta_{zz}$ 为各变量对应的参数；$v_i$ 为经典随机误差项，主要包括测度误差及各种不可控随机因素；$u_i$ 为非负的生产技术非效率项。

参考 Reinhard 等（1999）和 Abedullah 等（2015）的研究，通过将式（4-33）中的土地实际投入 $Z_i$ 替换为土地最低投入 $Z_i^M$，可以计算出理想情况下的农户水稻产出。此时，$u_i$ 取值为零，因为理想情况下农户的水稻生产不存在技术非效率。因此，可得到以下公式：

$$\ln Y_i = \beta_0 + \sum_j \beta_j \ln X_{ij} + \beta_z \ln Z_i^M + 0.5 \sum_j \sum_k \beta_{jk} \ln X_{ij} \ln X_{ik} \\ + \sum_j \beta_{jz} \ln X_{ij} \ln Z_i^M + 0.5 \beta_{zz} (\ln Z_i^M)^2 + D_i + v_i \quad (4\text{-}34)$$

将式（4-33）与式（4-34）联立，得到解

$$\ln\frac{Z_i^M}{Z_i} = \left[-(\beta_z + \sum_j \beta_{jz}\ln X_{ij} + \beta_{zz}\ln Z_i) \pm \left\{(\beta_z + \sum_j \beta_{jz}\ln X_{ij} + \beta_{zz}\ln Z_i)^2 - 2\beta_{zz}u_i\right\}^{0.5}\right]/\beta_{zz}$$

(4-35)

$LUE_i = Z_i^M / Z_i$ 即为本书使用的土地利用效率指标。假设式（4-35）中的根号内取正值，则土地利用效率可以通过如下指数方程获得：

$$LUE_i = \exp\left(\ln\frac{Z_i^M}{Z_i}\right)$$

(4-36)

### 2. 模型设定与估计方法

为了检验农户参与农地流转对土地利用效率的影响，设定以下实证模型：

$$LUE_i = \alpha_0 + \alpha_1 RENTIN_i + \alpha_2 RENTOUT_i + \alpha_3 G_i + D_i + \varepsilon_i \quad (4-37)$$

其中，$RENTIN_i$ 和 $RENTOUT_i$ 分别为农户转入和转出农地的决策；$G_i$ 为其他影响土地利用效率的变量；$\alpha_0 \sim \alpha_3$ 为待估参数；$\varepsilon_i$ 为随机误差项。

式（4-37）的估计方法取决于被解释变量的性质，由于因变量土地利用效率 $LUE_i$ 是分布在 $(0, 1)$ 范围内的连续性比例数据，因而适宜采用 Beta 回归，并通过极大似然估计获得模型参数（Ferrari and Cribari-Neto，2004）。具体地，本书在 Beta 回归时选取对数逻辑斯蒂（log-logistic）形式的连接函数①。

由于土地利用效率高（低）的农户可以通过参与农地流转来扩大（缩小）经营规模，因而可能存在反向因果关系，引发内生性问题，导致估计结果有偏。为了有效解决内生性问题的干扰，运用基于工具变量的两步控制函数法（Wooldridge，2014）来估计农户参与农地流转对土地利用效率的影响。借鉴 Liu 等（2017）、Lloyd-Smith 等（2018）和 Tessema 等（2018）的研究，第一步分别采用 Probit 模型估计农户转入和转出农地的决策方程。Probit 模型设定如下：

$RENTIN_i^* = \gamma_0^{IN} + \gamma_1^{IN} W_i + D_i + \delta_i^{IN}$，且满足如下对应关系：

$$RENTIN_i = \begin{cases} 1, & RENTIN_i^* > 0 \\ 0, & RENTIN_i^* \leq 0 \end{cases} \quad (4-38)$$

$RENTOUT_i^* = \gamma_0^{OUT} + \gamma_1^{OUT} W_i + D_i + \delta_i^{OUT}$，且满足如下对应关系：
其中，$\gamma_0^{IN}$、$\gamma_1^{IN}$、$\gamma_0^{OUT}$、$\gamma_1^{OUT}$ 为待估参数，$\delta_i^{IN}$、$\delta_i^{OUT}$ 为随机误差项

$$RENTOUT_i = \begin{cases} 1, & RENTOUT_i^* > 0 \\ 0, & RENTOUT_i^* \leq 0 \end{cases} \quad (4-39)$$

其中，$RENTIN_i^*$ 和 $RENTOUT_i^*$ 分别为农户转入和转出农地的潜变量；$RENTIN_i$

---

① 本书也采用了其他形式（如 logit、probit）的连接函数进行估计，且结果与采用 log-logistic 形式连接函数的估计结果一致，故不再赘述。

和 RENTOUT$_i$ 则为农户实际转入和转出农地的决策变量；$W_i$ 为影响农户农地流转决策的变量，包括影响土地利用效率的变量 $G_i$ 及只影响农户农地流转决策但不影响土地利用效率的工具变量 IV$_i$。

在估计完式（4-38）和式（4-39）后，可以计算广义残差 Residual$_i^{IN}$ 和 Residual$_i^{OUT}$：

$$\text{Residual}_i^{IN} = \text{RENTIN}_i \lambda(\gamma_1^{IN} W_i) - (1 - \text{RENTIN}_i)\lambda(-\gamma_1^{IN} W_i) \quad (4\text{-}40)$$

$$\text{Residual}_i^{OUT} = \text{RENTOUT}_i \lambda(\gamma_1^{OUT} W_i) - (1 - \text{RENTOUT}_i)\lambda(-\gamma_1^{OUT} W_i) \quad (4\text{-}41)$$

其中，$\lambda(\cdot)$ 为逆米尔斯比率。

第二步，将广义残差 Residual$_i^{IN}$ 和 Residual$_i^{OUT}$ 代入式（4-37），得到以下估计模型：

$$\begin{aligned}\text{LUE}_i =\ & \alpha_0 + \alpha_1 \text{RENTIN}_i + \alpha_2 \text{RENTOUT}_i + \alpha_3 G_i \\ & + \alpha_4 \text{Residual}_i^{IN} + \alpha_5 \text{Residual}_i^{OUT} + D_i + \varepsilon_i\end{aligned} \quad (4\text{-}42)$$

对式（4-42）进行 Beta 回归即可得到 $\alpha_1$ 和 $\alpha_2$ 的无偏一致估计。

模型估计结果包括以下三个方面的检验（Abdulai et al.，2011；Liu et al.，2017）：①农地流转决策变量的内生性检验。在第二步回归［即对式（4-42）的估计］中，通过对 Residual$_i^{IN}$ 和 Residual$_i^{OUT}$ 系数显著性进行 $t$ 检验，观察 Residual$_i^{IN}$ 和 Residual$_i^{OUT}$ 的系数显著性。若 Residual$_i^{IN}$ 和 Residual$_i^{OUT}$ 系数显著，说明拒绝原假设（农地流转决策变量是外生变量），应该采用工具变量法（控制函数法）；若 Residual$_i^{IN}$ 和 Residual$_i^{OUT}$ 系数不显著，说明不能拒绝原假设，但仍可以信任工具变量法（控制函数法）的估计结果，因为其与不用工具变量法的估计结果一致。②工具变量的相关性检验。在第一步回归［即对式（4-38）和式（4-39）的估计］中，通过对工具变量 IV$_i$ 系数显著性进行 $t$ 检验（针对单个工具变量）和 Wald 检验（针对多个工具变量），观察 IV$_i$ 的系数显著性。若 IV$_i$ 系数显著，表明工具变量与内生变量相关，为强工具变量。③工具变量的外生性检验。在式（4-42）的基础上加入工具变量 IV$_i$，并重新估计式（4-43），通过对工具变量 IV$_i$ 系数显著性进行 $t$ 检验和 Wald 检验，观察 IV$_i$ 的系数显著性。若 IV$_i$ 系数显著，说明拒绝原假设（工具变量是外生变量），表明工具变量存在内生性；若 IV$_i$ 系数不显著，说明不能拒绝原假设，意味着工具变量是有效的，即不再有内生性问题。

$$\begin{aligned}\text{LUE}_i =\ & \alpha_0' + \alpha_1' \text{RENTIN}_i + \alpha_2' \text{RENTOUT}_i + \alpha_3' G_i + \alpha_4' \text{Residual}_i^{IN} + \alpha_5' \text{Residual}_i^{OUT} \\ & + \alpha_6' \text{IV}_i + D_i + \varepsilon_i\end{aligned}$$

$$(4\text{-}43)$$

此外，考虑到样本之间（尤其是同村样本之间）可能存在的相关性，模型估计时采用村级聚类（cluster）稳健标准误进行修正。

## （二）变量选取

### 1. 被解释变量

本章的被解释变量为土地利用效率。这里主要着眼于水稻生产，土地利用效率的数值具体可通过式（4-33）～式（4-36）估计测算得到。

### 2. 解释变量

本章的被解释变量为农地流转决策。该变量具体定义和赋值如下：农户是否转入农地，是 = 1，否 = 0；是否转出农地，是 = 1，否 = 0。

除了关键解释变量农地流转决策变量，参考土地生产率和资源利用效率的相关研究（Ma et al.，2014；Abedullah et al.，2015；Abdulai A N and A，2017），选取户主特征、农户家庭特征、资源禀赋特征、自然灾害及地区（镇级）虚拟变量等方面的控制变量，具体如下。

户主特征变量包括户主年龄、户主受教育程度、户主农业技术培训和户主非农就业经验。户主年龄在一定程度上能够反映农户农业生产的经验，且年龄越大，其从事农业生产的经验越丰富，因而土地利用效率越高。户主受教育程度越高、接受过农业技术培训，其学习和利用农业新技术的能力越强，进而土地利用效率越高。户主拥有非农就业经验更倾向于从事收益更高的非农活动，一方面，可能减少其从事农业活动的时间，导致土地利用效率降低；另一方面，可能增加家庭的非农收入进而激励农业生产投资，有利于提高产量和土地利用效率（Rozelle et al.，1999）。

农户家庭特征变量包括家庭人口规模、农业资产价值、耐用资产价值。家庭人口数量较多的农户家庭拥有的人口资源相对更丰富，可以将更多的劳动力配置于农业生产活动，进而可能获得更高的土地利用效率。农业资产价值和耐用资产价值越高，越可能增加农业投资以提高产量，进而获得的土地利用效率越高。

资源禀赋特征变量包括承包地面积、承包地块数。承包地面积反映了农户的土地资源禀赋，且承包地资源越丰富的农户越可能获得规模经济，进而其土地利用效率也越高（Wu et al.，2005）。承包地块数可以衡量土地细碎化程度，且土地细碎化会降低其他投入要素的利用效率，进而也会降低土地的生产力和利用效率（Rahman，2009）。

自然灾害变量用于间接代理土地质量。遭受洪涝、旱灾等自然灾害，可能降低产量和土地利用效率。

地区（镇级）虚拟变量用于控制土地价格、自然因素及其他不可观测因素的影响。

本书选取的工具变量为参与农地流转的农户比例、行政干预，分别以村庄内参与农地流转的农户所占比重、村庄内非自愿流转土地的农户占比来衡量。由于农户的行为决策（如技术采纳）会受到其他农户的影响（Minten and Barrett，2008；Conley and Udry，2010），村庄内参与农地流转的农户比例较高，不论是转入还是转出，均可能对农户农地流转决策产生正向促进作用。行政干预也可能影响农户参与农地流转的决策，因为地方政府通过考核和奖补机制推动了我国农地流转市场的发展（Liu et al.，2016）。

有效的工具变量要求其只能通过农地流转决策这一路径来影响土地利用效率。研究区域农地流转市场活跃程度的差异主要缘于当地的制度创新，且这些制度创新与农户的生产决策无关（Ito et al.，2016）；同样，农地流转的行政干预也不会影响农户的生产决策。因此，可以假设这两个工具变量不会通过农地流转以外的路径来影响土地利用效率。

## （三）描述性统计分析

本部分实证研究采用的数据来自课题组于2013年7～8月及2014年1月对江苏省128个村庄的1202户农户的实地调研。由于本书主要研究的是农户参与农地流转对水稻生产中土地利用效率的影响，因而土地利用效率测算及分析中采用的是种植水稻且投入产出等信息完整的779户农户样本。

变量说明与描述性统计见表4-6。在1202户样本农户中，24%的农户转入农地，24%的农户转出农地。从户主特征来看，所有样本农户的户主平均年龄为57.98岁、平均受教育程度为初中以下，平均有29%的户主接受过农业技术培训，平均有68%的户主在2012年以前有非农活动经历。从农户家庭特征来看，所有样本农户的家庭成员数量平均为4.44人，拥有的农业资产价值平均为0.48万元，拥有的耐用资产价值平均为1.38万元。从资源禀赋特征来看，所有样本农户的承包地面积平均为5.65亩，拥有的承包地块数平均为4.09块。从自然灾害来看，平均有37%的样本农户去年农业生产遭受洪涝、干旱等自然灾害。从工具变量来看，样本农户所在的村庄内参与农地流转的农户比例平均为44.70%，村庄内非自愿流转土地的农户占比平均为11.30%。

表4-6 变量说明与描述性统计分析

| 变量 | 定义及单位 | 均值 | 标准差 | 观测值 |
| --- | --- | --- | --- | --- |
| 农地转入 | 农户是否转入农地（是=1；否=0） | 0.24 | 0.43 | 1202 |
| 农地转出 | 农户是否转出农地（是=1；否=0） | 0.24 | 0.42 | 1202 |
| 户主年龄 | 户主的年龄（岁） | 57.98 | 10.15 | 1202 |

续表

| 变量 | 定义及单位 | 均值 | 标准差 | 观测值 |
|---|---|---|---|---|
| 户主受教育程度 | 户主受教育程度（小学以下=1；小学=2；初中=3；高中/中专=4；大专及以上=5） | 2.67 | 0.97 | 1202 |
| 户主农业技术培训 | 户主有无接受农业技术培训（有=1；无=0） | 0.29 | 0.45 | 1202 |
| 户主非农就业经验 | 2012年以前户主有无非农活动经历（有=1；无=0） | 0.68 | 0.47 | 1202 |
| 家庭人口规模 | 农户家庭人口总数（人） | 4.44 | 1.84 | 1202 |
| 农业资产价值 | 家庭拥有的农业机械、设备和其他农业设施等农业资产价值总和（万元） | 0.48 | 1.67 | 1185 |
| 耐用资产价值 | 家庭拥有的汽车、摩托车、卡车和其他非农资产价值总和（万元） | 1.38 | 5.28 | 1070 |
| 承包地面积 | 农户家庭承包地面积（亩） | 5.65 | 3.30 | 1201 |
| 承包地块数 | 农户拥有的承包地块数（块） | 4.09 | 2.51 | 1190 |
| 自然灾害 | 上年农业生产是否遭受洪涝、干旱等自然灾害（是=1；否=0） | 0.37 | 0.48 | 1070 |
| 参与农地流转的农户比例 | 村庄内参与农地流转的农户所占比重 | 44.70% | 23.50% | 1202 |
| 行政干预 | 村庄内非自愿流转土地的农户占比 | 11.30% | 22.40% | 1202 |

注：由于存在缺失值，不同变量的观测值数量不同；为节省空间，表中略去地区（镇级）虚拟变量。

## （四）结果与分析

### 1. 随机前沿生产函数参数估计及土地利用效率测算结果

本书对随机前沿生产函数模型进行极大似然估计，其估计结果见表4-7。土地和农药投入的系数符号为正，且通过显著性水平检验，表明增加这两类要素投入会提高水稻产量。同时，土地与农药的交叉项对水稻产量有显著正向影响，这进一步证实了土地和农药投入的估计结果。机械与农药的交叉项对水稻产量有显著负向影响，而机械与化肥的交叉项对水稻产量有显著正向影响。可能的解释是，本书中机械投入包含了耕作阶段的投入，频繁的耕作降低了农药的使用效率，但提高了化肥的使用效率。

表4-7 水稻生产随机前沿生产函数参数估计结果

| 变量 | 系数 | 变量 | 系数 | 变量 | 系数 |
|---|---|---|---|---|---|
| 土地 | 1.168*** (0.359) | 机械×机械 | -0.014 (0.013) | 种子×机械 | -0.000 (0.013) |
| 种子 | 0.031 (0.110) | 农药×农药 | -0.006 (0.011) | 种子×农药 | -0.000 (0.007) |

续表

| 变量 | 系数 | 变量 | 系数 | 变量 | 系数 |
|---|---|---|---|---|---|
| 劳动力 | −0.081<br>(0.124) | 化肥×化肥 | −0.011<br>(0.013) | 种子×化肥 | −0.003<br>(0.015) |
| 机械 | −0.000<br>(0.180) | 土地×种子 | 0.020<br>(0.030) | 劳动力×机械 | 0.009<br>(0.016) |
| 农药 | 0.340**<br>(0.135) | 土地×劳动力 | 0.001<br>(0.027) | 劳动力×农药 | 0.008<br>(0.016) |
| 化肥 | −0.085<br>(0.175) | 土地×机械 | −0.025<br>(0.044) | 劳动力×化肥 | −0.004<br>(0.018) |
| 土地$^2$ | 0.033<br>(0.056) | 土地×农药 | 0.065*<br>(0.037) | 机械×农药 | −0.045*<br>(0.024) |
| 种子$^2$ | −0.000<br>(0.009) | 土地×化肥 | −0.059<br>(0.044) | 机械×化肥 | 0.058**<br>(0.024) |
| 劳动力$^2$ | 0.003<br>(0.007) | 种子×劳动力 | −0.008<br>(0.009) | 农药×化肥 | −0.015<br>(0.020) |
| 对数似然值 | | | 553.48 | | |
| 观测值 | | | 779 | | |

注：所有投入、产出变量均以取对数形式引入模型当中。模型中控制了地区（镇级）虚拟变量，为节省空间，表中未作报告。括号内为聚类稳健标准误

*、**、***分别表示在10%、5%、1%的水平上显著

基于随机前沿生产函数参数估计结果，进一步测算了每个农户样本的土地利用效率值。图4-1和表4-8分别呈现了样本农户的土地利用效率分布和统计情况。

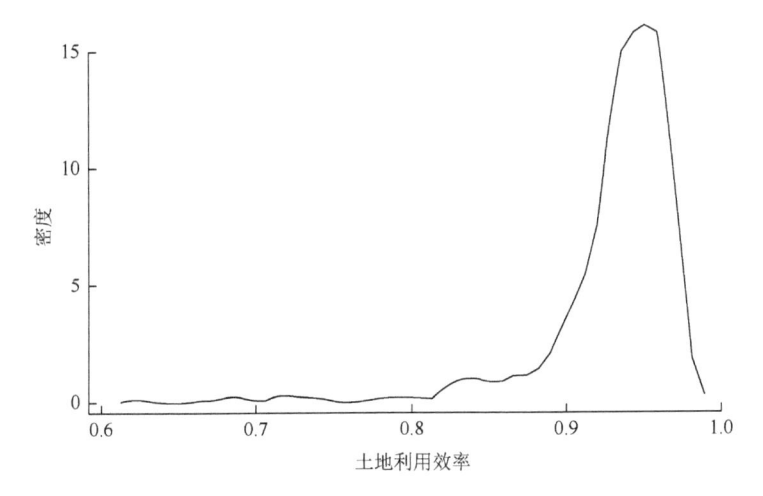

图4-1 样本农户的土地利用效率和密度分布图

表 4-8 样本农户的土地利用效率统计值（观测值 = 779）

| 土地利用效率 | 分值 |
| --- | --- |
| 平均值 | 0.93 |
| 最小值 | 0.62 |
| 25%分位数 | 0.92 |
| 50%分位数 | 0.94 |
| 75%分位数 | 0.96 |
| 最大值 | 0.98 |

总的来说，样本农户的土地使用效率值为左偏分布，平均土地利用效率值为 0.93，其中约有 50% 的农户土地利用效率值等于或低于 0.94。由于土地利用效率值为土地最低投入与土地实际投入的比值，因此，与所有农户都有效利用土地的理想情况相比，平均有 7.53% 的土地在水稻生产中被过度投入①。

**2. 农户参与农地流转对土地利用效率的影响**

农户参与农地流转对土地利用效率的影响估计结果见表 4-9。在结果分析前，对农地流转决策变量的内生性、工具变量的相关性和外生性进行检验。首先，如表 4-9 中第 4 列所示，尽管农户转出农地决策方程的残差不显著，但转入农地决策方程的残差在 10% 的水平上显著，而表明农地流转决策变量存在内生性，需要采用工具变量法予以校正。其次，在农户转入和转出农地的决策方程估计（第 2 列、第 3 列）中，两个工具变量系数联合显著性检验的 $F$ 统计值分别为 47.75（$p$ 值 = 0.00）和 169.13（$p$ 值 = 0.00），表明参与农地流转的农户比例、行政干预为强工具变量。最后，在式（4-43）的估计结果中，工具变量外生性检验的 $F$ 统计值为 1.17（$p$ 值 = 0.56），表明工具变量是有效的，即不再有内生性问题。

表 4-9 农户参与农地流转对土地利用效率的影响估计结果

| 变量 | 第一步：Probit 估计 | | 第二步：Beta 回归 |
| --- | --- | --- | --- |
|  | 转入决策 | 转出决策 | 土地利用效率 |
| 农地转入 | — | — | 0.039** <br> (0.019) |
| 农地转出 | — | — | 0.006 <br> (0.010) |

① 以理想情况为基准，土地过度投入测算如下：$(Z_i - Z_i^M)/Z_i^M = Z_i/Z_i^M - 1 = 1/\text{LUE}_i - 1 = 1/0.93 - 1 = 7.53\%$。

续表

| 变量 | 第一步：Probit 估计 | | 第二步：Beta 回归 |
|---|---|---|---|
| | 转入决策 | 转出决策 | 土地利用效率 |
| 户主年龄 | −0.017*** (0.006) | 0.009 (0.007) | 0.000 (0.000) |
| 户主受教育程度 | 0.050 (0.064) | 0.041 (0.071) | 0.001 (0.002) |
| 户主农业技术培训 | 0.382*** (0.115) | −0.098 (0.132) | −0.001 (0.004) |
| 户主非农就业经验 | −0.099 (0.115) | 0.067 (0.129) | 0.006** (0.003) |
| 家庭人口规模 | −0.012 (0.028) | −0.042 (0.034) | 0.000 (0.001) |
| 农业资产价值 | 0.083*** (0.029) | −0.013 (0.033) | 0.001 (0.001) |
| 耐用资产价值 | −0.013 (0.011) | −0.004 (0.011) | 0.001** (0.000) |
| 承包地面积 | −0.007 (0.021) | 0.073*** (0.024) | 0.000 (0.001) |
| 承包地块数 | −0.056* (0.032) | 0.060** (0.029) | 0.001 (0.001) |
| 自然灾害 | 0.160 (0.108) | −0.261* (0.145) | −0.008** (0.004) |
| 参与农地流转的农户比例 | 1.703*** (0.272) | 2.651*** (0.284) | — |
| 行政干预 | −0.930*** (0.216) | 1.591*** (0.293) | — |
| 残差（转入农地决策方程） | — | — | −0.020* (0.011) |
| 残差（转出农地决策方程） | — | — | −0.003 (0.007) |
| 观测值 | 987 | 885 | 558 |

注：为节省空间，略去常数项和地区（镇级）虚拟变量的估计结果。括号内为聚类稳健标准误

*、**、***分别表示在10%、5%、1%的水平上显著

本书重点关注的是农户参与农地转入、转出对粮食生产中土地利用效率的影响。如表4-9中第4列所示，农户转入农地对其土地利用效率产生了积极的影响，且平均边际效应为0.039，表明农户转入农地会使土地利用效率提升3.90%。这与预期相符，也与已有研究的结论一致，即农地流转提高了土地生产力（Deininger and Jin，2005；Jin and Deininger，2009；Feng et al.，2010；Chamberlin and Ricker-Gilbert，2016）。然而，农户转出农地对其土地利用效率的影响并不显著。

可能的原因是，部分样本农户转出农地可能是政府行政推动的结果，而非出于提高效率的目的（Liu et al., 2017）。事实上，Liu 等（2016）的研究也发现，中国农村地区农户转出土地的决策受政府行政干预的影响。

一些控制变量也会影响农户粮食生产中的土地利用效率。户主非农就业经验对土地利用效率有显著正向影响，这证实了非农就业可以通过激励投资提高农业生产率的研究结论（Rozelle et al., 1999；Kousar and Abdulai, 2015；Ma et al., 2018）。耐用资产价值对土地利用效率有显著正向影响，表明富裕的农户家庭可能会增加农业投资以提高水稻产量。自然灾害对土地利用效率有显著负向影响，这与预期一致，洪涝、旱灾等自然灾害会造成重大的产量损失。

### 3. 农户转入农地对土地利用效率的影响路径分析

鉴于农地转入对农户土地利用效率有正向影响，进一步剖析这一影响是如何产生的，即检验农户转入农地对土地利用效率的影响路径。第一，检验农地转入的效率提升作用是否来自规模经济。如果农地转入通过经营规模的变化来提高土地利用效率，那么土地要素投入应该是土地利用效率的重要影响因素。然而，承包地面积对土地利用效率的影响并不显著（表4-9 中第 4 列）。考虑到农户实际投入水稻生产的土地面积可能大于（或少于）承包地面积，即承包地面积未必能准确反映土地要素投入，因此，基于未参与流转的农户样本重新估计式（4-37），并将承包地面积替换为实际的水稻种植面积，结果发现水稻种植面积对土地利用效率的影响仍不显著。上述结果表明，农地转入并非通过经营规模扩大和实现规模经济来提高土地利用效率，这与 Rigg 等（2016）认为农业生产上的规模效益非常有限的观点一致。

第二，检验农地转入的效率提升作用是否源于土地质量的改善。考虑到洪涝会明显增加土壤氮的流失，干旱则会抑制土壤微生物的分解、营养传递等功能（Yang et al., 2016；Nguyen et al., 2018），本书在模型估计中引入自然灾害来间接表征土地质量，因而已经控制了土地质量的影响，即农地转入对土地利用效率的正向影响与土地质量无关。由于遭受自然灾害的经历可能不能完全反映土地质量，则进一步通过考察交易农地的质量是否更高来检验这一影响路径。具体地，在控制其他变量的情况下，利用 Probit 模型估计因变量为农户是否遭受自然灾害、关键变量为农地流转决策的方程。结果发现，遭受自然灾害的经历与农地转出显著负相关，表明转出农地的农户遭受自然灾害的可能性较小，进而证实了交易农地的质量较差（Rahman, 2010），从而证明农地转入对土地利用效率的正向影响确实与土地质量无关。

第三，检验农地转入的效率提升作用是否源于土地产权的变化。由于调查中并未区分承包地和转入农地的投入产出信息，因而无法直接对此影响路径进行检验。如果农地转入对土地利用效率的正向影响是由转入农地产权不安全引致的掠夺性生产，则转入农地的土地利用效率应该高于自家承包地，进而土地利用效率应该随着农地转入比例的增加而提高。基于这一思路，在模型中增加农地转入与承包地面积的交叉项，计算当承包地面积固定为不同规模值（承包地面积＝1亩、5亩、10亩、15亩、20亩）时，农地转入对土地利用效率的边际影响。结果发现，随着承包地面积固定规模值增加（则农地转入比例对应下降），农地转入对土地利用效率的平均边际效应增大，说明农地转入并非通过改变土地产权安全这一路径来提高土地利用效率。

第四，检验农地转入的效率提升作用是否源于非农劳动力市场发育不完善导致的较高劳动力-土地投入比。如果这一影响路径成立，则劳动力-土地投入比越高的农户，其转入农地对土地利用效率的提升越明显。基于这一思路，在模型中增加劳动力-土地投入比变量及其与农地转入的交叉项，并计算农地转入随着劳动力-土地投入比变化时对土地利用效率的边际影响。结果显示（表4-10），随着劳动力-土地投入比提高，农地转入对土地利用效率的正向影响增大，与理论预期一致，证实了农地流转在非农劳动力市场不完善时能够提高土地利用效率。

表4-10 农地转入与劳动力-土地投入比对土地利用效率的交互影响

| 变量 | 系数 | 聚类稳健标准误 |
| --- | --- | --- |
| 租入（劳动力-土地投入比=1） | 0.035** | 0.017 |
| 租入（劳动力-土地投入比=5） | 0.036** | 0.016 |
| 租入（劳动力-土地投入比=10） | 0.037** | 0.016 |
| 租入（劳动力-土地投入比=15） | 0.038** | 0.016 |
| 租入（劳动力-土地投入比=20） | 0.039** | 0.016 |

注：表中列出的是，在不同劳动力-土地投入比时，农地转入对土地利用效率的平均边际效应。为节省空间，略去常数项和控制变量的估计结果，且控制变量与表4-9一致

**表示在5%的水平上显著

## 第五节 本章小结

为了从农户微观决策视角探究农地流转的形成机理及效率绩效，本章基于江西省东北部水稻生产区和江苏省苏南、苏中、苏北三大地区的农户调查数据，分析了农户参与农地流转的影响因素，在此基础上，考察了农户参与农地流转对土地劳动力配置效率、土地生产率和土地利用效率的影响。

农户参与农地流转影响因素的实证分析结果表明：①资源禀赋特征对农户参与农地流转具有显著影响，如耕地资源禀赋越丰富的农户，转出（转入）土地的

可能性越大（小），表明农地流转使得土地由地多农户向地少农户转移，有利于土地配置效率的提高；②农户家庭特征是影响农户参与农地流转的重要因素，如户主年龄越大、受教育年限越高的农户越可能转出土地，户主年龄越大的农户越不倾向于转入土地；③固定要素特征会影响农户农地流转参与决策，如家庭承包水田越贫瘠（肥沃）、拥有耕牛或者拥有役畜越多、拥有大型农业机械的农户，转入（转出）土地的可能性越大（小）；④流转交易成本也是影响农户参与农地流转的重要因素，如认为土地凭证越重要的农户转入农地的概率越高，家庭非农总资产越高的农户越倾向于转出土地；⑤不同地区的农户农地流转参与情况存在显著差异，与港沿村相比，上祝村参与农地转入的农户显著更少。

农户参与农地流转对土地劳动力配置效率影响的实证分析结果表明：①参与农地流转的农户的土地劳动力配置是有效的，而不参与流转的农户是配置无效的。这一结论表明，农地流转市场的缺陷使得部分农户无法参与农地流转，从而不能按照自己的意愿调整农地配置，导致配置效率的降低或者无效。②流转交易成本对农户土地劳动力配置效率产生一定影响。研究发现降低农地流转中的交易成本会吸引更多的农户转入农地（即门槛效应）；对于转入户来说，交易成本的上升将导致其单位土地劳动投入强度的提高，部分证明了直接要素价格均衡效应；但对于转出户没有类似的发现。

农户参与农地流转对土地生产率影响的实证分析结果表明：①参与农地转入的农户具有较高的农业产出水平。土地在农地流转市场的作用下能够由低效率的农业生产户流向高效率的农业生产户，说明农地流转能够发挥促进农业产出效率改善的作用。②受灾情况是影响农户水稻产出水平的一个重要因素。③由于土壤质量及光照水平的差异，不同地形地貌的区域之间水稻产出水平差异较为明显。

农户参与农地流转对土地利用效率影响的实证分析结果表明：①样本农户的土地利用效率较高，但平均仍有 7.53%的土地在水稻生产中被过度投入，表明研究区域水稻生产存在进一步提升效率的空间；②农户转入农地能够使土地利用效率提高 3.90%，因此激励农户转入农地有利于提高水稻产量和保障粮食安全；③农地转入对土地利用效率的提升作用，主要是非农劳动力市场不完善导致劳动力-土地投入比过高的结果。尽管研究区域（江苏省）非农劳动力市场比中国其他地区更为发达，但这一研究发现表明，江苏省农业生产的机会成本仍然较低，因此，消除非农劳动力市场的限制，可以进一步促进该地区农业未来的可持续发展。

# 第五章　农地流转模式分化及其对农业生产效率和农户收入的影响

随着农地流转的不断发展,越来越多的规模经营主体参与其中,使得农地流转逐步分化为传统农地流转模式及新型农地流转模式。与传统农地流转模式相比,新型农地流转模式下的农地流转规模更大、期限更长、契约化程度更高,因而更有利于发展农业适度规模经营、促进农业技术推广应用及实现农业现代化。尽管新型农地流转模式具有上述优势,但各地新型农地流转模式发展并非齐头并进,农地流转模式分化状况呈现较大差异。作为农地流转市场中的土地供给主体,农户选择不同流转去向(如将农地流转给传统小农户或转给规模经营主体)直接影响着农地流转模式的分化状况。换言之,从农地流转供给方角度,分析影响转出土地的农户选择不同流转去向的因素,对于揭示农地流转模式分化的形成机理有重要意义。而且,与传统农地流转模式相比,新型农地流转模式能否提高农业生产效率和农户收入,进而改善效率和公平绩效?为了回答这些问题,本章研究基于江苏省11市的实地调查数据,分析转出户选择不同流转去向的影响因素,考察农地流转模式分化对农业生产效率、农户收入的影响,进而探究农地流转模式分化的形成机理、效率和公平绩效[①]。

## 第一节　农地流转模式分化形成机理研究

从转出户选择不同流转对象的微观决策视角探讨农地流转模式分化形成机理的研究几乎还是空白,而研究转出户选择不同流转对象的影响因素的少数文献也仅从农地流转期望效用(林乐芬和金媛,2012;郭斌等,2013)、农地流转交易成本(贾燕兵,2013)、社会关系(信任程度或禀赋效应的差序格局)(钟文晶和罗必良,2013;胡新艳等,2015)等单一角度开展分析。然而,农户的农地流转行为是经济行为与社会行为的交融(孔祥智和徐珍源,2010),转出户选择将农地转给传统小农户或转给规模经营主体不仅是一种追求既定成本下经济收益(或效用)最大化的理性选择,更是综合考虑农村人际关系的社会行为,因此,现有单一视

---

[①] 本部分内容改写自:张兰. 2017. 农地流转模式分化:机理及绩效研究——以江苏省为例.南京:南京农业大学博士学位论文.

角的研究并不能全面地解释转出户选择农地流转对象的决策依据,也难以深入地揭示农地流转模式分化的形成机理。基于此,本书综合考虑经济利益和社会关系两个方面,并将现有文献分别探讨的流转收益、交易成本、信任程度、禀赋效应等纳入同一分析框架,进而通过构建 Probit 模型,利用江苏省 11 市的实地调查数据实证检验转出户选择不同流转去向的驱动因素,从而探究农地流转模式分化的形成机理[①]。

## 一、农地流转模式分化形成机理：文献述评与理论分析

### （一）农户选择不同流转对象决策依据的文献述评

中国农户的农地流转行为不仅是经济行为,也是社会行为(孔祥智和徐珍源,2010)。一方面,农户农地流转行为是在特定的经济环境约束条件下寻求既定成本下的收益(或效用)最大化或既定收益下的成本最小化的理性选择(冀县卿等,2015)。已有的一些文献中,林乐芬和金媛(2012)的研究侧重农地流转的效用,认为土地对农户而言具有经济实现、基本生活保障、就业机会保障、子孙可以继承及农地流转后获得相关补偿等效用,农户是否选择农地股权流转方式取决于选择该方式获得的净收益与流转机会成本(农户自己耕种土地获得的效用或私下流转土地的净收益)的比较,只有当前者大于或等于后者时,农户才可能将土地转给土地股份合作社,且二者差额越大,农户选择将土地入股合作社的积极性越高;贾燕兵(2013)则更为关注农地流转的交易成本,农地流转过程中的交易成本包括事前的信息搜索成本、事中的谈判沟通成本及事后的合同执行成本,这些交易成本直接影响着农户选择不同流转对象(农户、农民专业合作组织、村集体和企业)的决策。比如,相对于农户自发流转,与农民专业合作组织、企业之间的土地流转所需信息搜寻、谈判和合同执行成本更高,因此,为了节约交易成本,农户更倾向选择与农户之间的自发流转,而将土地转给农民专业合作组织和企业的意愿较低。

另一方面,农户农地流转行为并不完全是追求经济收益最大化的选择,中国农村是典型的熟人社会,亲友邻居之间的农地流转更多地受到社会关系的影响(孔祥智和徐珍源,2010)。有学者利用社会网络理论的关系规范及其中最为基本的信任来分析交易对象的选择,认为在具有乡土性的中国农村熟人社会,村庄内部发生的农地流转中农户选择交易对象时,可以借助乡土社会形成的关系网及关系网

---

[①] 相关成果已发表在：张兰,冯淑怡,陆华良. 2016. 农地规模化经营的形成机理：基于农户微观决策视角. 江海学刊,(5)：67-73。

内的信息将不信任的交易对象排除在外，因此，多数农户在流转农地时，首先考虑的是转给直系血亲，其次是邻居，再次是同族人（胡新艳等，2015）。也有学者通过禀赋效应和差序格局理论来解释农户流转的对象性特征，禀赋效应是指人格与财产的紧密相连使得丧失人格财产的痛苦无法通过替代物来弥补的感受，是损失规避的一种表现，因而会抑制潜在的交易；中国乡土社会的人际关系是以己为中心（通常以血缘关系和地缘关系为基础）逐渐向外推移的，越推越远，也越推越薄，形成差序格局模式（费孝通，1998），使得农户的农地流转面对不同的交易对象也会表现出禀赋效应的差序特征，如农户的禀赋效应依"亲友邻居—普通农户—生产大户—龙头企业"逐次增强，因此农户选择将农地流转给这些交易对象的意愿相应会依次减弱（钟文晶和罗必良，2013）。其实，上述两种观点是紧密相关且一致的，即在中国乡土社会人际关系的差序格局下，农户对关系远近亲疏不同的交易对象的信任程度不同，而对不同交易对象的信任程度差异会使得农户流转农地的禀赋效应有别，最终共同影响着农户对农地流转对象的选择决策。

综上，中国农户的农地流转对象选择决策兼具经济性和社会性特征，既受到流转收益与交易成本的约束，又受到社会关系（信任程度、禀赋效应的差序格局）的影响。而且，在制度经济学视角下，信任可以减少信息的非对称性和降低交易费用，所以农户倾向于将农地流转给信任程度更高的交易对象（如亲友邻居）本质上是因为流转过程中面临的交易成本更低。此外，农户对流转土地的禀赋效应主要源于土地所承载的基本生活保障和就业机会效用损失，而转出户实现非农就业可以替代流转土地提供的生活保障和就业功效，所以转出户的非农就业状况可以间接体现其对流转土地的禀赋效应。因此，本书综合考虑经济利益和社会关系两个方面，并将反映社会关系的信任程度和禀赋效应纳入微观经济学收益成本分析框架，以更全面地分析影响农户选择不同流转去向的因素，进而揭示农地流转模式分化的形成机理。

## （二）基于农户微观决策的农地流转模式分化理论分析

基于上述分析，农户选择不同流转去向（如是否将土地流转给规模经营主体）会受到流转预期收益、流转交易成本、流转土地禀赋效应（转出户非农就业状况）的影响。

（1）流转预期收益。为了获取更多的土地流转收益，转出户更愿意将自己的土地流转给能够支付更高土地流转租金的对象。换言之，如果规模经营主体能够提供的土地租金相比传统小农户更高，转出户更可能将土地转给规模经营主体，而且两种转入对象能够支付的农地流转租金差异越大，转出户越可能选择规模经营主体作为流转对象。需要注意的是，仅从农地供给方角度，规模经营主体支付的土地租金越高越有利于农户转出土地，但土地租金越高，规模经营主体获取土地使用权所需的成本也越高，这将会抑制规模经营主体的土地需求，因此并不一定有利于新型农地流转模式的发展。

（2）流转交易成本。农户转出土地并获取租金的整个过程将会面临交易前的信息搜寻、交易中的谈判和协商及交易后的合约执行和监督等成本，而这些交易成本直接影响着转出户选择流转对象的决策。在正式约束机制缺失的情况下，转出户只能依靠信任和声誉机制来甄别靠谱的流转对象，但信任和声誉机制只能在熟人社会中起到约束作用，而且信任程度会随着社会人际关系的减弱而降低，因而转出户更可能将农地转给与其有地缘或亲缘关系的传统小农户。但是，如果村集体经济组织能够提供土地流转中介服务，转出户则可以通过村集体搜寻和了解规模经营主体的相关信息，也可以委托村集体与规模经营主体进行谈判和协商，从而节约流转信息搜索、谈判协商等交易成本。行政村建立土地流转合同及相关文件档案的日常管理制度，流转双方在正式合约中事先明确对违约的处理，有助于降低流转合同签订、合约执行和监督成本，进而提高转出户将农地转给规模经营主体的可能性，最终促进新型农地流转模式的发展和农地流转模式的分化。此外，行政干预政策，如通过行政命令下达农地流转和规模经营的任务，使得农户被动流转土地，会增加农地流转交易的谈判成本和履约成本，尽管在短期内可以推动农地规模流转，但长期而言不利于农地流转市场发育（张建等，2017）。

（3）流转土地禀赋效应。转出户自身非农就业能力越高，如受教育程度越高、受过非农职业教育或培训、家庭中有非农就业经验的成员比例越大，越容易找到非农工作和获得非农收入，则其对流转土地的生活保障和就业功能的依赖程度越低，使得转出土地对其产生的禀赋效应也越弱，因此越可能选择将土地转给规模经营主体。同时，地区非农劳动力市场的发展状况也会影响转出户实现非农就业的水平。村庄非农劳动力市场越活跃，如参与非农就业的劳动力比重越高、非农工资水平越高，转出户越容易获得非农就业信息和机会，甚至越可能找到薪酬更高的非农工作，对流转土地的依赖程度（禀赋效应）越低，将农地转给规模经营主体的可能性也就越大，进而越有利于新型农地流转模式发展和促进农地流转模式分化。

## 二、农地流转模式分化形成机理：实证检验

（一）模型设定

本书试图分析农户选择不同流转去向的影响因素，采用"是否将农地流转给

规模经营主体①"作为因变量 Y，且定义若转出户将农地转给规模经营主体时 Y=1，若将农地转给传统小农户时 Y=0。可见，Y 是二分离散变量，而 Probit 模型适用于因变量为二分变量的分析，是分析微观个体意愿、决策行为的理想模型（Stock and Watson，2014），故采用 Probit 模型进行分析。设转出户将农地转给规模经营主体（Y=1）的概率为 P，取值范围为[0，1]，则可建立如下模型：

$$P\{Y=1|X\}=\Phi(\beta_0+\sum_i\beta_iX_i+\sum_n\gamma_nD_n)=\int_{-\infty}^{\beta_0+\sum_i\beta_iX_i+\sum_n\gamma_nD_n}\phi(t)\mathrm{d}t \quad (5-1)$$

其中，$X_i$ 为自变量，包括流转预期收益、流转交易成本、流转土地禀赋效应三个方面的变量；$D_n$② 为地区（市级）虚拟变量；$\beta_0$ 为常数项；$\beta_i$、$\gamma_n$ 为待估参数；$\phi(t)$ 为标准正态分布的密度函数。

## （二）变量选取

本书的解释变量包括流转预期收益、流转交易成本、流转土地禀赋效应三个方面 13 个变量及地区（市级）虚拟变量。

### 1. 流转预期收益变量

土地租金比值（$X_1$）可以反映传统小农户和规模经营主体能够提供的土地租金差异，流向传统小农户和规模经营主体的租金比值越小，即规模经营主体提供的土地流转租金相对越多，转出户将农地流转给规模经营主体的意愿越高。因此，预期转出户将农地转给规模经营主体的概率与 $X_1$ 负相关。

### 2. 流转交易成本变量

选取信任程度差异③（$X_2$）、土地流转中介服务（$X_3$）、流转合同及档案日常

---

① 根据调查问卷中 "转出土地去向：亲戚或本小组成员=1；本村农户=2；本村大户、家庭农场=3；外村大户=4；合作社=5；农业企业或公司=6；其他（需注明名称）=7" 这一问题，将回答选项 3、4、5 和 6 归并为将农地流转给规模经营主体，选项 1 和 2 归并为将农地流转给传统小农户。由于调查结果发现选项 7 注明的是村委会或高效农业，实际上转给村委会也是村委会返租农户土地再倒包给大户或农业企业，因而将选项 7 也归入转给规模经营主体。

② 本书采用的转出户样本分布在南京、无锡、常州、苏州、扬州、泰州、徐州、盐城、连云港、淮安、宿迁 11 个地级市，因而设置了 10 个市级虚拟变量，以宿迁为参照，$D_1$ 表示样本农户位于南京=1，其他=0；$D_2$ 表示样本农户位于无锡=1，其他=0；……；$D_{10}$ 表示样本农户位于淮安=1，其他=0。

③ 问卷中设计了三个有关信任的问题：一是 "我的亲朋好友是值得信任的吗？完全不同意=1，不同意=2，不知道=3，同意=4，完全同意=5"；二是 "我的邻居是值得信任的吗？完全不同意=1，不同意=2，不知道=3，同意=4，完全同意=5"；三是 "我认为大部分人都值得信任吗？完全不同意=1，不同意=2，不知道=3，同意=4，完全同意=5"。根据上述问题的答案构建了一个信任程度差异指标，若第三个问题的回答得分低于第一个或第二个问题的得分，表明转出户对与其有地缘或亲缘关系的传统小农户和与其关系较弱甚至没有关系的规模经营主体的信任程度有差异（$X_2=1$），反之视为信任程度无差异（$X_2=0$）。

管理（$X_4$）、违约惩罚或赔偿（$X_5$）及行政干预（$X_6$）五个变量来表征农地流转交易成本的影响。当转出户对传统小农户和规模经营主体的信任程度有差异时，转出户倾向于将农地转给与其有地缘或亲缘关系的传统小农户；当转出户对两者的信任程度没有差异时，转出户将农地流转给传统小农户和规模经营主体之间的选择也没有差别。如果村集体经济组织能够提供土地流转中介服务，不仅可以节约转出户和规模经营主体交易前对流转对象、价格等信息的搜寻成本，还可以缩短流转双方交易中谈判和达成协议的时间，提高转出户选择将土地转给规模经营主体可获得的（扣除交易成本后的）土地流转收益预期，进而增加农户将土地转给规模经营主体的可能性。行政村建立土地流转合同及相关文件档案的日常管理制度，可为土地流转合同的公证和登记提供良好的制度环境，有利于降低农地流转交易中的合同签订成本，从而促进农户与规模经营主体之间农地流转交易的实现。事先规定违约惩罚或赔偿，如转入方或转出方提前终止或退出流转时有相应的惩罚或赔偿，可在一定程度上起到约束交易双方按照合同内容执行的作用，有助于降低流转交易后的合同执行和监督成本，进而提高农户将土地转给规模经营主体的可能性。此外，行政干预，如通过行政命令下达农地流转和规模经营的任务，使得农户被动将土地转给规模经营主体。综上，预期转出户将农地转给规模经营主体的概率与 $X_2$ 负相关，与 $X_3$、$X_4$、$X_5$、$X_6$ 正相关。

3. 流转土地禀赋效应变量

转出户实现非农就业可以替代流转土地的生活保障和就业功效，进而间接体现转出土地的禀赋效应。具体选取户主年龄（$X_7$）及其平方（$X_8$）、户主受教育程度（$X_9$）、户主非农职业教育或培训（$X_{10}$）和有非农就业经验的成员占比（$X_{11}$）来代理农户自身获取非农工作的能力，用村庄非农劳动力比重（$X_{12}$）和村庄非农劳动力平均工资（$X_{13}$）来反映地区非农劳动力市场发育状况。一方面，户主越年轻、受教育程度越高、受过非农职业教育或培训，以及农户家庭中有非农就业经验的成员占比越高，农户接受新事物的能力越强，获取非农工作的机会越多，对流转土地的依赖程度（禀赋效应）越低，选择将农地转给规模经营主体的可能性越大。值得一提的是，虽然年长的户主从事非农活动的可能性较小，但同时也可能因体力下降而无法耕种土地，从而将土地转给规模经营主体以获取更高的经济收益。另一方面，村庄非农劳动力比重越大，非农工资水平越高，转出户越可能找到非农工作并获取高工资待遇，对流转土地的依赖程度（禀赋效应）越低，因而选择将农地转给规模经营主体的概率越大。因此，预期户主年龄的影响可能呈现"U"形关系（即 $X_7$ 为负向关系，$X_8$ 为正向关系），而 $X_9$、$X_{10}$、$X_{11}$、$X_{12}$、$X_{13}$ 对转出户选择将农地转给规模经营主体有正向影响。

### 4. 地区（市级）虚拟变量

除了上述解释变量，本书还引入地区（市级）虚拟变量 $D_1 \sim D_{10}$，用于控制不可观测的地区因素对转出户选择不同流转去向的可能影响。

## （三）描述性统计分析

本部分实证研究采用的数据来自课题组于2013年7~8月及2014年1月对江苏省128个村庄的1202户农户的实地调研。由于本书主要研究的是转出户选择不同流转去向的影响因素，因而这里实际采用的是流转出农地的201户农户样本，农户层面相关变量的数据也源于这201户转出户的问卷信息，而村庄层面土地流转租金、非农劳动力比重、非农劳动力平均工资及两个流转交易成本变量（$X_3$ 和 $X_4$）的数据来自村庄问卷信息。调查结果显示，201户转出户中有79户将土地转给了传统小农户，占39%；有122户转给了规模经营主体，占61%，表明样本转出户的农地流转去向以转给规模经营主体为主。

变量说明、描述性统计及预期影响见表5-1。

**表5-1 变量说明、描述性统计及预期影响分析**

| | | 变量 | 定义及单位 | 均值 | 标准差 | 预期影响 |
|---|---|---|---|---|---|---|
| 被解释变量 | | 流转去向（$Y$） | 转出户流转去向的选择决策，即是否将农地流转给规模经营主体（否=0；是=1） | 0.61 | 0.49 | |
| 解释变量 | 流转预期收益 | 土地租金比值（$X_1$） | 村庄层面转给传统小农户的平均租金/转给规模经营主体的平均租金 | 0.47 | 0.31 | - |
| | | 信任程度差异（$X_2$） | 转出户对与其有地缘或亲缘关系的亲朋好友、邻居的信任同对一般人的信任程度有无差异（无=0；有=1） | 0.23 | 0.42 | - |
| | 流转交易成本 | 土地流转中介服务（$X_3$） | 村集体经济组织有无提供土地流转中介服务（无=0；有=1） | 0.54 | 0.50 | + |
| | | 流转合同及档案日常管理（$X_4$） | 行政村有无建立土地流转合同及相关文件档案的日常管理制度（无=0；有=1） | 0.58 | 0.50 | + |
| | | 违约惩罚或赔偿（$X_5$） | 转入方或转出方提前终止或退出土地流转，有无相应的惩罚或赔偿（无=0；有=1） | 0.37 | 0.48 | + |
| | | 行政干预（$X_6$） | 村庄被动参与农地流转的农户数/村庄参与农地流转的农户总数 | 0.20 | 0.25 | + |

续表

| 变量 | | | 定义及单位 | 均值 | 标准差 | 预期影响 |
|---|---|---|---|---|---|---|
| 解释变量 | 流转土地禀赋效应 | 户主年龄（$X_7$） | 户主年龄（岁） | 60.17 | 10.71 | — |
| | | 户主年龄平方（$X_8$） | 户主年龄的平方值 | 3734.55 | 1289.09 | + |
| | | 户主受教育程度（$X_9$） | 户主受教育程度：小学以下 = 1；小学 = 2；初中 = 3；高中（中专）= 4；大专及以上 = 5 | 2.71 | 1.03 | + |
| | | 户主非农职业教育或培训（$X_{10}$） | 户主有无接受非农职业教育或培训（无 = 0；有 = 1） | 0.17 | 0.38 | + |
| | | 有非农就业经验的成员占比（$X_{11}$） | 2012 年以前有非农活动经历的家庭成年人数/农户家庭总人口数 | 0.64 | 0.29 | + |
| | | 村庄非农劳动力比重（$X_{12}$） | 村庄非农劳动力数/村庄劳动力总数 | 0.66 | 0.24 | + |
| | | 村庄非农劳动力平均工资（$X_{13}$） | 村庄非农劳动力平均日工资（元/天） | 124.23 | 38.49 | + |

注：为节省空间，表中略去地区（市级）虚拟变量；村庄被动参与农地流转的农户数以及村庄参与农地流转的农户总数均为农户调研数据的加总

样本转出户所在村庄农地流向传统小农户和规模经营主体的租金比值平均为 0.47，表明转出户将农地转给传统小农户可获得的平均租金还不及将农地转给规模经营主体所获平均租金的一半。

从表征流转交易成本的变量来看，所有样本转出户中只有 23%的农户对亲朋好友、邻居的信任同对一般人的信任程度存在差异。样本转出户中分别有 54%、58%的农户所在的村庄提供了土地流转中介服务、建立了土地流转合同及相关档案的日常管理制度。37%的样本转出户在正式合约中事先明确了违约惩罚或赔偿。样本转出户所在村庄平均有 20%的农户被动参与农地流转。

从反映流转土地禀赋效应的变量来看，所有样本转出户的户主平均年龄为 60.17 岁，平均受教育程度为初中以下，平均有 17%的户主接受过非农职业教育或培训，平均有 64%的家庭成员在 2012 年以前有非农活动经历。样本转出户所在的村庄非农劳动力占劳动力总数的平均比重为 66%，村庄非农劳动力平均工资约为 124.23 元/天。

（四）估计结果与分析

这里采用 stata 软件对上述样本数据进行 Probit 回归分析。如表 5-2 所示，Probit 模型的 Wald 卡方值符合显著性要求，其他统计量也表明模型整体拟合效果较好。

表 5-2　转出户农地流转对象选择决策的估计结果

| 变量 | | 系数 | 稳健标准误 | z 值 |
|---|---|---|---|---|
| 流转预期收益 | 土地租金比值（$X_1$） | −1.44*** | 0.55 | −2.61 |
| 流转交易成本 | 信任程度差异（$X_2$） | −0.05 | 0.28 | −0.17 |
| | 土地流转中介服务（$X_3$） | 0.84*** | 0.25 | 3.40 |
| | 流转合同及档案日常管理（$X_4$） | 0.40* | 0.24 | 1.66 |
| | 违约惩罚或赔偿（$X_5$） | 0.75*** | 0.23 | 3.22 |
| | 行政干预（$X_6$） | 1.52*** | 0.57 | 2.68 |
| 流转土地禀赋效应 | 户主年龄（$X_7$） | −0.02 | 0.10 | −0.16 |
| | 户主年龄平方（$X_8$） | 0.00 | 0.00 | 0.22 |
| | 户主受教育程度（$X_9$） | 0.04 | 0.12 | 0.31 |
| | 户主非农职业教育或培训（$X_{10}$） | 0.08 | 0.30 | 0.27 |
| | 有非农就业经验的成员占比（$X_{11}$） | 0.07 | 0.42 | 0.17 |
| | 村庄非农劳动力比重（$X_{12}$） | 0.80 | 0.56 | 1.42 |
| | ln 村庄非农劳动力平均工资（$X_{13}$） | 0.64* | 0.38 | 1.67 |
| Wald 卡方值 | | 82.87 | | |
| 显著性水平（Prob＞Chi2） | | 0.00 | | |
| 伪判决系数（pseudo $R^2$） | | 0.30 | | |
| 对数似然值（log likelihood） | | −93.68 | | |
| 观测值 | | 201 | | |

注：为节省空间，略去常数项和地区（市级）虚拟变量的估计结果，为减小异方差性的影响，村庄非农劳动力平均工资变量取对数形式

*、***分别表示 10%、1%的显著性水平

#### 1. 流转预期收益变量的影响

土地租金比值对转出户将农地转给规模经营主体的决策有显著的负向影响。调查发现，传统小农户之间的农地流转多为亲友或近邻之间的转包或代耕，转入户可免费或以较低的租金获得农地使用权；而对于与转出户亲缘或地缘关系较弱甚至毫无关系的规模经营主体参与的农地流转，流入方则需支付市场交易价格才能获得农地使用权，且市场交易价格通常高于亲友或近邻间流转的租金。因此，种植大户、家庭农场、农业企业等规模经营主体支付的土地流转租金越高，农地转给规模经营主体得到的经济收益也就越多，转出户就越倾向于选择规模经营主体作为流转对象。需要说明的是，规模经营主体提供的土地租金对于农地供给方意味着收益，而对于农地需求方则意味着成本，因此，土地租金并非越高越好，需要把握适度原则。

### 2. 流转交易成本变量的影响

信任程度差异对转出户将农地转给规模经营主体的决策影响不显著。这表明对不同流入方的信任程度差异并不会显著影响转出户选择不同流转对象，这不仅与孔祥智和徐珍源（2010）的研究结论一致，也与被调查区域农地流转范围已突破熟人社会和村域边界的实际相符。

土地流转中介服务对转出户将农地转给规模经营主体的决策有显著的正向影响。这与理论预期一致，相比与自己有亲缘或地缘关系的传统小农户，转出户需要花费更多的精力和成本去搜寻规模经营主体的相关信息，而且需要更多次的讨价还价和谈判，但村集体经济组织提供农地流转的交易中介和组织协调服务，可以降低信息搜寻和谈判协商成本，从而促进农地向规模经营主体流转。

流转合同及档案日常管理对转出户将农地转给规模经营主体的决策有显著的正向影响。这是因为，传统小农户之间的自发流转多为口头协议，随意性较大，协议确定成本较低但违约风险高，而新型土地流转模式通常会签订正式的土地流转合同并进行登记公证，合同签订成本较高但降低了违约风险。而且，行政村建立的土地流转合同及相关文件档案的日常管理制度，可以降低流转交易的合同签订成本，进而有利于农地向规模经营主体流转。

事先规定的违约惩罚或赔偿对转出户将农地转给规模经营主体的决策有显著的正向影响。这证实了随着农地流转范围扩大，信任和声誉机制对流转双方的约束作用有限，而事先明确提前终止或退出流转需要承担的惩罚或赔偿，不仅有利于降低合同执行和监督成本，也有助于降低转出户租金收回风险，使得转出户更愿意也更敢于将农地流转给规模经营主体。

行政干预对转出户将农地转给规模经营主体有显著的正向影响，表明行政干预确实起到了促进农地向规模经营主体流转和集中的作用。

### 3. 流转土地禀赋效应变量的影响

村庄非农劳动力平均工资对转出户将农地转给规模经营主体的决策有显著的正向影响，表明转出户能够获得的非农工资越高，他们越可能将农地流转给规模经营主体。这主要是因为，非农工资水平越高，转出户越希望将更多时间分配给非农活动以赚取更多的非农收入，其对土地的依赖程度（禀赋效应）也越低，从而越倾向于能够固定期限租种自己土地的流转对象，因此选择将农地转给规模经营主体的概率越大。

## 第二节 农地流转模式分化对农业生产效率的影响研究

理论上，农地流转具有边际产出拉平效应，可以平衡资源禀赋存在差异的农户之间的生产要素配比，如促使土地从地多人少的农户流向地少人多的农户，以及促进土地从低效生产者流向高效经营者，进而提高资源配置效率和农业生产效率（Deininger and Jin，2005；Deininger et al.，2008a；Jin and Deininger，2009；Rahman，2010；Jin and Jayne，2013）。实证中，学者有关农地流转的效率绩效研究，主要聚焦在传统农地流转模式，探讨其对土地生产率（Zhang，2008；Feng et al.，2010；刘同山，2018）、劳动生产率（冒佩华等，2015；钱龙和洪名勇，2016）、全要素生产率（高欣和张安录，2017；匡远配和杨佳利，2019；钱忠好和李友艺，2020）和技术效率（Feng，2008；黄祖辉等，2014；杨钢桥等，2018；Liu et al.，2019）等农业生产效率指标的影响，对于新型农地流转模式效率绩效的研究较为匮乏。少数有关规模经营主体参与的农地流转对农业生产效率影响的研究中，学者主要探讨了家庭农场、种植大户等规模经营主体转入土地、扩大规模对农业生产效率的影响，欠缺将传统小农户和规模经营主体纳入统一的分析框架进行比较的研究。而且，学术界对于农地规模经营与农业生产效率之间关系的认识存在分歧，尤其是规模经营主体参与农地流转后经营规模扩大了，但是否能提高农业生产效率？或者说，与转入土地的传统小农户相比，规模经营主体能否实现农业生产效率的改善？这些问题不仅是亟须解答的政策性问题，更是值得跟进研究的学术问题。因此，本书考虑到农地流转模式分化的新情况，基于土地需求方视角，将转入土地且生产粮食的传统小农户和规模经营主体（包括种粮大户和家庭农场）纳入统一的分析框架，利用江苏省285户经营主体调查数据，通过设置不同经营规模组虚拟变量，运用多元回归模型和聚类稳健标准误估计方法，从土地生产率、劳动生产率、成本利润率和全要素生产率等多个维度[①]，比较分析传统小农户与规模经营主体的农业生产效率差异，进而检验农地流转模式分化的效率绩效。

## 一、农地流转模式分化对农业生产效率的影响：理论分析

农地流转模式分化的效率绩效（即相较于转入土地的传统小农户，规模经营主体的农业生产效率改善状况）可以通过农地经营规模与农业生产效率的关系来呈现。农地经营规模与农业生产效率之间的关系一直是学术界讨论的热点问题，对这一问题的研究及农业生产是否存在规模经济性的争议也一直不断。一种观点认为，农业生产中的规模效益很微弱，尤其是在我国劳多地少、资金短缺，以及处于农产品供给短缺和经济发展初期时，我国粮食生产中规模经济几乎不存在，甚至农地规模与生产效率之间呈现反向关系（万广华和程恩江，1996；罗必良，

---

[①] 考虑到传统小农户和规模经营主体因机械使用水平不同可能处于不同的生产前沿面，将两者纳入同一随机前沿生产函数模型考察技术效率差异可能并不合理，因此本书所探讨的农业生产效率没有包含技术效率。

2000；许庆等，2011）；另一种观点则认为，农业规模经营与提高单产并行不悖，而且我国农业发展正处于从传统农业向现代农业转型的阶段，土地规模经营是实现农业现代化、国际化的客观需要和必然趋势，但也强调经营规模并非越大越好而需遵循一个适度原则，因为在适度经营规模范围内，土地经营规模的扩大能实现土地与劳动力、土地与资本的优化配置，带来全要素节约和提高农业生产绩效（张光辉，1996；梅建明，2002；胡初枝和黄贤金，2007）。

对同一问题的看法之所以会产生分歧，主要是因为学者对农业生产效率的定义及关注层面存在差异，如既有反映农业生产要素的使用情况和产出效益的农业要素生产率（包括土地生产率、劳动生产率、成本利润率、全要素生产率），又有反映农业技术利用状况的技术效率；既有宏观区域层面种植业（或粮食作物）的生产效率研究，又有微观经营主体（甚至地块）层面种植业（或粮食作物、单种作物）的生产效率分析；此外，研究时段和研究区域跨度也较大。

基于已有对农地经营规模与农业生产效率之间关系的研究成果，同时综合考虑我国农村要素市场不断完善及农地流转模式分化的新情况，本书提出农地流转模式分化对土地生产率、劳动生产率、成本利润率及全要素生产率影响的理论假说。

（1）农地流转模式分化对土地生产率的影响。20世纪80年代之前，国内外实证研究结果多发现农地规模与土地生产率之间存在负向关系，这主要是要素市场（土地、劳动力和资本市场）不完善导致小农户在有限的土地上投入较多相对价格更低的家庭劳动力，而大规模农户则因雇用劳动力的监督和激励成本高而采取粗放式经营（Carter，1984；万广华和程恩江，1996；Assuncao and Braido，2007；辛良杰等，2009）。自20世纪80年代以来，诸多学者对反向关系观点持怀疑态度并提出应该是正向甚至"U"形关系的观点，两者关系的变化主要缘于要素市场发展和科技对小农户劳动密集型生产的冲击（石晓平和郎海如，2013；范红忠和周启良，2014；倪国华和蔡昉，2015）。在我国农村要素市场（尤其是非农劳动力市场和信贷市场）逐步完善、农业机械化水平不断提高的背景下，传统小农户家庭劳动力的机会成本随着非农就业机会增加而上升，其在传统农业中因劳动力机会成本低而拥有的小农优势逐步消失，而规模经营主体反而可以利用其在新技术应用、资金获得方面的优势而选择资本和技术来替代劳动，进而提高土地产出，使得土地生产率随农地经营规模扩大而增加。但是，这种正向关系只能维系在一定范围内，当农地规模与其他生产要素达到最佳比例时，土地生产率也达到一个最高临界点，超过该点继续扩大规模，将造成土地资源的过度投入和规模不经济，土地生产率也会随之递减（张忠明等，2011；王玥，2016）。因此，可得到理论假说1：在一定规模范围内，与传统小农户相比，规模经营主体扩大农地经营规模可以获得更高的土地生产率；但是，超过土地资源与其他要素最优配置比例所对应的经营规模，规模经营主体继续扩大规模会导致土地生产率的下降，甚至失去由规模经济带来的优于小农户的土地生产率改善优势。

（2）农地流转模式分化对劳动生产率的影响。已有实证研究普遍发现劳动生产率与农地经营规模呈正向关系（魏巍和李万明，2012；石晓平和郎海如，2013），这主要是在人多地少的情况下，小农户会在有限的土地上投入过密的劳动，导致土地与劳动力两种要素之间的配置比例不合理，扩大农地经营规模会改善二者不协调的比例关系，使得劳动力作用充分发挥进而提高劳动生产率（夏永祥，2002）。当土地经营规模超出土地和劳动力最优配置比例且继续扩大，即使农地经营规模超出其家庭劳动力经营限度，小农户和规模经营主体仍可以投入更多资本（机械）来替代劳动，使得劳动生产率继续提高（罗必良，2000）。考虑到规模经营主体相比小农户在资金获得和技术应用方面更具优势，其采用资本（机械）来替代劳动的能力也更高，因此，可得到理论假说2：随着土地经营规模的扩大，规模经营主体的劳动生产率将不断提高，进而可能获得相较传统小农户更高的劳动生产率。

（3）农地流转模式分化对成本利润率的影响。现有研究成本利润率与农地经营规模之间关系的文献相对较少，已有对两者关系的研究分别得出正向、负向甚至无关的结论（陈欣欣等，2000；李谷成等，2010；夏庆利和罗芳，2012）。在一定规模限度内，成本利润率与土地经营规模是正相关关系，经营规模过小和地块过碎导致小农户可能在有限土地上投入过多资本（如肥料、种子和农药等农业生产资料），造成土地与资本之间配比不合理和部分资本的浪费，此时扩大土地经营规模有利于改善二者之间的配比关系和降低单位面积成本，从而提高资本产出效率。但是，超过土地-资本最优配置对应的农地规模，资本作用已经得到充分发挥，继续扩大土地经营规模使得资本生产能力不足，难以继续增加利润和提高资本效率（夏永祥，2002）。由此，可得到理论假说3：在一定经营规模范围内，规模经营主体的成本利润率高于传统小农户；超过土地-资本最优配置比例所对应的农地规模，规模经营主体可能失去相较传统小农户的资本获利优势。

（4）农地流转模式分化对全要素生产率的影响。相关研究较为欠缺，个别学者发现两者具有正向关系（张利国和鲍丙飞，2016），其他学者认为两者无关，并认为农业生产过程中各生产要素（即土地、劳动力和资本）在一定程度上可相互替代，使得大、小农户在综合利用农业生产资源方面并不存在明显的效率差异（李谷成等，2010；朱满德等，2015）。考虑到我国农业发展已进入全面推进农业现代化的新时期，结合各单要素生产率与土地经营规模的关系分析，预期在现有技术水平和要素投入下，全要素生产率与土地经营规模在一定限度内呈现正向关系，当土地、劳动力和资本要素配置比例达到最优时，全要素生产率也升至最高，超过这一限度,土地经营规模再扩大,如果其他生产要素投入和技术水平跟不上,全要素生产率将会出现下降趋势。由此,可得到理论假说4:在一定经营规模范围内,规模经营主体的全要素生产率高于传统小农户;超过农业生产三要素最优配比对应的经营规模,规模经营主体可能失去其在综合利用农业生产要素方面的效率改善优势。

## 二、农地流转模式分化对农业生产效率的影响:实证检验

### (一)模型设定与估计方法

借鉴李谷成等(2010)分析农地经营规模与农业生产效率之间关系的研究,构建以下模型来考察农地流转模式分化对农业生产效率的影响:

$$\text{Efficiency}^k = \alpha_0 + \sum_i \alpha_i S_i + \sum_j \beta_j X_j + \sum_n \gamma_n D_n + \varepsilon \quad (5\text{-}2)$$

其中,Efficiency$^k$ 为农业生产效率指标,$k=1,2,3,4$ 分别对应土地生产率、劳动生产率、成本利润率和全要素生产率;为了比较转入土地的传统小农户与规模经营主体的农业生产效率高低,设置经营规模组虚拟变量 $S_i$,$i=1,2,3,4,5$ 分别对应经营规模组 20~40 亩、40~60 亩、60~120 亩、120~500 亩[①];$X_j$ 为其他影响农业生产效率的因素,根据理论和文献综述,选取户主个人特征、农户家庭特征、农业生产特征等方面的外生解释变量;为了控制地理位置、自然条件等其他因素的影响,模型中还引入地区(市级)虚拟变量 $D_n$;$\alpha_0$ 为常数项;$\alpha_i$、$\beta_j$、$\gamma_n$ 为各变量对应的估计系数;$\varepsilon$ 为经典随机扰动项。

式(5-2)的估计方法取决于被解释变量的性质,由于土地生产率、劳动生产率、成本利润率和全要素生产率都是连续变量,因而采用 OLS 估计。同时,考虑到同一村庄内部的农户之间会有相关性,选择聚类稳健标准误进行回归和修正。

### (二)变量选取

#### 1. 被解释变量

为了全面地考察农地流转模式分化对农业生产效率的影响,本书的被解释变量

---

① 农地经营规模与农业生产效率之间关系研究的模型中直接引入农地经营规模这一连续变量可能导致内生性问题,因为可能存在不可观测的变量,如经营主体的生产能力,既会影响农地经营规模又会影响农业生产效率。但是,本书关注的是同样转入土地的传统小农户和规模经营主体,两者自身的生产能力差异不会太大;而且,结合本部分的研究目的,借鉴刘天军和蔡起华(2013)的研究,这里引入的是农地经营规模组的虚拟变量,可以避免农地经营规模这个连续变量可能造成的内生性问题。

不仅关注单要素生产率（土地生产率、劳动生产率和成本利润率），还包括全要素生产率[①]。需要说明的是，本书仅考虑粮食作物的生产效率，原因有二：一是基于粮食安全问题的考虑，中国政府农业政策的首要目标是确保国家的基本食物安全和实现粮食有效供给，而农户也普遍以种粮为主；二是经济作物由于种植工艺复杂、环节多、费工量大、要求标准高等，机械化程度相对较低，种植规模也就相对较小，较少出现粮食作物生产中传统小农户和规模经营主体（种粮大户、家庭农场）的农地经营规模差异大的问题。具体地，结合《江苏省农村统计年鉴》中粮食作物分类和实地调查情况，本节研究的粮食作物包括稻谷、小麦、玉米、大豆、红薯。

经营主体（包括传统小农户、种粮大户、家庭农场）年内种植粮食作物总产值 = $\sum$(各粮食作物亩产量×播种面积×销售价格)

具体地，各指标的定义如下。

（1）土地生产率（$Efficiency^1$）。这是反映土地生产能力和政府粮食安全目标的指标，本书以土地单产价值来衡量，即土地生产率（元/亩）= 经营主体年内种植粮食作物总产值/经营主体年内种植粮食作物总播种面积。

（2）劳动生产率（$Efficiency^2$）。这是反映劳动生产能力和私人收入增加目标的指标，采用经营主体劳动用工的平均产出价值来表示，即劳动生产率（元/工日）= 经营主体年内种植粮食作物总产值/经营主体年内粮食生产劳动投入用工量[②]。

（3）成本利润率（$Efficiency^3$）。这是反映资本投入产出效益和私人利润最大化目标的指标，采用经营主体年内种植粮食作物总产值扣除资本费用（不含土地和劳动力成本）后的净收益与资本费用的比值来衡量，即成本利润率 =(经营主体年内种植粮食作物总产值-资本费用)/资本费用[③]。

（4）全要素生产率（$Efficiency^4$）。这是全面反映生产过程中要素综合使用情况的指标，采用经营主体年内种植粮食作物总产值与所有投入要素加权值的比值来表示，具体测算方法见附录1。

**2. 解释变量**

1）经营规模组

经营规模组（$S_i$）是本书的关键解释变量，通过设置不同经营规模组的虚拟

---

① 为了减少异方差的影响，土地生产率、劳动生产率和全要素生产率都取对数形式。
② 经营主体年内粮食生产劳动投入用工量是指粮食生产过程中实际使用的劳动投工数量，包括自家劳动力、雇佣劳动力和换工的劳动时间，按每天8小时折算成工日，以工日为单位。
③ 资本费用是指经营主体在粮食生产过程中直接消耗的各种农业生产资料的费用支出，主要包括机械投入（自家机械油费和雇佣机械费用）、肥料投入（购买的农家肥、商品有机肥、化肥等的费用）及种子秧苗、农药、农膜、水电灌溉等其他投入费用，不包括土地租金成本和劳动力成本。由于不同的农业生产资料没有共同的物质单位，因而全部按照市场价格折算为价值量（单位：元）。

变量来比较转入土地的传统小农户与规模经营主体的生产效率高低。2014年11月20日,中共中央办公厅、国务院办公厅印发的《关于引导农村土地经营权有序流转发展农业适度规模经营的意见》提出,"对土地经营规模相当于当地户均承包地面积10至15倍、务农收入相当于当地二三产业务工收入的,应当给予重点扶持"。为了对此进行验证,本书依据户均承包地面积的倍数来对经营规模进行分组:1~20亩($S_1$,对应户均承包地面积①的5倍以下)、20~40亩($S_2$,对应户均承包地面积的5~10倍)、40~60亩($S_3$,对应户均承包地面积的10~15倍)、60~120亩($S_4$,对应户均承包地面积的15~30倍)、120~500亩($S_5$,对应户均承包地面积的30倍以上)。进而,以1~20亩的规模组($S_1$)为参照,设置四个规模组虚拟变量($S_2$、$S_3$、$S_4$、$S_5$),即当经营面积在该变量对应区间范围内,其值赋为1,否则为0,如$S_2=1$时,表示经营规模为20~40亩,其他依此类推。

2)户主个人特征

户主年龄($X_1$)可表征经营主体决策者的经验积累程度。通常户主年龄越大,其从事农业生产的经验越丰富,越有利于农业生产效率的提高。但是,当户主年龄超过一定年限,其体力和身体素质会随着年龄增长而下降,其扩大经营规模和增加土地投资的积极性减弱,采用新品种、新技术的意愿也会降低,进而阻碍农业生产效率的提高(Li and Sicular,2013)。因此,为了捕捉生命周期效应,模型中还引入户主年龄平方($X_2$),并且预期户主年龄与农业生产效率呈倒"U"形关系。

户主受教育程度($X_3$)用于反映决策者人力资本差异和管理能力的影响。决策者受教育水平对农业生产效率的影响尚不明确:一方面,户主文化程度越高,其接受新生事物和学习的能力越强,越容易掌握和利用农业生产的新技术,越有利于农业生产效率的改善;另一方面,受教育程度高的户主可能为了追求家庭收益最大化而将劳动力、资本等资源配置于比较效益更高的经营活动中,从而可能减少农业生产的劳动力、资本及其他要素投入,对于提高农业生产效率可能不利(夏庆利和罗芳,2012)。

3)农户家庭特征

家庭人口规模($X_4$)用于考察家庭人口资源禀赋和消费支出对农业生产效率的影响。家庭人口规模对农业生产效率的影响不明确:一方面,家庭人口资源丰富的农户家庭可能拥有的劳动力更多,则可以将更多的劳动力配置于粮食生产活动和提高粮食生产能力(Feng,2008),而老人和小孩在农忙季节提供协助也有利于农业生产效率的提高(谭淑豪等,2006);另一方面,当家庭资金有限时,消费

---

① 2014年底,江苏省户均承包经营耕地面积为3.99亩(冯淑怡等,2015)。

支出与生产投入之间的资金分配存在竞争关系,而家庭人口多意味着消费支出也多,则可用于粮食生产投入的资金会减少,进而妨碍农业生产效率的提高(Binuyo et al.,2016)。

非农收入比重($X_5$)采用非农收入占经营主体家庭总收入的比重来考察非农活动对农业生产效率的影响。需要说明的是,考虑到户主个人特征和其他家庭特征变量既会影响经营主体的非农收入获取及其占比又会影响其农业生产效率,直接引入非农收入占家庭总收入的比重这个连续变量可能造成内生性问题,为了避免这个问题,实际通过设置有序的非农收入占家庭总收入的比重区间(如非农收入占比为:0~20%=1;20%~50%=2;50%~80%=3;80%~100%=4)来反映非农活动的影响。非农活动对经营主体农业生产效率的影响尚不明确:一方面,非农活动可能会给农业生产带来劳动力流失效应,因为经营主体家庭劳动时间配置中,农业生产与非农活动之间可能存在着替代关系,当经营主体存在非农就业机会,其家庭劳动力会流向比较效益更高的非农行业,导致农业生产劳动时间投入不足和粗放经营的现象(李谷成等,2010),进而降低农业生产效率;另一方面,非农就业也可能为农业生产带来收入增加效应,因为经营主体家庭成员参与非农活动获得的现金流可用于购买其他投入以替代减少的劳动,也可用于农业长期投资和改善生产条件,从而提高农业生产效率(Feng,2008)。

4) 农业生产特征

耕地细碎化程度($X_6$)采用年末经营平均每块耕地面积[①](即经营耕地面积与对应耕地块数的比值)来表征,该比值越小,表明耕地细碎化程度越高。一般来说,耕地的细碎化耕种会带来效率的损失(李谷成等,2010),因为耕地细碎化使得田埂和沟渠增多,不利于具有不可分性特征的固定投入充分发挥作用,如阻碍农业机械化生产和技术推广,增加农户的耕种时间和耕作难度,从而使得农户难以获取规模效应和提高土地综合产出效率(Wan and Cheng,2001;刘涛等,2008;Tan et al.,2010)。另一种观点则认为耕地细碎化与劳动力密集、土地稀缺的资源禀赋条件相吻合,有利于传统小农户发挥其善于精耕细作的比较优势,充分发掘地力和生产潜力,因而在某种程度上提高生产效率(李谷成等,2008)。此外,也有实证研究表明耕地细碎化对农业生产效率的影响并不显著(Wu et al.,2005;夏庆利和罗芳,2012)。因此,耕地细碎化程度对农业生产效率的影响尚不明确。

接受农业技术培训成员数($X_7$)可表征技术培训作为一种非正规教育的人力资本投资手段带来的影响。一般认为,通过参加农业技术培训,经营主体可以了解与掌握先进农业技术(如新品种技术、病虫害防治技术、测土配方施肥技术、

---

① 为减小异方差影响,年末经营平均每块耕地面积取对数形式引入模型当中。

机械化技术等)的经济价值与使用方法,能够根据自身情况采纳更先进的农业技术,从而实现农业生产效率的提高。而且,接受农业技术培训的家庭成员数越多,获取到的生产技术信息越多,越有利于其采纳新技术,从而促进农业生产效率的提高。因此,预期此变量对农业生产效率的改善有正向作用。

信贷约束($X_8$)采用经营主体是否受到信贷约束这一虚拟变量来控制信贷市场对农业生产效率可能产生的影响。当信贷市场不完善甚至缺失时,生产效率更高但资金受限的经营主体不能扩大经营规模和增加投资,农业生产效率也难以得到提高,因此,预期信贷约束对农业生产效率具有负向影响。

此外,地理位置、自然因素及其他不可观测因素也可能对农业生产效率产生影响,本书引入地区(市级)虚拟变量[①]($D_n$,$n=1,2,\cdots,10$)来控制这些因素的影响。

## (三)描述性统计分析

本部分实证研究采用的数据来自课题组于2013年7~8月及2014年1月对江苏省农业生产经营主体的实地调研,采取问卷与面访相结合的方法,共获得农户问卷1202份、种养大户和家庭农场问卷91份。由于本书主要研究的是转入土地且种植粮食的经营主体的农业生产效率,因而实际采用的是转入农地且粮食生产投入产出信息完整的285户经营主体样本[②],其中包括228户传统农户及57户种粮大户和家庭农场。

调查结果显示(表5-3):①285户经营主体样本中,70%的经营主体的经营规模分布在1~20亩;②从粮食生产单位播种面积资本投入来看,与1~20亩规模组的经营主体相比,20~40亩、60~120亩和120~500亩规模组的经营主体的单位播种面积劳动投工显著更低,而60~120亩规模组的经营主体的单位播种面积资本投入显著更低;③从粮食生产产出效益来看,与1~20亩规模组的经营主体相比,40~60亩、60~120亩和120~500亩规模组的经营主体的单位播种面积产值(即土地生产率)、成本利润率和全要素生产率都显著更高,且40~60亩规模组的经营主体的土地、资本和要素综合产出效益最高,而20~40亩、40~60亩、60~120亩和120~500亩规模组的经营主体的单位劳动投工产值(即劳动生产率)显著更高。

---

① 本书的样本经营主体来自江苏省11个地级市,包括南京、无锡、常州、苏州、扬州、泰州、徐州、连云港、淮安、盐城和宿迁,其中以宿迁的经营主体为参照组。

② 实际获得的转入农地且粮食生产投入产出信息完整的经营主体样本总共为292户,但为了避免经营规模分布跨度过大,删掉了经营规模低于1亩的2户和经营规模高于500亩的5户,最终采用的是经营规模分布在1~500亩的285户经营主体样本。

表 5-3　不同经营规模组经营主体的投入产出情况

| 项目 | 1~20 亩 | 20~40 亩 | 40~60 亩 | 60~120 亩 | 120~500 亩 | 总体 |
|---|---|---|---|---|---|---|
| 经营面积/亩 | 9.48 | 31.14 | 49.13 | 93.39 | 231.96 | 33.91 |
| 播种面积/亩 | 17.36 | 60.66 | 96.00 | 179.34 | 446.70 | 64.76 |
| 单位播种面积劳动投工/工 | 10.75 | 8.71* | 8.78 | 7.23** | 4.98*** | 9.80 |
| 单位播种面积资本投入/元 | 455.85 | 450.54 | 411.99 | 401.08** | 424.00 | 448.13 |
| 单位播种面积产值/元 | 1036.18 | 1047.27 | 1226.11** | 1130.57* | 1154.84** | 1057.19 |
| 单位劳动投工产值/元 | 139.08 | 206.16*** | 416.93*** | 336.44*** | 558.96*** | 196.97 |
| 成本利润率 | 1.39 | 1.42 | 2.07*** | 1.98*** | 1.85*** | 1.48 |
| 全要素生产率 | 516.90 | 524.90 | 623.53*** | 576.13** | 588.81*** | 529.70 |
| 观测值 | 201 | 38 | 8 | 19 | 19 | 285 |
| 比例 | 70% | 13% | 3% | 7% | 7% | 100% |

注：规模分布是根据经营面积进行分组

*、**、***分别表示在 10%、5%、1%的水平上存在显著差异

农业生产效率模型中的各变量说明与描述性统计分析见表 5-4。所有经营主体样本的单位播种面积平均产值为 1057.19 元、单位劳动投工平均产值为 196.97 元、种粮净收益与成本比值平均为 1.48、全要素生产率平均为 529.70。

表 5-4　变量说明与描述性统计分析

| 变量 | | | 定义及单位 | 平均值 | 标准差 |
|---|---|---|---|---|---|
| 被解释变量 | | 土地生产率 | 单位播种面积产值（元） | 1057.19 | 218.06 |
| | | 劳动生产率 | 单位劳动投工产值（元） | 196.97 | 223.60 |
| | | 成本利润率 | 种粮净收益与成本的比值 | 1.48 | 0.76 |
| | | 全要素生产率 | 粮食作物总产值/所有投入要素加权值 | 529.70 | 108.92 |
| 解释变量 | 经营规模组 | 规模组 $S_2$ | （当经营规模为 20~40 亩时，$S_2=1$；其他规模时，$S_2=0$） | 0.13 | 0.34 |
| | | 规模组 $S_3$ | （当经营规模为 40~60 亩时，$S_3=1$；其他规模时，$S_3=0$） | 0.03 | 0.17 |
| | | 规模组 $S_4$ | （当经营规模为 60~120 亩时，$S_4=1$；其他规模时，$S_4=0$） | 0.07 | 0.25 |
| | | 规模组 $S_5$ | （当经营规模为 120~500 亩时，$S_5=1$；其他规模时，$S_5=0$） | 0.07 | 0.25 |

续表

| 变量 | | 定义及单位 | 平均值 | 标准差 |
|---|---|---|---|---|
| 解释变量 | 户主个人特征 | 户主年龄（$X_1$） | 户主年龄（岁） | 55.09 | 9.43 |
| | | 户主年龄平方（$X_2$） | 户主年龄的平方值 | 3123.64 | 1055.79 |
| | | 户主受教育程度（$X_3$） | 户主受教育程度（小学以下=1；小学=2；初中=3；高中/中专=4；大专及以上=5） | 2.80 | 0.91 |
| | 农户家庭特征 | 家庭人口规模（$X_4$） | 家庭人口总数（人） | 4.52 | 1.83 |
| | | 非农收入比重（$X_5$） | 非农收入占家庭总收入的比重（0~20%=1；20%~50%=2；50%~80%=3；80%~100%=4） | 2.60 | 1.15 |
| | 农业生产特征 | 耕地细碎化程度（$X_6$） | 年末经营平均每块耕地面积（亩） | 6.59 | 31.28 |
| | | 接受农业技术培训成员数（$X_7$） | 家庭中接受农业技术培训的成员数量（人） | 0.61 | 0.77 |
| | | 信贷约束（$X_8$） | 是否受到信贷约束（否=0，是=1） | 0.38 | 0.49 |

注：为节省空间，表中略去地区（市级）虚拟变量

所有样本经营主体中，经营规模为20~40亩、40~60亩、60~120亩、120~500亩的经营主体所占比例分别为13%、3%、7%、7%。样本经营主体的户主平均年龄为55.09岁、平均受教育程度为初中以下，家庭成员数量平均为4.52人，非农收入占家庭总收入平均比重为50%。所有样本经营主体的年末经营耕地块均面积平均为6.59亩，家庭中接受农业技术培训的成员数量平均为0.61人，平均有38%的样本经营主体受到信贷约束。

## （四）估计结果与分析

这里采用stata软件对上述样本数据进行OLS估计，得到的回归系数及检验结果见表5-5[①]。从检验结果来看，4个农业生产效率（包括土地生产率、劳动生产率、成本利润率和全要素生产率）模型的$F$值均在1%的显著性水平上显著，表明模型整体拟合效果较好，并且各变量的回归系数与理论预期基本一致。而且，全要素生产率模型的估计结果与土地生产率模型结果高度一致，这与以播种面积表征的土地要素产出弹性最大相关（见附录，表A1）。具体分析如下：

---

[①] 表5-5仅列出农业生产效率与农地经营规模关系的估计结果，且结果分析也只关注对农业生产效率影响显著的因素；对于全要素生产率测算所需的生产函数估计结果，在附录表A1呈列，在这里不展开分析。

表 5-5 农业生产效率与农地经营规模关系的估计结果

| 变量 | | 土地生产率 | 劳动生产率 | 成本利润率 | 全要素生产率 |
|---|---|---|---|---|---|
| 经营规模组 | 规模组 $S_2$（经营规模为 20～40 亩） | -0.04 (-0.83) | 0.14 (0.88) | -0.06 (-0.40) | -0.03 (-0.76) |
| | 规模组 $S_3$（经营规模为 40～60 亩） | 0.12** (2.21) | 0.72** (2.44) | 0.47*** (2.73) | 0.13*** (2.77) |
| | 规模组 $S_4$（经营规模为 60～120 亩） | -0.08 (-1.32) | 0.54* (1.79) | 0.19 (0.65) | -0.06 (-0.95) |
| | 规模组 $S_5$（经营规模为 120～500 亩） | -0.05 (-0.82) | 0.95*** (3.27) | 0.11 (0.49) | -0.03 (-0.49) |
| 户主个人特征 | 户主年龄（$X_1$） | 0.02* (1.66) | -0.02 (-0.50) | 0.07* (1.81) | 0.02* (1.70) |
| | 户主年龄平方（$X_2$） | -0.00* (-1.80) | 0.00 (0.53) | -0.00* (-1.96) | -0.00* (-1.85) |
| | 户主受教育程度（$X_3$） | 0.01 (0.74) | -0.06 (-1.01) | 0.06 (1.50) | 0.01 (0.85) |
| 农户家庭特征 | 家庭人口规模（$X_4$） | 0.01 (0.68) | -0.01 (-0.20) | -0.03 (-1.26) | 0.00 (0.44) |
| | 非农收入比重（$X_5$） | -0.03** (-2.00) | 0.05 (1.24) | -0.02 (-0.45) | -0.02* (-1.82) |
| 农业生产特征 | 耕地细碎化程度（$X_6$） | 0.03* (1.88) | 0.08 (1.01) | 0.03 (0.47) | 0.03* (1.87) |
| | 接受农业技术培训成员数（$X_7$） | 0.02 (0.97) | 0.07 (1.12) | 0.05 (0.88) | 0.02 (1.16) |
| | 信贷约束（$X_8$） | -0.03 (-1.31) | -0.14 (-1.51) | -0.24** (-2.60) | -0.04* (-1.73) |
| $F$ 值 | | 4.97 | 4.08 | 4.43 | 5.50 |
| 显著性水平（Prob>F） | | 0.00 | 0.00 | 0.00 | 0.00 |
| $R^2$ | | 0.26 | 0.26 | 0.23 | 0.28 |
| 观测值 | | 285 | 285 | 285 | 285 |

注：括号内为稳健 $t$ 检验值；为节省空间，略去常数项和地区（市级）虚拟变量的估计结果
*、**、***分别表示10%、5%和1%的显著性水平

与转入土地的传统小农户相比，规模经营主体参与的农地流转并不一定能获得更优的效率绩效，仅有经营规模为 40～60 亩的规模经营主体实现了农业生产效率的改善。具体来看，不论土地生产率、成本利润率，还是全要素生产率，都是经营规模为 40～60 亩的经营主体能够获得比小规模农户（1～20 亩）更高的农业生产效率，而经营规模为 20～40 亩及超过 60 亩的经营主体与小规模农户的农业生产效率并无显著差异。这不仅与描述性统计分析结果一致（表 5-3），也验证了前文提出的理论假说 1、2 和 4，表明 40～60 亩的经营规模正是样本经营主体

的土地、劳动力和资本三要素达到最优配置比例所对应的经营规模。值得一提的是，尽管40～60亩的经营规模在平原地区并不算大，但这一规模区间已经超过通过农地适度经营规模的直接评估法中最常见的劳均适度规模测算方法得到的适度经营规模①，并且40～60亩也与中央政府鼓励的"当地户均承包地面积10至15倍"的土地经营规模相吻合。对于超过60亩的经营主体未能获得相较于小规模农户更高的农业生产效率，结合实地调研情况，可能的解释是，60亩以上的经营主体更需要雇佣劳动力或使用资本（尤其是机械）替代劳动力，但研究区域内非农就业机会较多使得农业劳动力的机会成本上升，雇佣劳动力的成本也较高；同时，大部分被调查的种粮大户和家庭农场反映土地租金较高，而且难以获得信贷支持或者信贷成本太高，使得其虽扩大了土地规模，但劳动力、资本投入跟不上，最终导致其土地生产率、成本利润率和全要素生产率未能实现真正的提高。就劳动生产率来看，与小规模农户相比，经营规模为40～60亩、60～120亩、120～500亩的经营主体的劳动生产率都显著更高，表明劳动生产率随着规模扩大而不断提高，这不仅验证了理论假说3，也与李谷成等（2010）的研究结论一致，即大规模经营主体往往倾向于使用更多农业机械来对劳动力进行替代，而小农户则更容易形成过密型和内卷型农业。

　　一些控制变量也显著影响农业生产效率：①户主个人特征变量中，户主年龄及其平方项在除劳动生产率模型外其他三个模型中都显著，且与理论预期一致，与土地生产率、成本利润率和全要素生产率都呈现倒"U"形关系，验证了生命周期效应；②农户家庭特征变量中，非农收入比重变量在土地生产率和全要素生产率模型中都显著为负，即经营主体的非农收入占家庭总收入的比重越高，其土地生产率和全要素生产率越低，说明非农活动给农业生产带来的劳动力流失效应要大于收入增加效应，进而对土地产出及综合产出都产生了不利的影响，这与李谷成等（2010）和Deininger等（2012）的研究结论都一致；③农业生产特征变量中，反映耕地细碎化程度的年末经营平均每块耕地面积变量在土地生产率和全要素生产率模型中显著为正，表明研究区平均地块面积增加可以有效提高粮食生产的土地生产率和全要素生产率，表征金融资本的信贷约束变量在成本利润率和全要素生产率模型中都显著为负，与理论预期一致，说明信贷市场不完善或金融资本缺乏将对经营主体预算约束产生影响，进而影响经营主体在农业生产中的资金投入，最终制约着资本投入产出效益和要素综合产出水平的提高。

---

① 农地适度经营规模的直观评估法中最常见的判断依据是劳均适度经营规模，即考虑到当地农业劳动力的转移程度，根据耕地资源禀赋及农业劳动力数来确定适度经营规模。具体测算公式为：劳均适度经营规模＝劳均耕地资源占有量/(1−劳动力转移率)。根据村庄调查数据，江苏省劳均耕地资源占有量为2.25亩，劳动力转移率（通过非农劳动力比例来衡量）为60%，则劳均适度经营规模＝2.25/(1−0.60)≈5.63亩；进一步，根据农户调查数据，江苏省户均劳动力为3人，则可推算户均适度经营规模＝5.63×3＝16.89亩。

## 第三节 农地流转模式分化对农户收入的影响研究

除了提高农业生产效率，增加农户收入是中央政府鼓励承包土地向规模经营主体流转的政策导向期望实现的又一目标。理论上，农地流转成为无地或少地农户获取土地的重要途径，同时通过形成一种分拣机制，有助于农业生产能力较高但非农就业机会较少的农户转入土地和扩大经营规模，而农业生产能力较低但具有非农就业优势的农户转出土地和参与非农活动，进而促进经营土地的平均分配和农户收入（农业和非农收入）的提高（Teklu and Lemi，2004；Deininger and Jin，2005；Deininger et al.，2008b；Zhang，2008）。实证中，学者有关农地流转的公平绩效（尤其是收入效应）研究集中在传统农地流转模式，鲜有文献关注农地流转模式分化（尤其是新型农地流转模式）对农户收入带来的影响。一般来说，传统小农户之间的农地流转绝大部分是亲朋好友或近邻之间的自愿自发流转，且在自愿基础上所进行的农地流转通常都能提高农户收入（李庆海等，2011）；但是，农户将土地转给规模经营主体部分可能是自主决策，部分可能是被动员的结果（张建等，2016）。那么，承包土地向规模经营主体流转能否实现农民增收的预期目标？换言之，与将土地转给传统小农户相比，农户将土地转给规模经营主体能否实现收入的增加？探究这些问题，尤其是农地流转模式分化的收入效应具有重要的理论和实践意义。因此，本书基于土地供给方视角，综合考虑自愿决策和被动员的情形及农户农地流转决策的内生性问题，运用内生性处理回归模型，利用江苏省128个村庄和190户转出土地农户的调查数据，实证分析转出户选择不同流转去向（将农地转给传统小农户或转给规模经营主体[①]）对其收入的影响，进而验证农地流转模式分化的公平绩效[②]。

### 一、农地流转模式分化对农户收入影响的理论分析

本书中农户总收入包括农业收入、非农收入和转移性收入。其中，农业收入

---

[①] 根据调查问卷中"转出土地去向：亲戚或本小组成员=1；本村农户=2；本村大户、家庭农场=3；外村大户=4；合作社=5；农业企业或公司=6；其他（需注明名称）=7"这一问题，将回答选项3、4、5和6归并为将农地流转给规模经营主体，选项1和2归并为将农地流转给传统小农户。由于调查结果发现选项7注明的是村委会或高效农业，实际上转给村委会也是村委会再返租农户土地再倒包给大户或农业企业，因而将选项7也归入转给规模经营主体。

[②] 相关成果已发表在：张兰，冯淑怡，陆华良，等. 2017. 农地不同流转去向对转出户收入的影响——来自江苏省的证据. 中国农村观察，（5）：116-129.

指以家庭为生产经营单位进行农业种植而获得的农业经营性收入[①]，此外，借鉴Zhang（2008）的研究，流转土地上的土地租金收入也计入农业收入；非农收入指家庭成员受雇于单位或个人、靠出卖劳动从事农业或非农业工作而获得的工资性收入、退休金，以及以家庭为单位从事商业经营和管理获得的非农业经营性收入；转移性收入指政府提供的农业补贴，包括粮食直补、农资综合补贴、良种补贴及农机具补贴。

农户作为农地流转过程中的微观经济活动决策主体，其理性的行为逻辑是通过合理配置其拥有的土地、劳动力等生产要素实现产出高效化、就业完全化和收入最大化的目标。理论上，如果土地市场完善、农地流转自愿，不论是将土地转给传统小农户还是规模经营主体，农户都能通过流转土地获得相应的土地租金收入和释放劳动力非农就业获取更高的劳动报酬，因此对其收入的影响不会有太大差异。现实中，在中国农村熟人社会中萌发的农地流转市场并不是一个纯粹的要素市场，而是包含了亲缘、人情关系在内的特殊市场，存在一种非市场的定价机制，农户与不同流转对象的交易价格存在差异（钟文晶和罗必良，2013）；而且，如果部分农户将土地转给规模经营主体是被动员后的结果，加之其自身非农就业能力较弱，可能导致这部分农户转出土地后难以转移剩余劳动力，进而使其家庭收入受到影响。因此，不同流转去向（将农地转给传统小农户或转给规模经营主体）对转出户的收入可能产生不同的影响。具体如下。

（1）不同流转去向对转出户农业收入的影响。农户转出土地后，其投入农业生产的土地、劳动力、资本等要素相应减少，导致种植收入（扣除投入成本后的净收益）降低，但可以获得土地流转租金，因此，不同流转去向（转给传统小农户或转给规模经营主体）下转出户农业收入的差异就缘于两种流转下种植收入减少量与土地租金收入的相对差距。一般来说，只要是在自愿基础上所进行的流转，转出户通常是拥有非农就业优势而农业生产效率相对较低的农户，其即使不转出土地而由自己耕种，也不太可能获得很高的种植收益，因此转出土地的种植收入损失较小。然而，部分农户将土地转给规模经营主体可能是被动员的结果，其农业生产效率原本较高，因此损失的种植收入也相对更大。另外，传统小农户之间的农地流转多为亲友或近邻之间的转包或代耕，转入户凭借亲缘、人情关系可以较低租金甚至免费获得农地经营权；而对于亲缘或地缘关系较弱甚至毫无关系的规模经营主体参与的农地流转，转入户通常需要付出高于亲友或近邻间流转租金的市场交易价格才能获得农地经营权（张兰等，2016）。因此，当农户自主转出土地时，不论将土地转给传统小农户还是转给规模经营主体，其损失的种植收入没

---

[①] 本书关注的是农户的土地流转去向选择决策对其收入的影响，因而农业收入只考虑与土地相关的收入，即种植收入，不考虑畜禽养殖收入和其他农业收入。

有差异，但转给后者可以获得更高租金收入，因而将农地转给规模经营主体可以获得相对更高的农业收入；当农地向规模经营主体流转是被动员的结果时，如果两种流转下的土地租金差距大于种植收入损失差距，则转给规模经营主体可以获得相对更高的农业收入，反之转给传统小农户农业收入相对更高。

（2）不同流转去向对转出户非农收入的影响。在自愿流转的决策下，农户之所以租出土地，是因为其找到了工资率更高或效用更大的非农就业机会（李庆海等，2012），此时不同流转去向对其非农收入不会有太大影响。然而，当农地向规模经营主体流转是部分村干部动员的结果时，一些非农就业能力较弱的农户也转出土地，其土地转出后劳动力非农转移相对困难，非农收入也难以增加（张建等，2016）。因此，与传统小农户之间的自发流转相比，被动员的农地流转中部分农户的非农收入可能更低。此外，一些地方政府在推动农地规模流转的同时，也会通过农村劳动力职业教育和就业培训等措施提高剩余劳动力转移能力，有利于增加转出户的非农收入（诸培新等，2015）；参与农地流转的家庭农场、专业大户及农业企业等也可能提供当地就业机会，难以非农转移的劳动力有可能被规模经营主体所雇佣而获得农业劳动工资（韩菡和钟甫宁，2011）。因此，难以简单判断将土地转给传统小农户和转给规模经营主体的非农收入孰高孰低。

（3）不同流转去向对转出户转移性收入的影响。财政部提出种粮补贴（包括粮食直补、农资综合补贴、良种补贴）应该坚持谁种地补给谁的原则，按照粮食实际种植面积发放到户。由于传统小农户之间的农地流转大多发生在亲戚、邻居和朋友之间，租金低廉甚至免费耕种，农业补贴也自然归转出户；但在规模经营主体参与的农地流转中，部分地方为了鼓励大规模的土地流转，会通过将种粮补贴资本化为地租、提供土地流转资金以奖代补等方式来提高土地租金价格，激励和推动农户让出土地。这种情况下，对于将土地转给规模经营主体的农户来说，农业补贴是地租的一部分，而非是转移性收入，因此其获得的转移性收入比其他农户更低。

（4）不同流转去向对转出户总收入的影响。农户家庭总收入是上述三种收入来源之和，因此不同流转去向对农户总收入的影响取决于其对上述三种收入的综合影响及各收入来源占总收入的比重。通常情况下，转出户非农收入占总收入的比重明显更高，因此预期将农地转给传统小农户和转给规模经营主体的农户的总收入孰高孰低主要取决于不同流转去向下非农收入的高低。

根据理论和文献综述，除农户的土地流转去向选择决策外，农户收入及各收入来源还会受到农户自身人力资本（如反映人力资本数量的家庭人口规模、劳动力比例和衡量人力资本质量的教育、培训与经验）、物质资本（如土地资源、农业生产性资产、耐用品资产）、金融资本（如信贷约束、金融资产）、社会资本（如政治资本、社会网络）及外部市场环境（如村庄非农劳动力比重、非农工资水平）

等诸多因素的影响（Morduch and Sicular，2002；Wan，2004；Wan and Zhou，2005；Xing et al.，2009；Liu et al.，2014；程名望等，2014；李长生和张文棋，2015）。因此，为了更为准确地评价农户土地流转去向选择决策对其收入的影响，有必要控制这些因素对农户收入的影响。

## 二、农地流转模式分化对农户收入影响的实证分析

### （一）模型设定与估计方法

本书的目的在于分析转出户选择不同流转去向（将土地转给传统小农户或转给规模经营主体）对其收入的影响，进而验证农地流转模式分化的收入效应。根据理论分析，实证模型设定为

$$\ln Y_k = \alpha_0 + \alpha_1 TD + \sum_i \beta_i X_i + \sum_n \gamma_n D_n + \varepsilon \qquad (5-3)$$

其中，$Y_k$ 为转出户收入变量，$k = 1, 2, 3, 4$ 分别为农业收入、非农收入、转移性收入和总收入；为了比较转出户选择将农地转给传统小农户和转给规模经营主体的收入高低，设置农户流转去向选择决策虚拟变量 TD，若转出户将农地转给规模经营主体时 TD = 1，若将农地转给传统小农户时 TD = 0；$X_i$ 为其他影响农户收入的因素，包括农户自身的人力资本、物质资本、金融资本、社会资本及外部市场环境等方面的变量；$D_n$ 为地区（市级）虚拟变量；$\alpha_0$ 为常数项；$\alpha_1$、$\beta_i$、$\gamma_n$ 为各变量对应的估计系数；$\varepsilon$ 为经典随机扰动项。

式（5-3）的估计方法取决于被解释变量的性质，由于农户农业收入、非农收入、转移性收入和总收入的自然对数都是连续变量，理论上可采用 OLS 估计。然而，要获得有效准确的估计结果，式（5-3）中所有解释变量必须是外生的，但农户的流转去向选择决策 TD（是否将农地流转给规模经营主体）是内生变量，因为可能存在既影响农户流转去向选择决策又影响其收入水平的不可观测因素（如规模经营主体转入土地后又向农户提供就业机会）。因此，本书选择内生性处理回归模型来估计农户流转去向选择决策对其收入的影响。借鉴 Feng（2008）的思路，具体采用两步法进行估计：第一步利用 Probit 模型估计和预测农户选择将土地流转给规模经营主体的概率（Prob$^{TD}$）[①]；第二步将概率预测值 Prob$^{TD}$ 作为农户实际的流转去向选择决策 TD 的工具变量代入收入模型，并采用 OLS 估计该模型。

---

[①] 关于转出户流转去向选择决策模型中的变量设置的依据及详细说明，请参见本章第一节的内容，这里不再赘述。

## (二) 变量选择与定义

根据理论分析和文献综述，本书选取的解释变量及其预期影响如下。

### 1. 农户流转去向选择决策

农户流转去向选择决策 TD（即是否将农地流转给规模经营主体），这是本书的关键解释变量。如前文所述，预期在自愿流转的决策下，将农地转给规模经营主体的转出户可以获得更高的农业收入，不同流转去向对转出户的非农收入和转移性收入影响不大；在被动员流转的情形下，难以简单判断将土地转给传统小农户和转给规模经营主体的两类转出户的农业收入与非农收入孰高孰低，但将土地转给规模经营主体的转出户获得的转移性收入更低。不论何种情况，农户的流转去向选择决策对总收入的影响都取决于其对各项收入来源的综合影响，但考虑到转出户非农收入占总收入比重通常更高，因此预期农户流转去向选择决策对总收入的影响与其对非农收入的影响一致。

### 2. 农户人力资本变量

人力资本的数量和质量都影响农户收入。本节中选取衡量家庭规模经济的家庭人口规模（$X_1$）和反映劳动力资源丰富程度的成年人[①]比重（$X_2$）两个变量来表征人力资本的数量，同时引入户主年龄（$X_3$）、户主受教育程度（$X_5$）、户主非农职业教育或培训（$X_6$）和有非农就业经验的成员占比（$X_7$）等变量来表征人力资本的力量。具体如下。

家庭人口规模较大和成年人比重较高的农户家庭拥有的人口资源相对更丰富，可以将更多的劳动力配置于农业种植和非农活动，进而可能获得更高的收入（包括农业收入、非农收入、转移性收入及总收入），因此预期家庭人口规模和成年人比重与农户收入都呈正向关系。

户主年龄可反映农户家庭决策者的技能和经验，同时引入户主年龄平方（$X_4$）来捕捉生命周期效应。随着户主年龄增加，其农业种植和非农工作的技能与经验逐步积累及增长，农户收入（农业收入和非农收入）也逐步提高；但户主年龄超

---

[①] 成年人是指年龄大于 16 岁的家庭成员，但不包括在校学生。需要说明的是，本书中的成年人比重、有非农就业经验的成员占比及成年人人均承包地面积的计算都是基于成年人（未界定年龄上限）而非劳动力（同时界定年龄下限和上限，如男劳动力年龄区间为 16～60 岁，女劳动力年龄区间为 16～55 岁），这主要是出于对江苏实地调查中所发现的实际情况的考虑：一是有的农户所有家庭成员年龄都已超过劳动力的年龄上限，即不存在定义中的劳动力；二是留守农村种地的大部分是家庭中的老年人，且一些超过劳动力年龄上限的老年人仍然具有劳动能力。

过一定年限，其体力和健康状况会随着年龄增长而下降，导致农户收入增长减缓甚至降低，因此，预期户主年龄与农户家庭收入（农业收入、非农收入及总收入）呈现倒"U"形关系。

户主受教育程度可表征农户家庭决策者的经营和管理能力，户主受教育程度越高，其带领家庭成员获取非农就业机会的可能性越大，而且带动家庭非农劳动力向工资水平更高的技术型和管理型岗位转移的概率也越大，同时其也越可能做出将土地转给能支付更高租金的流转对象的决策，因此对提高家庭收入（非农收入、农业收入及总收入）水平有重要作用。

户主接受过非农职业教育或培训，其从事非农工作可能越有效率，进而可能获取的非农收入也越多；户主非农职业教育或培训情况对家庭农业收入和转移性收入影响不大，因而对农户总收入的影响与其对非农收入的影响一致。

家庭成员在2012年以前有过非农工作经验，其可能更容易找到非农工作，因此预期成年人非农工作经验对农户非农收入及总收入都有正向影响；有非农就业经验的成员占比越高，农户转出土地越多甚至完全放弃农业种植，其失去的种植收入越多，但同时可能获得的土地流转租金越多，所以此变量对农户农业收入的影响不定；种粮补贴按照承包地面积发放，因此转移性收入和成年人非农工作经验没有关系。

### 3. 农户物质资本变量

为了控制不同农户间物质资本差异对收入的影响，引入农户家庭土地资源禀赋、农业资产价值和耐用资产价值三个变量。农户家庭土地资源禀赋采用成年人人均承包地面积（$X_8$）来表征，土地是农业种植的重要生产要素和获取种粮补贴的重要依据，农户拥有的成年人人均承包地越多，其农业收入和转移性收入也越高。对农地转出户来说，赚取非农收入与土地资源禀赋无关，所以预期成年人人均承包地面积对农户非农收入没有影响。然而，考虑到农户土地资源禀赋对农业收入和转移性收入的正向影响，预期成年人人均承包地面积与农户总收入正相关。

用于测度农业生产性资产的农业资产价值（$X_9$）和衡量家庭富裕程度的耐用资产价值（$X_{10}$）可表征农户获取收入和承担风险的能力。一般来说，农户拥有的农业生产性资产越多，其可能获得的农业收入和转移性收入也越多；但农业生产性资产使得转出户仍然依附于农业，不利于农户完全投入非农就业，导致其外出打工或经商收入降低（程名望等，2014），进而甚至可能抑制农户家庭总收入的增加。更富裕的农户（即拥有更多的耐用资产）可能面临的资金约束更少，更有能力承受农业生产中购买改良新品种、采用新技术及非农就业或自营商业中的风险，因此更可能提高转出户的农业收入、非农收入和总收入。为减小异方差影响，将上述三个物质资本变量都取对数形式。

### 4. 农户金融资本变量

选取农户是否受到信贷约束（$X_{11}$）这一虚拟变量来考察金融资本对农户收入的影响。如果农户面临资金和信贷约束，则其购买生产资料、进行农业投资及负担非农就业初始成本的能力较低，因此可能限制其获得更高的农业收入、非农收入、转移性收入及总收入。

### 5. 外部市场环境变量

采用村庄非农劳动力比重（$X_{12}$）和村庄非农劳动力平均工资（$X_{13}$）来表征村庄非农劳动力市场发展状况的影响。村庄非农劳动力比重越大，非农劳动力工资水平越高，转出户越可能找到非农工作并获取高工资待遇，进而越倾向于放弃比较利益较低的农业种植活动。因此，预期这两个变量对农户农业收入有负向影响，对非农收入有正向影响，而对总收入的影响与其对非农收入的影响一致。为减小异方差影响，将村庄非农劳动力平均工资这一变量取对数形式。

### 6. 地区（市级）虚拟变量

除了上述解释变量，本书还引入地区（市级）虚拟变量（$D_j^{①}$, $j = 1, 2, \cdots, 10$），用于控制地理位置、自然因素及其他不可观测因素对农户收入的影响。

## （三）描述性统计分析

本部分实证研究采用的数据来自课题组于 2013 年 7 月～8 月及 2014 年 1 月对江苏省 128 个村庄和 1202 户农户的实地调研。由于本书主要研究的是转出户选择不同流转去向对其收入的影响，因而实际采用的是本章第一节所用 201 户转出户样本中收入信息完整的 190 个转出户样本，农户层面相关变量（包括转出户流转去向选择决策和农户自身的人力资本、物质资本、金融资本及社会资本方面的变量）的数据源于这 190 户转出户的问卷信息，而村庄层面相关变量（如外部市场环境变量，包括村庄非农劳动力比重、村庄非农劳动力平均工资）的数据来自村庄问卷信息。

调查结果显示（表 5-6）：190 户样本转出户中，74 户将农地转给了传统小农户（占比 38.95%），116 户将土地转给了规模经营主体（占比 61.05%），表明样本转出户的农地流转去向以转给规模经营主体为主。74 户将农地转给传统小农户的转出户样本中，有 70 户（94.59%）是自愿流转土地；116 户将农地转给规模经营

---

① 本书的样本转出户来自江苏省 11 个地级市，包括南京、无锡、常州、苏州、扬州、泰州、徐州、连云港、淮安、盐城和宿迁，其中以宿迁的转出户为参照组。

主体的转出户样本中,有 76 户(65.52%)是自愿流转土地,表明农户将土地转给传统小农户多为自主决策,而农户将土地转给规模经营主体则在一定程度上受到部分村干部动员的影响。转给传统小农户和规模经营主体的户均流转面积分别为 3.39 亩和 3.59 亩,两者之间差异较小,但传统小农户间的农地流转平均租金(449.77 元/亩)明显低于规模经营主体参与的农地流转平均租金(748.54 元/亩)。

表 5-6 样本转出户农地流转情况

| 流转情况 | 转给传统小农户 | 转给规模经营主体 | 总体 |
| --- | --- | --- | --- |
| 转出农户比重 | 38.95% | 61.05% | 100.00% |
| 自愿转出农户比重 | 94.59% | 65.52% | 76.84% |
| 户均流转面积/亩 | 3.39 | 3.59 | 3.51 |
| 流转租金/(元/亩) | 449.77 | 748.54 | 632.17 |

本书收入模型中的各变量说明与描述性统计分析见表 5-7。

表 5-7 变量说明与描述性统计分析

| 变量 | | 定义及单位 | 转给传统小农户 | 转给规模经营主体 | 总样本 |
| --- | --- | --- | --- | --- | --- |
| 收入变量 | 农业收入 | 农业种植净收入和土地租金收入的总和(元) | 4 650.01<br>(4 430.58) | 6 139.66*<br>(5 939.36) | 5 559.48<br>(5 438.44) |
| | 非农收入 | 农业和非农工资性收入、退休金及商业经营性收入的总和(元) | 78 355.57<br>(84 684.14) | 66 888.69<br>(55 674.73) | 71 354.74<br>(68 464.48) |
| | 转移性收入 | 粮食直补、良种补贴、农资综合补贴及农机具补贴的总和(元) | 535.36<br>(444.52) | 474.04<br>(432.27) | 497.92<br>(436.94) |
| | 总收入 | 农业收入、非农收入和转移性收入的总和(元) | 83 540.94<br>(86 038.21) | 73 502.39<br>(55 218.03) | 77 412.14<br>(68 836.87) |
| 农户人力资本 | 家庭人口规模 | 农户家庭人口总数(人) | 4.28(1.84) | 4.22(1.79) | 4.25(1.80) |
| | 成年人比重 | 农户家庭成员中成年人占总人口的比重 | 0.89(0.13) | 0.87(0.14) | 0.88(0.13) |
| | 户主年龄 | 户主年龄(岁) | 59.73(10.77) | 60.30(10.58) | 60.08(10.63) |
| | 户主受教育程度 | 户主受教育程度(小学以下=1;小学=2;初中=3;高中/中专=4;大专及以上=5) | 2.69(1.02) | 2.75(1.06) | 2.73(1.04) |
| | 户主非农职业教育或培训 | 户主有无接受非农职业教育或培训(无=0;有=1) | 0.20(0.40) | 0.16(0.37) | 0.18(0.38) |
| | 有非农就业经验的成员占比 | 2012 年以前有非农活动经历的成年人占农户家庭总人口的比重 | 0.61(0.30) | 0.66(0.29) | 0.64(0.29) |

续表

| 变量 | | 定义及单位 | 转给传统小农户 | 转给规模经营主体 | 总样本 |
|---|---|---|---|---|---|
| 农户物质资本 | 成年人人均承包地面积 | 家庭承包地面积/成年人数（亩） | 1.85（1.42） | 1.89（1.50） | 1.87（1.46） |
| | 农业资产价值 | 家庭拥有的农业机械、设备和其他农业设施等农业资产价值总和（元） | 1 287.84（2 489.81） | 1 610.35（3 249.89） | 1 484.74（2 974.18） |
| | 耐用资产价值 | 家庭拥有的汽车、摩托车、卡车和其他非农资产价值总和（元） | 13 403.38（46 120.04） | 21 925.86（78 461.97） | 18 606.58（67 711.22） |
| 农户金融资本 | 信贷约束 | 是否受到信贷约束（否=0，是=1） | 0.57（0.50） | 0.48（0.50） | 0.52（0.50） |
| 外部市场环境 | 村庄非农劳动力比重 | 村庄非农劳动力占劳动力总数的比重 | 0.66（0.25） | 0.67（0.23） | 0.67（0.24） |
| | 村庄非农劳动力平均工资 | 村庄非农劳动力平均日工资（元） | 112.70（31.79） | 129.70***（40.37） | 123.08（38.09） |
| 观测值 | | 农户样本数量（户） | 74 | 116 | 190 |

注：括号中数值为标准差

*、***分别表示在10%、1%的水平上存在显著差异

与将农地转给传统小农户的转出户相比，将农地转给规模经营主体的转出户的农业收入平均水平显著更高，但非农收入、转移性收入和总收入的组间差异都不显著。

从农户人力资本来看，所有样本转出户的家庭成员数量平均为4人、成年人比重平均为0.88，户主平均年龄为60岁、平均受教育程度为初中以下，平均有18%的户主接受过非农职业教育或培训，平均有64%的家庭成员在2012年以前有非农活动经历；将农地转给传统小农户的转出户和将农地转给规模经营主体的转出户的人力资本变量并无显著差异。

从农户物质资本来看，所有样本转出户的成年人均承包地面积平均为1.87亩，拥有的农业资产价值平均为1484.74元，拥有的耐用资产价值平均为18 606.58元；与将农地转给传统小农户的转出户相比，将农地转给规模经营主体的转出户的物质资本（包括土地资源、农业资产和耐用品资产）更高，但统计性检验结果显示组间差异并不显著。

从农户金融资本来看，转出户总样本中，平均有52%的转出户面临信贷约束；将农地转给传统小农户的转出户中受到信贷约束的农户比重高于将农地转给规模经营主体的转出户。

从外部市场环境来看，全部样本转出户所在的村庄非农劳动力占劳动力总数的平均比重为67%，村庄非农劳动力平均工资约为123.08元；与子样本1的转出

户相比，子样本 2 的转出户所在村庄的非农劳动力比重更大，村庄非农劳动力平均工资也显著更高。

## （四）实证结果与分析

这里采用 stata 软件对上述样本数据进行内生性处理回归模型两步法估计，得到的回归系数及检验结果见表 5-8[①]。从检验结果来看，4 个收入方程的 $F$ 值均在 1% 的显著性水平上显著，$R^2$ 值均在 0.50 以上，且各变量的回归系数与理论预期基本一致，表明模型设定合适，具有整体显著性及较好的解释力。具体分析如下。

表 5-8 流转去向选择决策对农户收入影响的估计结果

| 变量 | | 总收入 | 农业收入 | 非农收入 | 转移性收入 |
|---|---|---|---|---|---|
| 关键变量 | 流转去向 | 0.0817 (0.3356) | 0.6204*** (3.0103) | 0.1363 (0.5195) | −0.3234** (−2.0383) |
| 农户人力资本 | 家庭人口规模 | 0.3768*** (8.1901) | 0.2665*** (9.1811) | 0.3886*** (7.6614) | 0.2300*** (7.5095) |
| | 成年人比重 | 1.7333*** (2.6743) | 1.0711*** (2.7327) | 0.8367 (1.1801) | 1.1437** (2.5357) |
| | 户主年龄 | −0.0446 (−0.7510) | 0.0062 (0.1653) | −0.0972 (−1.4560) | −0.0315 (−0.8040) |
| | 户主年龄平方 | 0.0002 (0.3861) | −0.0001 (−0.3041) | 0.0006 (1.0008) | 0.0003 (0.8234) |
| | 户主受教育程度 | −0.0862 (−1.2554) | 0.0038 (0.0780) | −0.1177 (−1.3195) | 0.0387 (0.7801) |
| | 户主非农职业教育或培训 | −0.0725 (−0.4987) | −0.1524 (−1.1748) | −0.0621 (−0.4016) | −0.0910 (−0.5926) |
| | 有非农就业经验的成员占比 | 1.0108*** (4.4044) | 0.0835 (0.4791) | 1.0934*** (3.7538) | −0.1017 (−0.4318) |
| 农户物质资本 | ln 成年人人均承包地面积 | 0.0857 (0.7137) | 0.9284*** (14.0565) | −0.0694 (−0.4895) | 0.5831*** (3.9013) |
| | ln 农业资产价值 | −0.0103 (−0.6038) | 0.0260 (1.6264) | −0.0285 (−1.1699) | −0.0006 (−0.0439) |
| | ln 耐用资产价值 | 0.0295** (2.3255) | −0.0126 (−1.1580) | 0.0398*** (2.9714) | 0.0128 (0.7558) |

---

① 表 5-8 仅列出内生性处理回归模型第二阶段（收入方程）的估计结果，且结果分析也只关注对转出户收入影响显著的因素（关键变量转出户流转去向选择决策除外）；对于第一阶段转出户流转去向选择决策模型的估计结果，仅在附录表 A2 呈列，各变量的估计结果与本章第一节表 5-2 中结果基本一致，因此，第一阶段估计结果的分析和解释请见本章第一节，这里不再赘述。

续表

| 变量 | | 总收入 | 农业收入 | 非农收入 | 转移性收入 |
|---|---|---|---|---|---|
| 农户金融资本 | 信贷约束 | −0.2728** (−2.2527) | −0.2057** (−2.2205) | −0.2152 (−1.4802) | −0.1849* (−1.7406) |
| 外部市场环境 | 村庄非农劳动力比重 | −0.2759 (−1.0504) | 0.0277 (0.1196) | −0.1434 (−0.4007) | 0.0517 (0.2175) |
| | ln 村庄非农劳动力平均工资 | 0.1192 (0.6106) | −0.4236*** (−2.8999) | 0.1700 (0.7291) | −0.0960 (−0.5378) |
| F 值 | | 12.43 | 19.36 | 10.26 | 11.48 |
| 显著性水平（Prob>F） | | 0.0000 | 0.0000 | 0.0000 | 0.0000 |
| $R^2$ | | 0.5725 | 0.6355 | 0.5558 | 0.5360 |
| 观测值 | | 190 | 185 | 182 | 164 |

注：括号内为稳健 t 检验值；为节省空间，略去常数项和地区（市级）虚拟变量的估计结果；由于 190 户转出户样本中，5 户转出户没有农业收入，8 户转出户没有非农收入，26 户转出户没有转移性收入，在对各项收入取对数后进行估计时这些收入为零值的样本会被自动删除，因此各项收入方程中对应的观测值不同

*、**、***分别表示 10%、5% 和 1% 的显著性水平

本书所关心的流转去向变量在农业收入方程中系数显著且符号为正，而在转移性收入方程中系数显著且符号为负。这表明，与转给传统小农户相比，将农地流转给规模经营主体的转出户能够获得更高的农业收入和更低的转移性收入。由此可见，样本转出户之间的农业生产效率差异较小，其转出农地导致的种植收入损失相差不大，但将农地转向规模经营主体的转出户所得租金显著高于传统小农户间的流转租金，因此，转给规模经营主体的转出户能够获得相对更高的农业收入。而且，江苏省的实地调查发现，部分地方为了推进农地集中流转和发展农业适度规模经营，会采取将种粮补贴资本化为地租、对具有较大规模的土地集中流转的流出方给予奖金奖励等措施来激励农户将土地转给规模经营主体。此时，对于将农地转给规模经营主体的转出户来说，其实际获得的农业补贴转变为地租收入（进而农业收入）的一部分，因此这类转出户报告（而非实际获得）的转移性收入相对更低。

流转去向变量在非农收入和总收入中的系数都为正，但都未通过显著性检验，表明两种流转去向下转出户的非农收入和总收入不存在显著差异。可能的原因有二：一方面，样本转出户整体非农就业较为普遍，85% 的转出户参与了非农就业，其中将土地转给传统小农户的农户有 89% 实现了非农就业，而转给规模经营主体的农户也有 83% 参与非农就业，两种流转去向下转出户实现非农就业的差异较小，所以两者之间的非农收入差异不显著；同时，样本转出户整体

非农收入占总收入的比重较高（92%），不同流转去向下转出户的非农收入占比也都超过90%，因而两种流转去向下转出户的总收入的差距也不明显。另一方面，描述性统计分析结果（表5-6中自愿转出农户比重）及第一阶段农户流转去向选择决策模型中行政干预变量的估计结果（显著为正）均表明部分地区的农地向规模经营主体流转是被动员的结果，一些非农就业能力较弱的农户也转出土地，这类农户转出土地后劳动力未能有效地转移到非农业领域，导致其非农收入和总收入难以提高。

一些控制变量也会对农户收入产生影响。就人力资本看，数量维度两个变量家庭人口规模、成年人比重对农户总收入和各收入来源都有显著的正向影响（成年人比重对非农收入的影响除外），这不仅与理论预期一致，也与Wan（2004）的研究结论一致。这表明，家庭人口（尤其是劳动力）资源在获取各种收入时具有规模效益，劳动力资源相对越丰富，越有利于农户各项收入的提升。质量维度变量有非农就业经验成员占比在非农收入和总收入方程中系数显著且符号为正，表明非农就业经验对提高农户家庭非农收入进而总收入有益。就物质资本看，成年人人均承包地面积在农业收入和转移性收入方程中系数都显著且符号为正，这与理论预期一致，表明承包土地作为种植业的主要生产要素和农户领取农业补贴的重要依据，对农户的农业收入和转移性收入都有显著的正向影响。除了土地资产，非土地资产也是农户获取收入的重要物质资本。反映家庭富裕程度的耐用资产价值变量对非农收入和总收入都有显著的正向影响，表明越富裕的农户越倾向于将劳动力、资本等资源投入比较利益更高的非农活动以赚取更高的收益。就金融资本看，信贷约束对农户总收入、农业收入和转移性收入的影响都显著为负，与理论预期一致，说明消除信贷约束对农户收入增加有显著作用。就外部市场环境看，村庄非农劳动力平均工资对农户农业收入有显著负向影响，表明村庄非农劳动力工资平均水平越高，村内转出户从事农业种植的机会成本越高，越倾向于放弃农业种植活动，因而农户的农业收入也越低。

## 第四节 本章小结

为了揭示和检验农地流转模式分化的形成机理及效率和公平绩效，本章基于2013年7~8月及2014年初江苏省11市的村庄和农业经营主体（包括传统农户、种植大户和家庭农场）调查数据，分析了转出户选择不同流转去向（是否将农地转给规模经营主体）的影响因素，考察了农地流转模式分化对农业生产效率、农户收入的影响。

农地流转模式分化形成机理的研究结果表明：①流转预期收益是转出户选择不同流转去向（是否将农地转给规模经营主体）的重要考虑因素。与传统小农户相比，规模经营主体支付的土地流转租金越高，转出户越倾向于将农地转给规模经营主体以获取更高的经济收益。②流转交易成本也是影响转出户选择不同流转去向（是否将农地转给规模经营主体）的重要因素。村庄为农地流转交易创造良好的制度环境，如村集体经济组织提供土地流转中介服务、建立土地流转合同及相关文件档案的日常管理制度，以及与规模经营主体的农地流转事先约定双方提前终止或退出流转时有无相应的惩罚或赔偿，既有利于降低农地流转的信息搜寻、谈判和协商、合约执行和监督等交易成本，也有助于降低因交易被某一方提前终止而遭受损失的风险，从而有利于实现农户与规模经营主体之间的农地流转，进而促进新型农地流转模式的发展和农地流转模式的分化；行政干预确实起到了促进农地向规模经营主体流转和集中的作用。③流转土地禀赋效应对转出户选择不同流转去向（是否将农地转给规模经营主体）会产生一定影响。能够降低流转土地禀赋效应的非农工资收入对转出户选择转给规模经营主体具有显著的促进作用，即村庄非农劳动力工资平均水平越高，转出户农地流转去向选择规模经营主体的可能性越大，进而越有利于新型农地流转模式的发展，也就越可能出现农地流转模式的分化。

农地流转模式分化对农业生产效率影响的研究结果表明：与转入土地的传统小农户相比，规模经营主体参与农地流转并不会必然获得更优的效率绩效，仅有经营规模为40~60亩的经营主体实现了农业生产效率的提高。具体地，与小规模农户（经营规模为1~20亩）相比，经营规模为当地户均承包地面积10~15倍（40~60亩）的经营主体能够获得显著更高的土地生产率、成本利润率和全要素生产率，而经营规模在40~60亩、60~120亩、120~500亩的经营主体的劳动生产率都显著更高。这些研究结果表明，40~60亩的经营规模是样本经营主体的农业生产要素（如土地、劳动力和资本）配比达到最优时所对应的经营规模。这一研究结果对于中央政府鼓励承包土地向规模经营主体流转的政策实施具有启示意义：农地经营规模并非越大越好，需要遵循一个适度原则，只有在适度经营规模范围内，农地经营规模的扩大才能实现农业生产要素的优化配置及农业生产效率的提高。

农地流转模式分化对农户收入影响的研究结果表明：与传统农地流转模式相比，新型农地流转模式改善公平绩效的作用仍待充分发挥。具体地，与将农地转给传统小农户的转出户相比，将农地转给规模经营主体的转出户实现了农业收入的显著提升，但其农业收入的增加主要源于土地租金的提高，而土地租金的提高又部分归因于农业补贴资本化为地租，使其报告的转移性收入反而较低。而且，虽然农地向规模经营主体流转有利于农业规模经营的发展，但并未起到促进转出户非农收入和总收入增长的作用。这缘于样本转出户整体非农就业较为充分且非农收入占比普遍较高，使得不同流转去向下转出户的非农收入和总收入差异不显著；也缘于部分地区的农地向规模经营主体流转是被动员的结果，部分非农就业能力较弱的农户转出土地后未能实现劳动力非农转移，进而影响收入，这一研究结果对于中央政府鼓励承包土地向规模经营主体流转的政策实施具有启示意义：农地向规模经营主体流转，应根据经济因素而不是行政因素来决定，应通过农户与规模经营主体之间的自愿流转来实现。

# 第六章 农地流转研究结论、政策建议及研究展望

土地流转是实现农地适度规模经营和农业现代化的前提条件。政府有关部门对农地流转问题给予了高度重视，自20世纪90年代中后期以来，中央政府多次在"一号文件"中提出，按照依法自愿有偿原则，建立健全土地承包经营权流转市场。在此背景下，本书上篇梳理和分析了农地流转政策的历史演变；基于宏观数据分析农地流转的形成机理及对农户收入的影响；从农户微观决策视角探讨影响农户参与农地流转的因素，考察农户参与农地流转对土地劳动力配置效率、土地生产率和土地利用效率的影响；揭示农地流转模式分化的形成机理，评析农地流转模式分化对农业生产效率和农户收入的影响。本章简要总结专著上篇关于农地流转的研究结论，并提出完善农地流转的政策建议，最后指出农地流转研究的不足之处及有待进一步探索的研究内容。

## 第一节 农地流转研究的主要结论

### 一、农地流转政策发展经历了禁止流转—探索起步—法律规范—全面推进—制度创新的阶段性变化

我国农地流转政策的发展可划分为五个阶段：禁止流转阶段（1978~1983年）、探索起步阶段（1984~2002年）、法律规范阶段（2003~2007年）、全面推进阶段（2008~2012年）和制度创新阶段（2013年至今）。具体来看，在改革开放之初，我国的农村土地是禁止流转的。随后，家庭联产承包责任制的制度突破实现了所有权和承包经营权的一次分离，为农村土地流转带来了契机；随着中央政府推动农地流转的积极政策导向，各地方政府也纷纷制定相应的地方配套政策和法律法规，农地流转逐步经历了探索起步、法律规范到全面推进的大幅度变革。在这个基础上，为引导农村土地承包经营权有序流转、发展农业适度规模经营，中央政策进一步促使土地承包经营权分离，确立土地所有权、承包权和经营权的"三权分置"，充分放活了土地经营权，实现了农村土地制度改革的创新。

## 二、农地流转的形成和发展受到产权安全、非农就业、土地资源禀赋及农业资产水平等因素的影响

第一，土地产权安全会对农地流转的形成和发展产生重要影响。实际产权安全不是制约农地流转形成和发展的因素，如土地承包经营权证书颁发率对农地流转的影响并不显著；但是，感知产权安全的提高有利于降低交易风险和减少交易成本，进而促进农户参与农地流转，如农户认为土地凭证对保护承包经营权越重要，其越有可能参与农地转入。第二，农村非农就业水平是影响农地流转形成和发展的重要因素。农村劳动力不论是当地非农就业还是外出务工较多的地区农地流转发展水平都明显更高。第三，土地资源禀赋特征也是影响农地流转的形成和发展的因素。农村人地矛盾相对缓和（户均承包经营耕地面积更大）的地区农地流转发展更为顺利，而且，土地资源禀赋越丰富的农户，其转出土地的可能性越大。第四，农业生产性资产水平会对农地流转的形成和发展产生显著影响。上一年年末农业机械劳均拥有量越多的地区农地流转发展水平越高，而且，拥有耕牛或畜役越多、拥有大型农业机械的农户，其转入土地的可能性越大。

## 三、农地流转模式分化的形成受到经济因素、非农就业及制度环境等因素的影响

第一，经济因素是影响农地流转模式分化的重要因素。规模经营主体支付的土地流转租金越高，农户将土地流转给规模经营主体的预期收益越高，因而其越倾向于将农地转给规模经营主体，进而越有利于新型农地流转模式的发展，也就越可能出现农地流转模式的分化。第二，非农劳动力市场（非农就业）是农地流转模式分化的重要驱动因素。村庄非农劳动力工资平均水平越高，农户将土地转给规模经营主体的土地禀赋效应越小，因此其将农地转给规模经营主体的可能性越大，进而越有利于新型农地流转模式的发展。第三，与交易成本相关的制度环境也是影响农地流转模式分化的重要因素。村庄为农地流转交易创造良好的制度环境，如村集体经济组织提供土地流转中介服务、建立土地流转合同及相关文件档案的日常管理制度，以及与规模经营主体的农地流转事先约定双方提前终止或退出流转时有无相应的惩罚或赔偿，既有利于降低农地流转的信息搜寻、谈判和协商、合约执行和监督等交易成本，也有助于降低因交易被某一方提前终止而遭受损失的风险，从而有利于实现农户与规模经营主体之间的农地流转，进而促进新型农地流转模式的发展和农地流转模式的分化；此外，基层政府劝说和推动农户流转土地也会在一定程度上促进农地向规模经营主体流转。

## 四、农户参与农地流转既能提高效率，也能增加收入

与不参与流转的农户相比，参与农地流转的农户的土地劳动力配置更为有效；而且，参与农地转入的农户具有明显更高的土地生产率（水稻单产量）和土地利用效率（水稻生产中土地最低投入与土地实际投入的比值）。这表明，土地在农地流转市场的作用下能够由低效率的农户流向高效率的农户，说明农地流转能够发挥促进农业生产效率提升的作用。同时，不论是采用农地流转预测值、农地流转率滞后一期值还是农地流转政策虚拟变量来表征农地流转，其都对农户家庭经营纯收入及工资性收入有显著的正向影响，表明农地流转改善了农民增收方面的公平绩效。

## 五、与传统农地流转模式相比，新型农地流转模式的效率提升和收入增加的效果有限

与转入土地的传统小农户相比，规模经营主体参与农地流转并不必然获得更优的效率绩效，仅有经营规模为 40~60 亩的经营主体实现了农业生产效率的提高。具体地，与小规模农户（经营规模为 1~20 亩）相比，经营规模为当地户均承包地面积 10~15 倍（40~60 亩）的经营主体能够获得显著更高的土地生产率、成本利润率和全要素生产率。而且，与传统农地流转模式相比，新型农地流转模式的公平绩效改善（增收效果）也有限。具体地，相较于传统小农户间自发的农地流转，农地向规模经营主体流转对转出户的增收效果仅限于土地租金（进而农业收入），其中部分租金的提高归因于农业补贴资本化为地租，使得将农地转给规模经营主体的转出户的转移性收入反而更低。而且，虽然农地向规模经营主体流转有利于农业规模经营的发展，但并未起到促进转出户非农收入和总收入增长的作用。这既缘于样本转出户整体非农就业较为充分且非农收入占比普遍较高，使得不同流转去向下转出户的非农收入和总收入差异不显著；也因为部分地区的农地向规模经营主体流转是被动员的结果，部分非农就业能力较弱的农户转出土地后未能实现劳动力非农转移，进而影响收入。

## 第二节 农地流转优化的政策建议

基于以上研究结论，本篇提出以下几点政策建议，以期为政府制定合理引导和规范农地流转以提高资源配置效率、农业生产效率和增加农民收入的政策提供参考。

## 一、充分尊重经营主体土地流转的自主权

由于农户参与农地流转既能提高效率又能增加收入，但与农户之间的（自主）农地流转相比，新型农地流转模式的效率提升和收入增加的效果有限，因此，要充分尊重农户在流转中的意愿和主体地位，应由农户自主决定承包地是否流转、流转给谁、价格如何确定、形式如何选择。同时，也要给予规模经营主体根据自身禀赋和优势确定土地流转规模的自主权，充分发挥市场价格的利益驱动作用，促进土地流向自身农业生产率高、能够实现规模效益和提供较高租金的经营主体，从而真正实现通过农地流转来提高资源配置效率、农业生产效率和增加农户收入的政策初衷。

## 二、明确农地流转中政府的职能定位

为了促进农地流转的健康顺利发展和绩效改善，政府的职能定位应该是加强管理和搞好服务。一方面，完善农地流转相关管理制度，为农地流转提供良好的制度环境，如开展土地流转合同及其登记公证的日常管理、帮助流转双方解决合同执行过程中可能出现的纠纷等。另一方面，由于村集体经济组织提供土地流转中介服务有利于促进农地向规模经营主体流转，因而应该建立以村集体经济组织为主的农地流转中介服务体系，充分发挥村集体经济组织在农地供给方和需求方之间的媒介与桥梁作用，通过村集体经济组织收集发布农地流转供需信息，帮助土地供求双方寻找合适的交易对象，节约农地流转的交易成本，提高土地供求双方的预期收益和流转积极性，进而促使农地流转健康进行。

## 三、提高农户土地产权的安全性

虽然实际产权安全（由土地承包经营权证书颁发率所表征）已经不是制约农地流转发展的因素，但感知产权安全（由农户对土地凭证重要性认知所反映）的提高能够促进农户参与农地流转。因此，为了降低流转交易成本和促进农地流转，仍需提高农户土地产权的安全性，尤其需要通过土地产权法律的落实实施和宣传培训来增强农户感知上的产权安全性。具体来说，尽管到2018年底，全国农村土地承包经营权确权登记颁证工作已基本完成，但仍需加大土地产权法律知识的宣传，让农民坚信土地承包经营权长久不变，新颁发的土地承包经营权证书能够切实保护农民的土地权利，进而促进农民产权安全感知的提高、显化农地流转市场潜在需求，为进一步引导农户参与农地流转奠定基础。

## 四、完善农村劳动力市场，提高农户非农职业技能

不论是当地非农就业还是外出务工劳动力较多的地区，其农地流转发展水平都明显更高，且转出户将农地转给规模经营主体的选择也建立在非农就业较稳定且非农工资较高的基础上。因此，政府继续完善农村劳动力市场，不仅要考虑农村剩余劳动力的非农转移数量，更要关注农村劳动力的非农就业质量，如非农就业是否稳定和收入的高低。在引导农村剩余劳动力非农转移的过程中，政府应根据非农就业岗位的实际要求，定期向农业转移人口提供各种非农职业教育和技能培训，提高农户的非农职业技术素质和非农工作能力，增加农户的非农就业机会和收入来源，提高农户的非农工资水平，进而为农地流转和农户增收创造条件。

## 第三节　农地流转研究展望

本书上篇遵循制度环境—形成机理—制度绩效的逻辑，围绕我国农地流转的政策演变、农地流转及其模式分化的形成机理、农地流转及其模式分化的效率和公平方面的绩效展开系统研究，为今后的相关研究提供了一个较好的分析框架。然而，受时间和精力所限，本书关于农地流转问题的研究还存在以下方面的局限性：一是由于本书中农地流转相关研究是长期耕耘的成果，部分研究中调查数据相对较旧，研究结果只能反映调查时期的状况，不能全面反映当前规模经营主体参与的农地规模化流转日益普遍的新情况；二是已有研究主要聚焦农地流转发展（包括是否流转、流转规模）及其绩效，缺乏对快速发展的农地流转中政府和市场的作用、农地流转市场发展质量和规范性（如契约形式、流转期限、流转租金、履约机制等），以及农地流转市场健康发展所需的中介服务和社会化服务支撑等问题的探究。

因此，有关中国农地流转问题的研究仍然需要进一步探索。一方面，未来既需要基于延续到最近的长期的宏观层面（全国、地区、省级甚至市县级）统计数据来把握和预测农地流转整体情况与发展趋势，也需要基于跟踪和最新的微观层面（规模经营主体、农户甚至地块）调查数据来准确评估农地规模化流转的绩效。另一方面，农地流转发展到现在，究竟是市场还是政府的作用？是否存在市场失灵或政府失灵？如何促进农地规范流转？影响书面契约签订、长期契约选择的关键因素是什么？农地流转价格形成机制是什么？导致流转价格（租金）过高或偏低的原因是什么？保障流转双方履约的机制是什么？农地规模化流转是否真正提高效率？是否损害了农民权益或福利？是否可以缓解环境问题？是否产生了风险（如流转土地非粮化和非农化、大户跑路退租）？如何防控这些风险？如何实现其他政策（如农村社会保障、社会化服务等）与农地规模化流转的衔接？这些问题都亟须系统分析和深度探究。

# 下篇　农村集体建设用地流转

# 第七章 农村集体建设用地流转政策的历史变迁

随着工业化、城镇化的快速推进，我国农村集体建设用地流转的势头逐渐兴起，农村集体建设用地流转的政策也在持续变迁。中华人民共和国成立以来，我国农村集体建设用地流转政策的发展总体上经历了流转全面禁止、自发无序流转、试点有限探索、多元化规范几个阶段，无论是中央层面，还是地方层面，关于农村集体建设用地流转的相关政策规定一直在不断探索与完善[①]。

## 第一节 1949～1983年：集体建设用地流转全面禁止

中华人民共和国成立初期，为利于发展农业生产，我国开展了全国范围内的土地改革运动，实行了农民的土地所有制。依照1950年出台的《中华人民共和国土地改革法》第三十条规定"土地改革完成后，由人民政府发给土地所有证，并承认一切土地所有者自由经营、买卖及出租其土地的权利"。但随着以农业合作化为特征的社会主义改造推进，农业互助合作、土地合作社向高级农业合作社的转变，政府逐步限制参加合作社的农民私有财产，由基于个体农民私有制的集体经济发展成为基于集体农民公有制的社会主义农民集体经济，实现了农村土地的集体所有制。1956年中央发布的《高级农业生产合作社示范章程》就提及，"入社的农民必须把私有的土地和耕畜、大型农具等主要生产资料转为合作社集体所有"，不过"社员原有的坟地和房屋地基不必入社"。1958年农村建立人民公社，实行一乡一社、政社合一。到1962年，中央通过《农村人民公社工作条例（修正草案）》，肯定了农村土地的集体所有制，明确规定"生产队范围内的土地，都归生产队所有。生产队所有的土地，包括社员的自留地、自留山、宅基地等等，一律不准出租和买卖"。此后至改革开放期间，以"三级所有，队为基础"的集体土地所有制形式在全国范围内开始推行并建立，土地资源在计划经济宏观体制之下不再具有商品属性，特别是在政社合一、统购统销制度下，农民和农民集体并不具有对生产的收益分配权和剩余索取权，因而尽管农村集体土地由社队自行管理，但土地已经完全实行集体所有，无法进行流转交易，农村土地市场也不复存在，故

---

[①] 本部分内容改写自：冯淑怡. 2014. 农村土地流转与农民收入提高的演变规律和实证依据. 国家自然科学基金应急项目研究报告。

该时期诸如农民宅基地、社队公益用地等集体建设用地的自由流转也受到全面禁止，集体建设用地的流转局限于所有权人之间且完全依靠行政权力进行划拨和平调。

到了1978年后，我国开始推行改革开放政策，力图逐步引入并构建市场经济，改革原有的计划经济体制。在我国的农村地区，虽然也拉开了土地制度改革的序幕，在延续土地集体所有制的基础上，也进行包干到户的家庭联产承包责任制的制度创新，实现了所有权和承包经营权的分离。但是关于集体建设用地制度的改革幅度较小，集体建设用地的流转仍然被各级法律法规明确禁止。例如，1981年国务院发布的《关于制止农村建房侵占耕地的紧急通知》中，重申"农村社队的土地都归集体所有。分配给社员的宅基地、自留地（自留山）和承包的耕地，社员只有使用权，既不准出租、买卖和擅自转让，也不准在承包地和自留地上建房、葬坟、开矿、烧砖瓦等"。1982年的《中华人民共和国宪法》第十条规定："农村和城市郊区的土地，除由法律规定属于国家所有的以外，属于集体所有；宅基地和自留地、自留山，也属于集体所有……任何组织或者个人不得侵占、买卖、出租或者以其他形式非法转让土地"，以法律的形式明确规定禁止农村集体建设用地流转。同年颁布的《国家建设征用土地条例》中第二条也规定："禁止任何单位直接向农村社队购地、租地或变相购地、租地。农村社队不得以土地入股的形式参与任何企业、事业的经营"。1983年国务院发布的《国务院关于制止买卖、租赁土地的通知》进一步强调"对买卖、租赁土地的行为，必须坚决制止"。

可见，中华人民共和国成立至改革开放之初，城乡间土地资源配置以计划配置为主要特征，农村土地虽历经一系列的制度改革创新，特别是在改革开放后推行家庭联产承包责任制，但是关于集体建设用地的流转仍然处于全面明令禁止的状态。

## 第二节　1984~1995年：集体建设用地流转自发形成、运行有序性缺乏

改革开放后，经济开始逐步复苏，但是相应的土地管理制度构建还较为滞后，无法满足经济复苏的旺盛需求，而相对于国有土地，农村集体土地无论是处置、操作，抑或是成本都要更为简易或是低廉。因而，在这一时期，以农民为主要投资主体的乡镇企业开始崭露头角，大量的集体建设用地开始自发流转，发展出转让、入股、联营、出租和抵押等多种形式，形成了非常庞大的隐形市场。相关统计数据显示，1985~1995年这十年间，我国农民建房占用耕地共达55.39万公顷，乡镇集体企业占用耕地达75.07万公顷（黄小虎，2006）。其中，诸如珠江三角洲、长江三角洲等区位条件较为优越、经济发展较为迅猛的地区，许多农村集体经济组织以自有土地为资本，以集体建设用地使用权为交易客体，与工商企业进行合

作、合资、联营，更是成为集体建设用地流转的活跃地带。但是，在我国农村自发而起的这些隐形流转市场，其交易规则普遍自然而成，在当时并不被国家法律法规所认可，并且缺乏有效的指导管理与监督规范，整个集体建设用地流转处于无序、混乱状态，土地浪费、粗放利用现象严重，对经济社会的可持续发展造成严重影响。

为此，国家开始加强土地管理和使用制度改革，陆续颁布了一系列法律和文件，从政策上逐步调整对集体建设用地流转的管制。先是于1985年出台《中共中央、国务院关于进一步活跃农村经济的十项政策》，通过提出"规划区内的建设用地，可设土地开发公司实行商品化经营；也允许农村地区性合作经济组织按规划建成店房及服务设施自主经营可出租"，为农村集体建设用地的流转打开合法空间。继而在1988年《中华人民共和国宪法修正案》中规定土地使用权可以依照法律规定转让，并在同年修订的《土地管理法》中增加了"国有土地和集体所有的土地的使用权可以依法转让。土地使用权转让的具体办法，由国务院另行规定"。届时，我国土地流转才在法律上被正式认可，农村集体建设用地流转也从过去的全面禁止转变到了有限范围内默认允许。但是，不同于国有建设用地流转制度的逐步完善，如《中华人民共和国城镇国有土地使用权出让和转让暂行条例》等政策的颁布实施，我国集体建设用地流转制度改革不仅没有进一步放开，反而逐步收紧，先是在1992年发布了《国务院关于发展房地产业若干问题的通知》，规定集体所有土地，必须先行征用转为国有土地后才能出让，再到次年国家土地管理局起草的《集体土地使用权出让、转让管理办法》搁浅，又到1995年出台的《小城镇土地使用制度改革若干意见》中，提出："小城镇内集体非农建设用地不得直接进入市场，对已发生的集体土地使用权转让、出租、联营、入股等用于非农业建设的，原则上应依法征为国有并办理出让手续"。至此，农村集体建设用地有偿使用遇阻，其直接入市的通道受到严格限制。

可见，在这一阶段，由于社会经济的逐步复苏，市场经济的快速发展，土地的资产属性得到日益显现，其价值也愈发被大家所重视。但同期发生的建设用地流转制度改革却显现出明显的城乡二元化特征，国有城镇建设用地流转的相关制度建设得到逐步完善与认可，而农村集体建设用地流转的制度改革则严重滞后，甚至在该阶段后期对其进行了严格限制，关闭了其直接入市的途径。整个时期的集体建设用地市场基本都靠农村地区自发形成，运行过程中无序、混乱局面极为普遍。

## 第三节 1996～2002年：集体建设用地流转试点兴起、有限规范探索

20世纪90年代中期开始，农村集体建设用地流转无序、混乱所造成的问题逐步受到国家重视，国家土地管理局开始通过开展试点，尝试农村集体建设用地

入市相关制度的建设，以及全国普适性操作办法推广的积累。1996年，在国家土地管理局的支持下，江苏省苏州市率先颁布了《苏州市农村集体存量建设用地使用权流转管理暂行办法》，意图对当前无序混乱的集体建设用地使用权流转进行规范，在该办法中涉及了集体建设用地使用权的有偿流转及其相应的时效性，并明确界定了集体建设用地流转的范围、对象等内容。此后国家逐步扩大试点范围，相继批准了诸如安徽省芜湖市、江苏省南京市、上海市青浦区、浙江省湖州市、广东省南海市[①]等多个地区，作为探索集体建设用地流转的试点区域，这些区域大多依据自身特点颁布了区域内的集体建设用地使用权流转管理政策，如安徽省的《安徽省集体建设用地有偿使用和使用权流转试行办法》、江苏省南京市的《南京市集体建设用地使用权流转管理办法》、浙江省湖州市的《湖州市区农村集体建设用地使用管理试行办法》等。

在这一阶段，从东南沿海到中部、东北地区相继铺开了多个试点，为规范集体建设用地流转进行了诸多探索，但与地方上如火如荼的改革实践表现不同的是，国家层面有关集体建设用地流转的制度建设在该时期并没有展现出实质性进展。在1998年《土地管理法》二次修订时，尽管提出了"农民集体所有的土地的使用权不得出让、转让或者出租用于非农业建设；但是，符合土地利用总体规划并依法取得建设用地的企业，因破产、兼并等情形致使土地使用权依法发生转移的除外"，但是改进幅度很小，集体建设用地使用权还是被严格限定在特定条件下才能进行流转。而此后，针对当时集体建设用地流转无序混乱的状态，特别是关于发生在城郊等区位优势较为突出区域的集体土地被大量非法占用于房地产开发等问题，1999年国务院还专门发布《国务院办公厅关于加强土地转让管理严禁炒卖土地的通知》，强调"农村居民点要严格控制规模和范围，新建房屋要按照规划审批用地，逐步向中心村和小城镇集中"，"农民的住宅不得向城市居民出售，也不得批准城市居民占用农民集体土地建住宅，有关部门不得为违法建造和购买的住宅发放土地使用证和房产证"，又进一步约束了集体土地的直接入市。到了2002年，虽然提出再次研究出台国家层面的规范性政策，但因为缺乏顶层设计与上位法的支持，拟定的《关于进一步规范农民集体所有建设用地使用权流转若干意见（讨论稿）》最终也未能出台。

整体来看，虽然在这一阶段，国家层面对于集体建设用地流转制度改革态度仍然趋于保守，地方层面的实践也主要是在封闭区域内进行试点探索，整个政策规范还处于较为有限的探索程度，但是国家力图推行农村集体建设用地流转改革的态度与思路已经日渐明确，而且试点范围的不断兴起与扩大，各试点探索与积累行之有效的规范经验，都为未来全国层面推进集体建设用地流转改革提供了更为深入和清晰的现实参考。

---

① 2002年，县级南海市被撤销，设立为佛山市南海区。

## 第四节 2003年至今：集体建设用地流转制度突破、多元化规范

21世纪后，随着我国工业化、城镇化进程加快，对于规范集体建设用地市场的呼声也越来越烈。农村集体建设用地流转制度在经过试点探索后，积累了非常丰富的实践经验，国家层面也开始顺势逐步突破制度瓶颈，为农村集体建设用地流转制度改革进行顶层设计，并呈现出以间接流转与直接流转为特征的两类变迁路径。一方面，2004年在《国务院关于深化改革严格土地管理的决定》中首次提出要积极推动城市建设用地增加和农村建设用地减少相挂钩。随即，国土资源部于2005年下发《关于规范城镇建设用地增加与农村建设用地减少相挂钩试点工作的意见》，正式出台增减挂钩政策，以允许增减挂钩指标周转的形式打开了农村集体建设用地间接流转的合法途径。增减挂钩政策正式出台后，试点区域以增减挂钩政策为抓手，在国家制定的增减挂钩基本实施框架内进行模式探索，先后出现了多种特点鲜明的增减挂钩模式，如天津的宅基地换房模式、江苏的万顷良田模式、山东的农村社区建设模式等。随着增减挂钩政策的不断深化，增减挂钩试点规模不断扩大、试点区域不断增多，部分试点区域更是突破原有的增减挂钩基本实施框架，引入市场机制进行大幅度创新，其中最为典型的是重庆地票交易模式。地票交易模式突破了传统增减挂钩模式点对点、区域内的指标周转方式，构建了重庆农村土地交易所，允许增减挂钩指标跨区域配置，显著增加了农村集体建设用地间接流转的范围、规模与弹性，激发了地方间接流转农村集体建设用地的活力与动力。

此后，中央通过吸收诸如地票交易模式等地方市场化改革经验，于2018年出台了诸如《跨省域补充耕地国家统筹管理办法》《城乡建设用地增减挂钩节余指标跨省域调剂管理办法》等政策文件，支持地方在省域内，甚至跨省域，对补充耕地指标、增减挂钩节余指标等进行市场调剂的探索，开启了通过构建完善指标市场交易体系，进一步拓展与规范农村集体建设用地间接流转的改革途径。在这种情形下，如江苏、吉林、广西等地相继出台了与补充耕地指标相关的交易管理暂行办法，在省级层面推进补充耕地指标竞价交易的流转模式。贵州、四川等地也在省域内构建了增减挂钩节余指标的网上流转交易平台。2020年中央出台《关于构建更加完善的要素市场化配置体制机制的意见》，提出"深化农村宅基地制度改革试点，深入推进建设用地整理，完善城乡建设用地增减挂钩政策""探索建立全国性的建设用地、补充耕地指标跨区域交易机制"，进一步指明了探索完善更大范围的指标市场交易体系，进而促进我国农村集体建设用地间接流转的发展方向与改革路线。

另一方面，对于农村集体建设用地直接流转而言，在该阶段前期，国家层面还是以鼓励探索为主。2003年，《中共中央、国务院关于做好农业和农村工作的意见》明确要求各地方"制定鼓励乡镇企业向小城镇集中的政策，通过集体建设用地流转、土地置换、分期缴纳出让金等形式，合理解决企业进镇的用地问题"，2004年颁布《国务院关于深化改革严格土地管理的决定》，提出："在符合规划的前提下，村庄、集镇、建制镇中的农民集体所有建设用地使用权可以依法流转"，进一步支撑要求集体建设用地流转规范管理。其后，党的十七届三中全会通过的《中共中央关于推进农村改革发展若干重大问题的决定》提出要"逐步建立城乡统一的建设用地市场""逐步缩小征地范围""在符合规划的前提下推动集体建设用地与国有土地享有平等权益"，从总体上明确了农村集体建设用地直接入市改革的方向。国土资源部据此分别于2009年和2012年相继颁布了《关于促进农业稳定发展农民持续增收推动城乡统筹发展的若干意见》和《关于大力推进节约集约用地制度建设的意见》，提出推进集体经营性建设用地使用权制度改革，进一步打开改革的政策空间。在此期间，对于地方层面，广东省于2005年出台了我国第一部集体建设用地流转的地方性法规——《广东省集体建设用地使用权流转管理办法》，明确规定了集体建设用地使用权的出租、转让、抵押等内容，成为该阶段初期集体建设用地直接流转制度改革的最大亮点。

直至党的十八大以后，我国农村集体建设用地直接流转制度改革才取得重大突破。先是2013年的"一号文件"及十八届三中全会通过的《中共中央关于全面深化改革若干重大问题的决定》再一次明确提出，在符合规划和用途管制的前提下，允许农村集体经营性建设用地出让、租赁、入股，实现与国有土地同等入市、同权同价；保障农户宅基地用益物权，改革完善农村宅基地制度。在2015年，迎来了我国农村土地制度改革迎来新节点，中共中央办公厅和国务院办公厅联合下发《关于农村土地征收、集体经营性建设用地入市、宅基地改革试点工作的意见》，其中集体经营性建设用地与宅基地制度改革都属于集体建设用地范畴，可见其在农村土地改革中的分量。同年，国土资源部根据该意见在全国范围内选择33个区县对三类改革进行了试点探索，在该轮试点中，国家明确了"土地公有不改变、耕地红线不突破、农民利益不受损"三条底线，强调让市场在资源配置中起决定性作用。此次试点由全国人大授权，试点目标明确，直指具体法律内容的修改，足见国家推动改革的决心与力度。2019年8月26日，十三届全国人大常委会第十二次会议审议通过《土地管理法》修正案，并规定自2020年1月1日起施行。《土地管理法》（2019年）是对"三块地"改革成功经验的总结与吸收，在农村土地管理方面做出了多项创新性的规定，尤其是破除了农村集体建设用地进入市场的法律障碍。《土地管理法》（2019年）中删除了原法第四十三条关于"任何单位和个人进行建设，需要使用土地的，必须依法申请使用国有土地"的规定。允许农村集体建设用地在符合规划、依法登记，并经本集体经济组织三分之二以上成员或者村民代表同意的情况下，可以通过出让、出租等方式交由农村集体经济组织以外的单位或个人直接使用，同时使用者在取得农村集体建设用地之后还可以通过转让、互换、抵押的方式进行再次转让。集体经营性建设用地直接入市是此次《土地管理法》修改的最大亮点，是中国土地管理的一个重大制度创新，破除了多年来集体建设用地不能直接进入市场流转的二元体制，为城乡土地一体化市场发展扫除了制度性的障碍。

可以看出，21世纪以来，中央层面重视并加快了集体建设用地流转制度的改革步伐，呈现出间接流转与直接流转的两类路径变迁特征。以增减挂钩政策为依托的集体建设用地间接流转，依附于土地指标管理基础框架，着力于土地指标市场交易体系的构建完善。国家不仅在立法层面出台相应政策进行引导和规范，也在地方层面开展大范围、多元化的试点工作，集体建设用地间接流转的规范条例、运行机制、规模范围等都有了显著进展，成为该阶段我国农村集体建设用地流转最主要的路径。对于集体建设用地直接流转，在阶段前期依旧是在相应政策制度方面进行探索，除了诸如广东地区的地方尝试外，全国层面并没有采取突破性的动作。直至党的十八大以后，尤其是2015年"三块地"改革以来，我国展开试点探索农村集体经营性建设用地直接入市。更是在其后的《土地管理法》修订中，吸收改革经验，允许集体经营性建设用地直接入市，破除了多年来集体建设用地不能直接进入市场流转的法律障碍，让农村集体建设用地直接流转政策改革有了实质性突破。但也需要注意，农村集体建设用地政策改革虽然在该阶段取得了重大突破，但是现实中城乡二元结构情况依旧突出，健康规范的集体建设用地流转市场尚未形成，针对性的集体建设用地流转办法或规定没有相应配套，各试点在具体实践操作中也存在诸多问题，尤其是集体建设用地直接流转，目前的改革还主要是针对总量占比较少的集体经营性建设用地，因而，未来集体建设用地流转制度改革的顶层设计依然任重而道远。

## 第五节 本章小结

从全面禁止流转，到自发隐形流转，再到地方试验，又到如今国家有设计、有针对性地开展多元化试点工作，我国集体建设用地流转制度建设一直在不断深入与完善。在此历程中，国内外宏观经济的变化，不同利益主体的关系调整，中央政府、地方政府、集体与农户之间的多重博弈都对集体建设用地流转的政策变迁起到了重要影响。依据状况与已有趋势来看，我国农村集体建设用地制度建设仍亟待进一步地深化与完善，不仅需要规范完善增减挂钩等指标市场交易体系及其配套政策，推进农村集体建设用地间接流转市场发展，更需要拓展推进农村集体建设用地直接流转政策改革，在现有"三块地"改革经验的基础上，将直接流转入市范畴从集体经营性建设用地拓展至整个农村集体建设用地，进一步破除制度性障碍，并配套行之有效的规范细则，以此在发展新阶段，根本性地支撑我国建设用地有效供给，推进经济社会高质量发展。

# 第八章　农村集体建设用地流转模式

21世纪以来，伴随农村集体建设用地制度创新的不断演进，我国呈现出间接流转与直接流转的两类路径变迁特征。在这两类路径的变迁进程中，我国不同区域依据自身特性，进行了一系列的地方探索与模式创新。因此，本章将分别以集体建设用地间接流转与直接流转为切入点，依照模式的演进顺序，依次选择江苏、重庆、广东、北京与贵州五个地区共六个农村集体建设用地流转典型案例。首先从基本情况、流程做法、收益分配三个方面对各模式进行梳理，了解各集体建设用地流转模式的相应特点。在此基础上，从政府职能、市场手段、收益分配等方面对六个流转模式进行对比分析，梳理总结我国农村集体建设用地流转的模式创新及其主要特征。

## 第一节　农村集体建设用地间接流转模式

农村集体建设用地间接流转模式以增减挂钩政策为依托，按照土地利用计划管理框架进行边际调整，因而在实践中接受程度较高、矛盾冲突较少，是21世纪后我国农村集体建设用地流转制度创新最主要的探索路径。在现实中，该种模式呈现的是以构建完善指标市场交易体系为主线的创新路径，即前期增减挂钩指标主要以"点对点、区域内"封闭式周转为主要特征，后期通过引入市场机制，允许增减挂钩指标跨区域、大范围、远距离配置为主要特征。故本部分分别选择前期指标周转典型——江苏"万顷良田建设"模式、后期指标交易典型——重庆地票交易模式为例，梳理21世纪后集体建设用地间接流转的模式创新及其主要特征[①]。

### 一、江苏"万顷良田建设"模式

#### （一）基本情况

江苏省是我国东部沿海发达地区，在城镇化进程不断加速的背景下，大量农村劳动力进城务工，农民不再依赖传统的农业生产。快速的城镇化在带来城乡劳动力资源有效集聚的同时，也使耕地分散经营、村庄布局凌乱、农业生产方式落

---

[①] 本部分内容改写自：顾汉龙. 2015. 我国城乡建设用地增减挂钩政策的演化机理、创新模式及其实施效果评价研究. 南京：南京农业大学博士学位论文.

后等问题日益凸显。因此，为推动城乡统筹发展，更有效地集聚资源，江苏省于2005年制订了"三集中"发展战略，鼓励工业向园区集中、农民向城镇集中、居民向社区集中。同年，江苏省又成为全国首批增减挂钩试点省（市），在统筹城乡土地利用方面进行着新的尝试。随着"三集中"发展战略在全省的不断深化和增减挂钩试点工作的全面推广，江苏省国土资源厅于2008年9月出台了《江苏省"万顷良田建设"工程试点方案》，为进一步统筹城乡关系、集聚城乡资源进行了制度创新，同时，这也标志着"万顷良田建设"这种新型的增减挂钩模式正式出现。本节将以如皋市长江镇"万顷良田建设"项目为例，梳理其项目实施的主要流程与相关的收益分配，了解江苏省"万顷良田建设"模式的主要做法。

如皋市长江镇滨江临海，处于沿海开放城市南通市西首，与苏州、张家港市隔江相望，镇区处于上海90分钟交通圈。2019年，如皋市长江镇"万顷良田建设"项目涉及知青村、长青村、永建村、镇龙村、五零村5个建制村，包括农户3800户，企事业单位20个。项目区总面积为1484.81公顷，其中良田建设区面积为1202.98公顷，建新安置区面积为281.83公顷，项目建设期限为2009~2011年。

## （二）流程做法

长江镇"万顷良田建设"项目主要以增减挂钩政策为基础，由如皋市政府主导实施，其流程大致可分为整治与复垦阶段、补偿与安置阶段、集中与周转阶段共三个阶段。各部分的主要做法如下。

### 1. 整治与复垦阶段

长江镇"万顷良田建设"项目区在获得省级国土资源厅批准实施后，如皋市政府积极组织项目的实施，首先由如皋市土地复垦整理和市场服务中心委托具有相关资质的土地服务企业作为土地整理工程的实施单位，对项目区内农地进行综合整治，以增加有效耕地面积，提高耕地质量。其次，为了实现耕地集中连片，最大地发挥规模效应，如皋市土地复垦整理和市场服务中心再次委托具有相关资质的土地服务企业对项目区内原有的农村集体建设用地进行拆迁和复垦，以增加耕地面积。

### 2. 补偿与安置阶段

由于整个项目对农村集体建设用地进行了整体拆迁，因此长江镇需要对被拆迁农户和相关土地权利人进行补偿安置。首先，给予被拆迁农户货币补偿，主要包括住房补偿；附房及附属设施的补偿；搬迁、过渡奖励费用。其次，长江镇政府在规划建新区选取10个安置地块，统一建设农民集中安置房屋。按照拆迁户的经济承受能力与意愿，设计建成70平方米、90平方米、110平方米三种安置户型。

最后，被拆迁农户以建筑成本为基础，以政府保护价购买集中安置住房。根据楼层不同，价格分别为 1 层 800 元/米$^2$，2～4 层 900 元/米$^2$，5～6 层 700 元/米$^2$。

3. 集中与周转阶段

在土地整治复垦与农户补充安置后，长江镇"万顷良田建设"主要做法有两点：一是组织引导农区的承包地集中流转。在本案例中，由长江镇政府牵头成立农业经济合作社，以及由全体入股农户组成的成员大会。土地由合作社统一经营或发包给种粮大户，采取集约化生产、标准化管理、规模化经营的生产方式，大力发展现代化高效农业。二是统筹利用增减挂钩指标。整个项目区推进以增减挂钩政策为基础，该项目通过拆旧区拆旧共获得增减挂钩周转指标 281.83 公顷，其中 79.89 公顷用于建新区的农户安置区建设，其余 201.94 公顷作为建设留用区用地，全部用于如皋市未来城镇建设，土地开发利用方向主要为工业和商业。

（三）收益分配

长江镇"万顷良田建设"项目收益分配主要有以下两个部分。

（1）地方政府。地方政府在长江镇"万顷良田建设"项目中需要先支付包括土地整理费、拆迁补偿费、农村建设用地复垦整理费、安置区基础设施配套费等总计 93 021.91 万元的成本费用。该资金先由如皋市人民政府出资，先行启动项目的实施，不足部分由如皋市通过储备地块向银行融资，并实行专户专用，最后通过出让建设留用区的建设用地指标来平衡预算。整体来看，地方政府在项目前期并没有明显的经济收益，其预算平衡主要取决于未来市区的土地出让，但是，从其他方面来看，"万顷良田建设"有利于区域农业规模经营发展，促进集体建设用地的集约利用与农户居住环境的改善，并且为地方政府补充了用于经济持续发展的建设用地指标。

（2）农户。在长江镇"万顷良田建设"项目中，农户主要有两个部分的收益变化：一是农地的租金收益。为发展规模经营，各小农户以土地入股的形式将承包农地流转给合作社，每年获取相应的租金。二是补偿安置后获得居住环境改善收益。农户由于原有集体建设用地被复垦，可以获取相应的补偿费用，并且能以政府保护价购买安置住房，改善了原有的居住环境。

## 二、重庆地票交易模式

（一）基本情况

重庆市地域广阔，集大农村、大库区、大山区和民族地区于一体，是我国中西部地区唯一的直辖市。在快速发展的城镇化、工业化进程中，重庆市取得了显著的经济成绩，但是其土地利用结构不合理、土地利用效率不高等问题也很显著，特别是重庆市大量农民已完全进入城镇生活和工作，但其在农村区域的宅基地仍被保留、闲置甚至荒废，由此导致农村人口减少、集体建设用地增加的逆增长情况明显。对此，重庆市政府于2008年出台《重庆农村土地交易所暂行管理办法》，以增减挂钩政策为基础，突破传统挂钩项目指标"点对点"的置换方式，通过构建指标交易平台（农村土地交易所）实现增减挂钩指标（在该模式中为地票）的跨区域配置，以期通过市场化手段进一步激活重庆市农村集体建设用地的盘活。因此，本部分将以黔江区新华乡地票交易项目为案例，分析了解重庆市地票交易模式中有关农村集体建设用地流转的改革做法。

新华乡位于重庆市黔江区西南角，距城区45千米，行政面积72平方千米，东邻太极乡，南靠石家镇，西与彭水县小厂乡毗邻，北与白土乡接壤。2021年，新华乡所辖6村1社区48组，总户数为3855户，总人口为11 016人。2012年，新华乡地票交易项目总面积为3.781公顷，涉及大田村、中安村、梨子村、艾子村四个村，包含24个地块，56个复垦点，参与农户为56户。

## （二）流程做法

黔江区新华乡的地票交易模式大致可以划分为三个阶段：地票指标获取阶段、地票指标交易阶段、地票指标使用阶段。各阶段的主要做法如下。

### 1. 地票指标获取阶段

首先，新华乡政府对本区域农民进行地票交易相关知识的宣传，符合条件的农户根据自身意愿，将闲置的农村建设用地向黔江区国土部门提出复垦申请。其次，黔江区国土部门对新华乡申请复垦的农户与地块进行审核确认，共有56个农户符合条件，复垦面积共3.781公顷，将其组建成一个地票项目进行立项。再次，黔江区农村土地整治中心通过招投标的方式，选择重庆市四环生态农业开发公司作为施工单位对地票项目土地进行复垦。最后，由重庆市农村土地整治中心组织项目验收，确认合格后，对该项目下发等量的地票指标3.781公顷。

### 2. 地票指标交易阶段

黔江区土地整治部门在获得新华乡地票指标3.781公顷后，同该区同期其他地票项目指标进行整合，统一投入重庆市农村土地交易所。其后，重庆市农村土地交易所的工作人员根据近期全市范围内地票指标的投入情况将地票指标打包，并举行公开拍卖。新华乡地票项目的 3.781 公顷地票指标经过公开拍卖,最终以 20.6 万元/亩的价格成交。

3. 地票指标使用阶段

在重庆市农村土地交易所购得地票的土地权利人,首先在全市规划区内(建设留用区)选择拟落地地块,政府将对该地块进行征收,并通过"招拍挂"方式进行出让,购得地票的土地权利人仍需要参与该地块的竞购。需要注意的是,如果购得地票的权利人没能在竞购中获胜,那么地票指标将由政府原价收回。最后,当地块出让成功后,地票指标正式落地使用完毕,并且地票指标可以冲抵新增建设用地有偿使用费和耕地开垦费。

(三)收益分配

新华乡地票交易项目的收益分配主要有以下两个部分。

(1)地方政府。在新华乡地票交易项目中,地票成交单价价款为 20.6 万元/亩,在扣除给予复垦单位的复垦成本 1.5 万元/亩、金融单位的复垦项目融资成本 1.1 万元/亩后,按照《重庆市国土房管局关于调整地票价款分配及拨付标准的通知》中的设定标准,有 0.1 万元/亩的收益分配给重庆市农村土地整治中心,有 1 万元/亩的收益分配给黔江区农村土地整治中心。

(2)农户集体。扣除分配给政府的收益后,剩余的 16.9 万元/亩收益,其中的 85%,即 14.365 万元/亩分配给复垦农户,其余的 15%,即 2.535 万元/亩分配给农村集体经济组织[①]。为保障农民和集体及时、足额获取地票收益,在地票价款的拨付过程中,重庆市采用了价款直拨的方式,即农村土地交易所直接委托银行将农户和集体经济组织应得价款直接拨付到农户自身账户,资金并不流经其他政府机构。

## 第二节 农村集体建设用地直接流转模式

21 世纪以来,相对于农村集体建设用地间接流转,我国农村集体建设用地直接流转改革进程整体较慢。前期除了诸如广东等地区开展了地方探索外,国家层面缺乏实质性的改革动作。直至党的十八大以后,尤其是 2015 年国家提出"三块地"改革,将集体经营性建设用地入市作为新时期农村土地改革的重要内容,并选取诸如北京大兴等 33 个试点县行政区域,探索农村集体经营性建设用地直接入市。由于资源禀赋、涉及主体等方面的不同,在实践中,各试点区域探索出了不

---

① 该数据根据重庆市黔江区土地储备中心提供资料计算所得。

同种类的集体经营性建设用地入市模式。故本部分将以"三块地"改革起始时间为节点,分别选取改革前的直接流转典型——广东佛山"三旧改造"模式[①]、改革后的三类直接流转典型——广东南海"区镇整备"模式、北京大兴"镇级统筹"模式、贵州湄潭"异地调整入市"模式为例,梳理 21 世纪后集体建设用地直接流转的模式创新及其主要特征。

## 一、广东佛山"三旧改造"模式

### (一)基本情况

广东省佛山市是我国农村工业化起步较早的地方,经过 40 多年的快速发展,区域已基本跨入后工业化初期发展阶段。但是在经济高速发展的同时,其外延粗放式的土地利用模式,造成区域存在大量低效、闲置或废旧的旧城镇、旧厂房、旧村庄(简称三旧)用地。随着佛山市的土地开发强度逐渐升高,新增建设用地有限供给与经济社会发展对土地的强大需求之间的矛盾日益尖锐,为缓解资源供需矛盾、破解保障发展与保护资源两难问题,佛山市委市政府决定以三旧用地作为突破口和切入点,于 2007 年 6 月起出台了《关于加快推进旧城镇旧厂房旧村居改造的决定》及相关配套文件,对三旧进行盘活改造。故本部分将以佛山市南海区联滘地区"三旧改造"为例,梳理其项目实施的主要流程与相关的收益分配,了解佛山"三旧改造"模式中有关农村集体建设用地的流转做法。

联滘地区位于广州市和佛山市两大城市的中间位置,水陆交通便利,是一个典型的"自下而上"的农村工业化地区。该地区经过多年的发展成为一个占地约 122.49 公顷的工业区,区内厂房多为一层简易框架结构,以废旧塑料简单回收、手工加工企业为主,环境污染严重,经济效益低下。故此,自 2007 年起,由地方政府主导,对联滘地区实行"三旧改造"。改造区域涉及 5 个村委会、15 个村民小组,占地 1800 多亩,包括国有建设用地、集体建设用地、农用地及一部分违法用地,其中国有土地 80 亩,其余均为集体所有。

### (二)流程做法

联滘地区"三旧改造"涉及多个利益主体,由地方政府成立专班主导项目实施,其流程大致可分为补偿调地阶段、土地租控阶段、更新改造阶段三个阶段。各阶段的主要做法如下。

---

① 本部分内容改写自:郭晓丽,冯淑怡,吕沛璐,等. 2014. 建设用地节约集约利用的制度创新和理论解释——以广东省佛山市"三旧"改造为例. 资源科学,36(8):1554-1562。

1. 补偿调地阶段

"三旧改造"前，联滘地区已有较多企业入驻，区域农户每年可获得可观的租金收入。因此，地方政府为顺利推动改造升级，首先通过财政资金支付给企业拆迁补偿费用约 3.3 亿元，又承担起企业原有的租金合同，垫付给农民租金 1600 万/年，获得了村民的初步支持。由于联滘地区各村边界复杂，权属模糊，不利于整体开发，并且，各村也不同意按照股份分享开发利益，因此，地方政府经过多次协调统筹，最后商议决定依照规划道路按比例重新调整用地，厘清各地块土地权属土地，为后期的整体开发奠定良好基础。

2. 土地租控阶段

联滘地区土地多属于集体建设用地，前期的快速发展使得区域农户已有了很强的土地资产价值意识，按照传统征收开发模式，地方政府将面临成本高、难度大等问题。故政府充分利用试点机会，通过镇政府的土地资产公司，以集体土地租控的方式，间接对各村集体建设用地进行了流转。以联滘村为例，政府通过与该村签订土地租用合同，从该村租用了 59.62 公顷土地，租期为 40 年，月租金为 3.5 元/米$^2$，并且，政府承担开发建设所发生的一切税费及费用。此外，在出租的集体建设用地上开发的物业，将在 40 年后归村民委员会所有。由此，政府通过土地租控掌握了地区的土地资源配置开发。

3. 更新改造阶段

政府在获得联滘地区开发的主导权后，继续通过镇级土地资产公司进行诸如道路、市政等基础设施建设，制订相应的规划方案，将租入的集体建设用地再出租给各开发商。各开发商以低成本从地方政府手中获取区域集体土地进行相应的开发，以项目开发周期内的物业租金作为收益回报。从 2007 年启动拆迁到 2012 年为止，联滘地区改造已初步完成，建设开发如保利公馆、广佛智城、九龙湖公园等项目。

(三) 收益分配

在联滘地区的"三旧改造"中，收益分配主要有以下三个方面。

(1) 地方政府。在联滘地区的"三旧改造"中，政府前期共投入企业与农户的拆迁赔偿、租控集体建设用地费用、基础设施建设成本等约 12 亿元，后期获得土地出让金收入约 10.88 亿元，40 年土地租金收益约 5.25 亿元，考虑到相应的投入成本与利息，成本收益基本持平，因此，地方政府并没有分配得到较多的土地增值收益。但是政府通过挖潜存量建设用地满足了区域土地资源需求，实现了产业优化与环境改善，维护了社会和谐稳定。

（2）村集体。村集体应是该"三旧改造"项目中获益最大的主体。在项目实施中，各集体的建设用地产权得以完整化，农民的实际收益现金收入达到33.99亿元，远超改造前的土地租金收益，并且还可获得除经济外的其他隐形收益。以广佛智城改造项目为例，村集体可获得三个方面收益：一是土地增值收益，主要是政府向村集体支付的土地租赁金，每个月为3.5元/米$^2$；二是就业机会，改造后的企业入驻，为农民提供了大量就业岗位，有助于其生活水平的提升；三是居住环境优化和生活质量提高，通过项目实施，自然环境得到了极大改善，有助于村民的身体健康保障与生活质量提高。

（3）开发商。由于开发商是从地方政府手中租赁土地，一方面可以以较低的成本撬动项目，另一方面可以获得项目开发周期内的物业租金。以广佛智城改造项目为例，开发商前期仅以3亿元的土地租金，就启动了80万平方米建筑面积项目的开发。开发商每个月获得的商铺租金收入35元/米$^2$，远高于支付的租金成本8元/米$^2$，整体收益可观。

## 二、广东南海"区镇整备"模式

### （一）基本情况

广东佛山南海区自2007年实施"三旧改造"以来，有效推动了区域农村集体建设用地流转入市，优化了城市的空间结构，加快了产业的转型升级和环境的改善。但是，随着时间的推移，南海区原有的"三旧改造"模式逐渐进入瓶颈期，诸多问题愈加显现。例如，南海区建设用地面积560.58平方千米，占总土地面积52.29%（王羽，2018），土地开发强度超过50%，远超警戒线。南海区100亩以上连片的集体经营性建设用地占全区比例超过75%，但实际利用单元在25亩以下的所占比例为81%（陈海素等，2017），量大、分散、低效的集体经营性建设用地潜力没有得到充分激发。更重要的是，改造权属主体多，拆迁、补偿、安置等土地前期整理难度大等问题激发诸多社会矛盾。为此，针对城市发展和集体土地开发利用遇到的瓶颈，南海区借此"三块地"改革承担试点任务的契机，进一步深化集体建设用地入市流转改革。自2015年被纳入农村集体经营性建设用地入市试点后，南海区发布了《佛山市南海区农村集体经营性建设用地整备管理试行办法》等文件，探索建立集体土地整备制度，即参照国有土地储备制度，成立区、镇集体土地整备中心，以托管方式整合符合入市条件的农村集体经营性建设用地。其中，整备中心主要负责对集体经营性建设用地进行土地整合清理、前期开发、招商引资及入市交易等（唐健和谭荣，2019）。2018年后，南海区探索实行"地券"制度，将包括宅基地在内的所有存量建设用地纳入到集体土地整备范围内（唐健和谭荣，2019），进一步深化南海区农村集体建设用地流转改革。故此，本部分以南海区桂城街道项目为例，了解南海区农村集体建设用地流转"区镇整备"改革做法。

南海区属于广东省佛山市五个行政辖区之一，地处珠江三角洲腹地，毗连广州，辖6个镇、1个街道、292个村（社区）。2019年末常住人口303.17万人，其中，户籍人口160.06万人，全年全区实现地区生产总值3176.62亿元，全年全区居民人均可支配收入55 281元，具有相对较强的经济实力。桂城街道地处南海区东南部，2019年，辖区面积84.16平方公里，辖45个社区、22个经联社、105个经济社，常住人口接近100万人，其中户籍人口33.8万人。桂城街道的农村集体经济组织的村（居）股东人均分红在2011年为4252元，至2015年提升至6618元，农村居民明显增收（王羽，2018）。

## （二）流程做法

南海区桂城街道项目交易模式大致可以划分为两个阶段：前期清理、整合开发阶段，招商引资、入市交易阶段。各阶段的主要做法如下。

### 1. 前期清理、整合开发阶段

在入市交易前，南海区首先对本区集体建设用地情况进行摸底调查，明确可以入市的存量建设用地的规模和布局，理顺产权关系（王羽，2018）。据调研统计，南海区已完成集体建设用地使用权初始登记超过3万宗，发证覆盖率为93%；完成宅基地使用权初始登记46.7万宗，发证覆盖率为92%；村委会一级权属界线核定工作已基本完成。其后，南海区设立区、镇集体土地整备中心，采用收购、托管等方式，将村集体自愿申请的、低效利用、产业落后、布局零散的农村集体经营性建设用地纳入整备范围，完成整合清理、土地平整、基础设施配套建设等，以备招商引资、入市交易。从实践来看，此次桂城街道的整备收储采用托管方式，由集体土地整备中心和参与整备入市的村集体共同编制托管方案，以协议租赁进行土地整备收储。托管方案经批准后，桂城街道集体土地整备中心与村集体签订《农村集体经营性建设用地使用权托管协议》（简称《托管协议》），完成土地产权属证书移交，并委托区、镇两级政府属下的全资公有企业或通过政府采购进行土地整理开发。

### 2. 招商引资、入市交易阶段

整备后的农村集体经营性建设用地，原则上以公开交易的方式入市。入市公开交易的方式是指将农村集体经营性建设用地一定年限的使用权通过拍卖、挂牌（含网上挂牌）、现场竞价和招标的方式公开出让、租赁、出租给土地使用者。此外，特殊情况下需以协议方式入市的，参照《佛山市南海区农村集体经营性建设用地入市管理试行办法》由镇（街道）联席会议审核后，报镇人民政府（街道办事处）批准执行。整备后的农村集体经营性建设用地入市后，由土地使用者与桂城街道集体土地整备中心签订交易合同，并缴纳土地增值收益调节金和相关税费，其后土地使用者申请办理集体建设用地使用权的不动产权属证书。

（三）收益分配

南海区桂城街道项目的收益分配主要有以下三个部分。

（1）地方政府。地方政府参与收益分配的方式为征收土地增值收益调节金和相关税费。其中，土地增值收益调节金根据地类和入市方式的不同，调节金的征收比例为土地出让收入的5%~15%。除调节金外，以出让方式入市的交易双方还需向政府缴纳印花税。值得注意的是，如果是以作价出资（入股）、租赁等方式入市，无须缴纳土地增值收益调节金，但需向政府缴纳相关税费。

（2）集体土地整备中心。在签订《托管协议》过程中，集体土地整备中心与村集体协商确定收益分配比例，收益分配方式包括一次性支付、托管期间分期支付、土地入市后收益分成等。同时，集体土地整备中心经区人民政府批准同意后，可委托公有企业或政府采购的供应商进行土地前期整理开发，并按照签订的委托合同向受委托方支付项目资金。

（3）村集体。集体土地整备中心按照《托管协议》的约定向村集体经济组织支付入市收益。在村集体内部，村集体成员通常以户为单位进行股份分红。不同的村集体在股权认定、红利分配比例等方面存在差异，通常做法是将股权分为基本股（成员股权）、承包股（根据承包地数量确定）及贡献股（根据成员劳动年限和贡献确定）（王羽，2018）。

## 三、北京大兴"镇级统筹"模式

（一）基本情况

大兴区位于北京市南部，其大部分区域属于典型的城乡接合部，在社会管理、城乡安全、生态环境方面一直存在较明显问题。对此，为有效促进城乡均衡发展、提升社会治安、改善环境卫生，大兴区于2011年成为北京市城乡接合部改造试点，在西红门、旧宫两个镇开展镇级统筹下的农村集体建设用地利用改革探索。

其后，大兴区于 2015 年成为"三块地"改革试点之一，主要进行农村集体经营性建设用地入市改革试点探索，先后制定出台《集体经营性建设用地入市试点实施方案》《集体经营性建设用地入市试点工作方案》《农村集体经营性建设用地融资指导意见》等多个制度文件，在保障农民土地所有权不变的基础上，以政府为主导，积极探索镇级统筹下的农村集体建设用地流转模式。因此，本部分以大兴区西红门镇集体经营性建设用地入市项目为例，分析了解北京大兴"镇级统筹"模式中农村集体建设用地流转的改革做法。

大兴区西红门镇位于大兴新城和北京中心城区之间，北与丰台区接壤，南临黄村卫星城。镇域面积 31.2 平方公里，其中 70%在南五环以内。2016 年全镇常住人口 6.2 万人，流动人口 12 万人，下辖 27 个行政村、18 个社区居委会（王羽，2018）。该地区是典型的城乡接合部，2016 年，西红门镇集体经营性建设用地入市交易地块为 2 号地小 B（2-004）地块 F81 绿隔产业用地集体经营性建设用地，该地块隶属四村，建设用地面积 2.67 公顷，位于京开路东侧、马家堡西路南延西侧、南五环北侧，交通条件较好。

## （二）流程做法

大兴区西红门镇的农村集体经营性建设用地入市大致可以分为三个阶段：前期准备阶段、入市审核阶段、入市交易阶段。在各阶段的主要做法如下。

### 1. 前期准备阶段

在前期准备阶段，西红门镇的主要做法是成立镇级集体联营公司作为入市主体，打破村集体经济组织的界限范围，以镇为单位统筹集体经营性建设用地入市。首先，西红门镇组建了北京市盛世宏祥资产管理有限公司（镇级集体联营公司）作为入市主体，按照公司法人治理结构，建立股东会等机构，制定人事、财务等管理制度。其次，西红门镇各村集体经济组织通过民主程序，以一次授权、全权委托形式，把 B 块土地处理全权交给北京市盛世宏祥资产管理有限公司，由其负责土地开发、入市交易、土地出让过程中的全部事务。

### 2. 入市审核阶段

在完成前期的准备工作后，在地块的入市审核阶段，地方政府的主要做法是采用联审联批方式缩短审核时间，并提前明确企业竞买条件来保障农民利益。在 2015 年底 B 地块入市的专题会上，大兴区政府组织 20 个区级成员单位和西红门镇共同研究决定入市项目的 26 项工作，一次性联合审批通过多个事项，大幅缩短项目审核时间。为保护农民长远利益，政府在 B 地块入市挂牌文件中，提前明确了要参与竞争企业的条件：投资强度不能低于 1.2 亿元/公顷、年纳税额不低于 400 万元/公顷，优先安置西门红镇劳动力就业等条件。

3. 入市交易阶段

最后，当地块正式入市交易时，大兴区的主要做法是要求地块入市必须通过城乡统一的平台进行交易，并且配套了系列金融政策，明确集体经营性建设用地使用权可以设定抵押权，赋予其与国有土地相同的抵押融资权能。按照政策要求，西红门镇 B 地块被纳入北京市土地交易市场大兴分市场的平台上进行交易，于 2016 年 1 月 15 日挂牌出让，最后由北京赞比西房地产开发有限公司以 8.05 亿元竞得。其后，赞比西房地产公司对 B 地块土地使用权证进行抵押贷款，向民生银行贷款 5.6 亿元，开始项目区主体工程的建设。

（三）收益分配

西红门镇项目中的收益分配主要有以下三个方面。

（1）地方政府。按照《大兴区农村集体经营性建设用地入市土地增值收益调节金征收使用管理办法》，大兴区政府可以获得 B 地块成交总价款的 12%，可在全区范围内统筹使用，主要用于农村基础设施建设支出，周转垫付集体经营性建设用地土地开发、土地整理资金等。

（2）镇级层面。由于入市相关事宜全权委托给西红门镇集体联营公司，因此土地入市后获得的收益首先由镇级集体联营公司获得。该收益实行全镇统筹决算，在扣除公司为入市所花费的所有费用后，剩余部分将按照章程规定在各村集体经济组织进行分配，一部分按照各村之前的入股情况进行分配，另一部分由公司进行再投资，进一步壮大集体经济。

（3）村级层面。从公司分配到村级的收益，将会按照 2010 年产权制度改革所确定的比例，在村集体经济组织与成员之间进行分配。对于西红门镇各村村民，其分配收益主要为两块：一是现有集体经营性建设用地的地租收益作为保底收益，每 5 年增长 5%，确保村民既得利益不因改革减少；二是待地块上市后，合理设计留地、留物业、留资产和入股经营等方式，确保村民有长期稳定收入。

## 四、贵州湄潭"异地调整入市"模式

（一）基本情况

湄潭县位于贵州省北部，生产力水平较低，经济发展较为落后，属于经济欠发达地区。但是，湄潭县自1987年起一直作为全国农村改革试验的重点区域之一，长期推进土地管理制度改革，其"增人不增地、减人不减地""均衡减负、户户减负"等首创经验被写入中央文件并向全国推广。2015年，湄潭县也被纳入我国的"三块地"改革试点中，承担"农村集体经营性建设用地入市"等国家级改革课题，相应出台了《湄潭县农村集体建设用地使用权流转管理实施方案》《湄潭县农村集体经营性建设用地入市细则（试行）》等集体建设用地入市改革相关方案。由于湄潭县地处山区，多数集体建设用地并不集中连片，因此，贵州省湄潭县在改革探索中，主要采取"异地调整入市"模式对区域农村集体建设用地进行流转探索。故本部分将以湄潭县湄江镇"异地调整入市"项目为例，了解湄潭县农村集体建设用地流转改革做法。

2015年湄潭县湄江镇的"异地调整入市"项目中，异地调整地块位于湄江镇回龙村，面积为16.8亩，原为废弃工矿用地，但是因为该镇缺乏建设用地指标而无法登记成集体经营性建设用地使用。湄潭县抄乐镇落花屯村和群星村有复垦后的工矿废弃指标处于闲置状态，该区也没有指标使用需求，故在湄潭国土部门组织引导下，统筹进行异地调整入市。

## （二）流程做法

湄潭县湄江镇的"异地调整入市"流程可以划分为异地调整、入市出让两个阶段，两个阶段的主要做法如下。

1. 异地调整阶段

根据前述，湄江镇的地块有出让意图，但是当地没有用地指标，因此有了向其他区域购买的需求。抄乐镇有用地指标，但是没有使用需求，因此有了将指标交易到其他地区换取资金的动机。故此，在原湄潭县国土资源局的组织协调下，抄乐镇落花屯村和群星村作为指标调出方、湄江镇回龙村作为调入方进行了异地调整的协商谈判。最后，双方同意以10万元/亩的价格交易水田指标、以8万元/亩的价格交易旱地指标、以4万元/亩的价格交易其他农用地指标。在该项目中，回龙村共向落花屯村购买16.33亩指标，总计146万元，向群星村购买3.45亩指标，总计23.48万元。至此，湄江镇回龙村有了指标可以将地块登记为集体经营性建设用地进行入市出让。

2. 入市出让阶段

在获取指标后，按照《湄潭县农村集体经营性建设用地使用权入市管理办法（试行）》等政策法规的要求，回龙村集体讨论形成入市决议，并向原湄潭县国土资源局提出申请,经过土地评估后将该16.8亩的地块以工业用地用途挂牌出让。其后,由国土资源局协调,企业负责人与村集体商议,该地块最终以总价288万元被当地企业购得,使用年限为50年。需要注意的是,该成交价格非市场价格,主要由成本构成测算得到,与当地国有工业用地8万～10万元/亩的最低价标准相比,该地块17.14万元/亩的成交价使得集体经营性建设用地入市的获利更为明显。

## (三)收益分配

湄潭县湄江镇的"异地调整入市"项目中,收益分配主要有以下三个方面。

(1)县级地方政府。按照《湄潭县农村集体经营性建设用地使用权入市管理办法(试行)》规定,湄潭县政府可以征收土地成交价款12%的收益调节金,在本案例中,湄潭县可获得34.56万元的调节金。更为重要的是,通过"异地调整入市",湄潭县政府发挥了区域资源禀赋的比较优势,盘活了区域闲置低效的农村存量建设用地,优化了农村用地布局结构,促进了区域的经济发展。

(2)指标调出方。在本案例中,作为指标调出方的抄乐镇落花屯村和群星村,通过将本村闲置的结余指标卖给回龙村,共获得指标流转费169.48万元,其中60%作为本村集体经济组织收入,用于村集体经济发展,剩下的40%分配给各村集体经济组织成员作为个人收益,集体与个人都获得相应收益。

(3)指标调入方。在本案例中,作为指标调入方的湄江镇回龙村,首先因为指标购买付出169.48万元的成本。其后通过土地入市出让,在扣除前期成本与政府收取的相关费用后,共获得56.84万元的经济收益,其中村集体可留土地收益为17.04万元,村民可分配收益为39.80万元。此外,按照村集体与企业的入市协议,建成后优先聘用本村村民,因而,回龙村村民又增加了相应的就业机会。

## 第三节 农村集体建设用地流转模式总结比较

从第七章的历程与本章梳理的典型模式可以发现,一直以来我国各地区都在进行农村集体建设用地流转的探索,依据自身特点进行了各具特色的改革尝试。故此,本部分将基于前述各典型模式所选取的具体案例,从政府职能、市场手段、收益分配三个方面对现行农村集体建设用地流转的模式进行比较与总结[①](表8-1)。

---

① 鉴于同一典型模式包含不同案例,而这些案例在现实操作中存在多样化和差异性,进而在政府职能、市场手段、收益分配等方面也可能表现不同,故本书主要依据各典型模式所选取的具体案例进行总结比较。

表 8-1　农村集体建设用地典型模式主要特征的比较总结

| 流转模式 | 农村集体建设用地间接流转模式 | | 农村集体建设用地直接流转模式 | | | |
|---|---|---|---|---|---|---|
| | 江苏"万顷良田建设"模式 | 重庆地票交易模式 | 广东佛山"三旧改造"模式 | 广东南海"区镇整备"模式 | 北京大兴"镇级统筹"模式 | 贵州湄潭"异地调整入市"模式 |
| 具体案例 | 如皋市长江镇 | 黔江区新华乡 | 南海区联滘地区 | 南海区桂城街道 | 大兴区西红门镇 | 湄潭县抄乐镇和湄江镇 |
| 政府职能 | 政府主导 | 政府引导 | 政府主导 | 政府主导 | 政府引导 | 政府引导 |
| 市场手段 | 土地入股的形式将承包农地流转给合作社 | 构建指标交易管理平台(重庆农村土地交易所) | 组建镇级土地资产公司负责土地流转开发;"集体土地租控"实现集体建设用地入市流转 | 土地整备中心负责土地储备和地块入市 | 组建镇级集体联营公司负责土地流转开发;"招拍挂"方式出让集体经营性建设用地 | 政府进行指标跨区域交易调剂;"招拍挂"方式出让集体经营性建设用地 |
| 收益分配 | 地方政府支付开发复垦、补偿安置等费用,以出让增减挂钩指标平衡预算;农户获取农地租金收益,购买安置房改善居住环境 | 地方政府前期垫付复垦成本、金融成本、管理成本,后以地票收益填平开支,成本收益基本持平;农户与农村集体经济组织,以85:15比例分配扣除政府收益后的地票成交收益 | 政府负责前期开发成本,通过后期土地收益填平开支,成本收益基本持平;村集体获取土地租金,就业机会,提升居住环境;开发商低价拿地,并获取物业租金 | 政府获得土地增值收益调节金和相关税费;集体土地整备中心支付土地开发整理项目资金;集体土地整备中心和村集体经济组织按照《托管协议》的约定进行收益分配 | 政府垫付前期成本,获取总价款12%的调节金;镇级公司获取剩余收益,一部分收益再投资,另一部分在集体间分配;农户一方面获得地租保底收益,另一方面通过前期留地、留物业、留资产和入股经营方式获取收益 | 县政府获得总价款12%的调节金;指标调出获取指标流转费用,并以6:4的比例在村集体与农户之间分配,指标调入方付出指标流转费用,获得土地出让收益,以1:2的比例在集体与农户间分配,农户还获得相应就业机会 |

## 一、政府职能

对比前述的典型模式可以发现,不同模式下地方政府的职能及其参与程度存在较大区别。一种是地方政府基本主导了农村集体建设用地的流转。例如,江苏如皋市长江镇的"万顷良田建设"案例,基本是由如皋市全权主导,如皋市国土部门不仅要负责规划的编制和周转指标的统筹使用,同时还需要负责对拆旧区土地进行复垦。或是广东佛山联滘地区的案例,地方政府先通过协调统筹厘清地块权属,再以"集体土地租控"的方式协助各村集体建设用地进行统一管理,从而掌控区域土地开发主导权,最后根据规划统一将集体建设用地进行出租或出让。

三块地改革后在广东南海进一步深化的"区镇整备"模式，是政府成立土地整备中心，并由这一政府平台全权负责土地储备、地块入市和托管期内的经营管理，进而政府可以更好地控制统筹过程中各个环节的时间节点。

另一种是地方政府引导参与农村集体建设用地的流转。例如，重庆的地票交易模式，地方政府的职能主要是辅助地票的交易。一方面，地票是否产生、产生的规模均是由农村土地权利人根据自身的需求决定的，基层国土部门在地票指标产生环节仅作为农村土地权利人的代理人对农村建设用地进行复垦。另一方面，诸如重庆市农村土地交易所的主要职责是为地票的供需主体搭建市场交易平台，而区县国土部门则主要负责地票相关知识的宣传并以代理人的角色为农村土地权利人进行服务。再如贵州省湄潭县的"异地调整入市"案例，也是在湄潭县国土局的组织协调下，将抄乐镇落花屯村和群星村的指标异地调整至湄江镇回龙村。北京大兴的案例主要是由地方政府引导建立镇级集体联营公司，这个集体联营公司的性质相当于由各村股份经济合作社组建的"超级合作社"，而后续集体建设用地入市的相关事宜实际上均由该集体联营公司作为统筹实施主体。作为各个村集体的共同资产，集体联营公司能够在项目过程中，较好调动民间资本、发挥村集体群策群力，减少统筹过程中的矛盾纠纷。

## 二、市场手段

总结前述的农村集体建设用地流转模式可以发现，各地区在进行改革试点时都在尽可能尝试市场化手段的引入，发挥市场作用。一是组建公司负责土地入市开发。例如，北京大兴的改革中，为了提高农村集体经济组织和农民的组织化程度，增强市场竞争能力，由镇农资委牵头，以各村集体作为股东，以土地入股组成镇级集体联营公司来负责集体土地的入市开发，在佛山的联滘地区"三旧改造"中，也是成立了镇级的土地资产公司负责集体建设用地流转。

二是出让模式的市场化与多样化。例如，北京大兴区案例与贵州湄潭县的案例，均要求采用"招拍挂"等市场化手段出让集体经营性建设用地，从而基本实现与国有建设用地同权同价。再如佛山联滘地区"三旧改造"案例，突破传统土地出让的形式，创新式地以"集体土地租控"的形式，实现农村集体建设用地的入市流转。

三是构建指标交易平台，允许增减挂钩等用地指标跨区域交易。例如，重庆的地票交易案例，政府通过构建重庆市农村土地交易所这个市场化交易平台，充分发挥市场机制作用，让市场决定指标是否产生、指标的价格及指标的流向，从而优化农村集体建设用地配置。

## 三、收益分配

在现行的农村集体建设用地流转改革中,各地区的收益分配探索表现出政府让利于集体和农户与农户收益的形式更加长期化与多样化的两个特征。首先,在现行改革探索中,各地区都在完善兼顾国家、集体与个人的土地增值收益分配机制,其分配目标趋向于政府收益持平、集体收益增长、农户收益长久的状态。例如,北京大兴与贵州湄潭的案例,地方政府不仅垫付前期土地开发整理、基础设施建设等费用,在集体经营性建设用地成功流转交易后,只是收取出让总价10%左右的调节金,剩余收益在扣除成本后全都分配给农村集体与农户。在重庆地票交易案例中,政府在整个流转过程中,只是收取了前期的复垦、融资成本,以及5%左右的管理费用,剩余地票收益都直接分配给农户与集体,并采用了价款直拨的方式,保障资金直接拨付给农户。

其次,农户收益的形式不再局限于一次性的资金补充,而是更加长期化与多样化。例如,北京大兴与广东佛山的案例,农户不仅拥有集体经营性建设用地的地租收益作为保底收益,确保村民的短期经济利益,并且在集体建设用地流转的农户收益设计中,还包含了诸如留地、留物业、留资产和入股经营等收益形式或是与企业签订协议,优先为村民提供工作机会,从而确保了村民的长期稳定收益。此外,在各案例中,集体建设用地的流转往往需要政府进行基础设施建设或是建设安置小区安置被拆迁农民,有助于农民居住环境和生活质量的改善,为农户分配社会方面的相关收益。

## 第四节 本章小结

伴随农村集体建设用地制度创新的不断演进,我国呈现出间接流转与直接流转的两类路径变迁特征,形成了诸如江苏"万顷良田建设"、重庆地票交易、广东佛山"三旧改造"、广东南海"区镇整备"、北京大兴"镇级统筹"、贵州湄潭"异地调整入市"等多种模式。通过选取各典型模式的具体案例,从政府职能、市场手段、收益分配等三个方面对不同模式比较与总结,可以发现不同模式下地方政府的职能及其参与程度存在较大区别,有些模式下地方政府基本主导了整个农村集体建设用地流转,有些模式政府则是主要负责引导参与。而且,各地区在进行改革试点时都在尽可能尝试市场手段的引入,发挥市场作用。此外,在现行的农村集体建设用地流转改革中,各地区的收益分配探索表现出政府让利于集体和农户与农户收益的形式更加长期化与多样化的两个特征。整体而言,各地区开展的农村集体建设用地流转改革探索,为我国农村集体建设用地流转积累了丰富的经验,也为未来制度的进一步改革提供了良好参考与借鉴。

# 第九章　农村集体建设用地流转制度形成机理解析

第八章分别以间接流转与直接流转的两类变迁为主线，基于我国农村集体建设用地流转的地方实践，通过梳理比较诸如江苏"万顷良田建设"、重庆地票交易、广东佛山"三旧改造"、广东南海"区镇整备"、北京大兴"镇级统筹"、贵州湄潭"异地调整入市"等典型模式，分析总结了我国农村集体建设用地流转的模式创新及其主要特征。因此，本章将继续基于农村集体建设用地直接流转与间接流转的形式特征，运用布罗姆利的制度变迁理论构建农村集体建设用地流转制度创新的理论分析框架，从制度创新需求的产生和最终实现两个方面对我国农村集体建设用地流转制度的形成机理进行解析[①]。

## 第一节　农村集体建设用地流转制度创新的理论分析框架

布罗姆利在《充分理由——能动的实用主义和经济制度的含义》一书中提出制度和制度变迁需要从能动实用主义（volitional pragmatism）的角度来理解，能动的实用主义强调人的主观能动性，包括自我对外界事物的反思能力和价值选择以及随之而采取的行动，制度是运行实体（家庭、村庄、企业和民族国家）的规则，它们合法并决定了人们选择的领域和范围以及人们之间的相互作用，制度变迁是行为主体基于对未来的认知有意识的集体行动，是一个达到人们共同分享的理解共识的主动性过程，其本质是配置或改变未来不同个人和群体间的收益与成本流（Bromley，1989）。

布罗姆利指出所有的制度变迁均包括两个步骤：第一步是受到影响的个人意识到现有的制度安排会导致特定的个人行动，这些个人行动的加总会导致一些结果的出现，而他们不再认为那些结果是可以接受的或是合理的，这些催化了制度变迁愿望的萌发（认为制度变迁在源头上是由一个不成熟但日渐形成的认识所驱动的，即必须对现有的制度设置及其相关结果做点什么，以防止可能发生的损害，如果继续保持原有的制度安排，这些损害就会发生）；第二步是新的创造性想象（对想象的可行行动的结果的想象），从新的制度安排中得到可能的结果（想象），不同的人会有不同的想象，当看似可行的创造性想象出现时便开始接近于制度变

---

[①] 本部分内容改写自：上官彩霞. 2015. 城乡建设用地增减挂钩实施中宅基地置换的模式选择及其对农民福利的影响研究. 南京：南京农业大学博士学位论文.

迁的最终阶段——政策的形成，是调整日常规则（或制度）的过程，目的在于实施处于优势地位的一个创造性想象，是未来的结果，为了实现这个结果，必须实施新的制度安排（Bromley，2006）。

依据布罗姆利提出制度变迁的两个步骤，建立制度创新理论分析框架，从制度创新需求的产生和最终实现两个方面出发全面解释农村集体建设用地流转制度创新的形成机理。首先，相关利益主体认为现存的制度环境产生的一系列问题是不合理的，与他们的目标期望背道而驰，为了实现期望将努力修正现有制度安排，由此产生制度创新需求；其次，通过阐述不同主体为了实现各自的目标期望产生的创造性想象，当达成共识信念（一个由个体组成的团体的确定性思考）时，制度创新便得以最终实现（图9-1）。

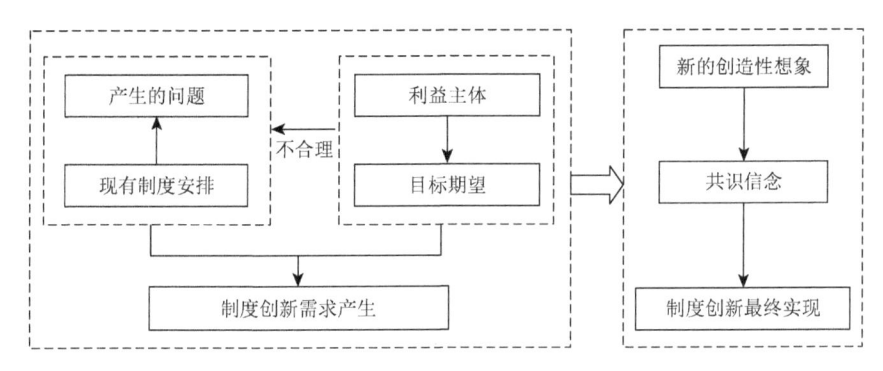

图 9-1　制度创新的理论分析框架

## 第二节　农村集体建设用地流转制度创新需求的产生

布罗姆利指出制度变迁的诱因是具有主观能动性的人们对当前制度结构的反思，当不能实现其未来期望时便产生改变现存制度结构的需求。集体建设用地流转形成的诱因是中央政府、地方政府、村集体和农民认为城乡二元土地制度以及严格的耕地保护制度和土地用途管制制度存在不完善，不能完全实现其未来期望，从而产生改变现存制度的需求。因此首先分析各利益主体的目标期望是什么，其次阐述现在的制度环境产生了哪些问题，最后探讨这些问题为什么不能实现相关利益主体的目标期望。

### 一、相关利益主体的目标期望

（一）中央政府

中央政府的目标从计划经济时代的追求工业化发展转变为粮食安全和社会稳

定。新中国成立之初，社会经济处于崩溃边缘，百废待兴。这时政权与财权处于高度集权状态，中央政府的目标是发展工业，通过工业化带动国家的现代化。但是工业化缺乏大量资金，中央政府为了完成工业化积累，实行农产品统购统销（形成工农产品价格剪刀差）、建立城乡分割的户籍制度将农民完全锁定在农村、垄断了集体土地的转用为工业化在用地方面提供了便利以及建立"三无"（无偿、无限期、无流动）为主要特征的城市土地产权制度（在国家财政极为紧张的情况下为城市公共基础设施的建设起到了积极作用）。

改革开放以后，外源工业化为中国经济的高速增长提供了契机，但是粗放式的经济增长方式消耗了大量的耕地资源，造就了将近1亿的失地农民。根据1996年第二轮全国土地利用总体规划，2000年我国耕地保有量应为19.4亿亩，2010年耕地保有量需要控制在19.2亿亩。然而到2000年，全国耕地保有量减至19.23亿亩，这远远超出了中央对耕地数量减少的心理预期，至此中央政府开始加大耕地保护的力度，目标期望转向了粮食安全和社会稳定。粮食安全目标的实现需要确保一定数量的耕地，其基本手段是利用法律制度，加强土地管制和土地执法，通过层层下达耕地保有量确定耕地数量；社会稳定目标的实现需要让农民的权益不断得到保障、城乡居民均等化。

（二）地方政府

地方政府的目标是地方经济发展和财政收入增长。改革开放后，中国开始向市场经济转型，为了推进经济快速发展，推行了财政分权的一系列制度改革，从最初的放权让利到20世纪80年代的财政包干体制，再到20世纪90年代的分税制改革。这一变革彻底转变了地方政府的目标期望，即在财政分权、政治集权和政绩考核下不断追求GDP增长以及基础设施建设。地方政府官员为了政绩有竞争GDP增长率的激励，即晋升锦标赛。与此同时，依照届时的土地制度设计，地方政府作为城市土地的主要供给者，对于土地供给拥有自由裁量权。因而，鉴于财政分权下产生的地方政府财权和事权不匹配，地方政府倾向于利用土地这一工具获取收入，即通过较低价格征收土地后，采用"招拍挂"方式以更高价格卖出，以此获取土地出让收入，为城市建设以及GDP增长提供资金。

（三）村集体

村集体的主要目标是集体经济的快速发展。我国村集体是连接政府与农民的重要纽带，主要职责是为村民提供各种公共物品与福利，但是我国绝大多数村集体经济实力不强，对村庄公益事业所需费用无力承担，主要依赖于县、镇（乡）政府的转移支付。因此，在村集体经济发展乏力的状况下，村集体的目标与地方政府的目标是一致的，然而从长期看，村集体经济的不断强化使村集体不再依赖地方政府的财力，成为农民的主要代言人，不断追求自身利益最大化（朱新华，2011）。

（四）农民

农民的目标是维护权利和增加自己的土地权益。农民在农地转为非农用地（主要实行政府征收）中所获收益微乎其微，农民所获得的收益只体现了土地作为劳动生产资料价值的一面，对土地本身增值、预期收益以及附带的就业和社会保障等价值功能方面未有体现。从2013年国家信访局公布的群众来信来访情况看，反映的突出问题主要包括农村土地征用、城镇房屋拆迁及劳动和社会保障问题。随着土地稀缺程度的不断上升和土地价值增值空间的不断扩大，农民的维权意识不断加强，同时农民也希望自己拥有财产（包括农地、集体资产和宅基地）的价值功能可以得到体现。

## 二、现存的制度环境及其产生的问题

（一）城乡二元土地制度

城乡二元土地制度呈现出城乡二元的土地权利体系和城乡土地拥有不同的配置方式的基本特征（王万茂，2013；刘守英，2014）。

城乡二元的土地权利体系指城市土地属于国家所有，由国务院及地方政府代表国家经营、管理，使用权是依据划拨、一级市场和二级市场确定使用主体，机构和个人可以拥有国有土地的使用权；除法律规定属于国家所有以外的农村和城市郊区土地、宅基地和自留地、自留山以及法律规定归集体所有的土地属于农民集体所有，由镇（乡）、村、村民小组三级行使其所有权，使用权依据农村集体成员权确定使用主体，法律规定农民可以用作集体建设用地的土地限于三类：农民自用（自建宅基地）、农村公共设施建设和以农地入股合办企业等用途。因此相对于城市土地产权制度，农村土地产权制度安排表现出产权主体不明晰、土地产权不对等（曲福田和田光明，2011）。

城乡二元土地的配置方式是：国有土地通过土地一级市场（政府在一定期限内采用划拨、协议、"招拍挂"方式让予土地使用者）和二级市场（土地一级市场的土地使用者在剩余年限内采用转让、转租、抵押和入股方式让予其他土地使用者）实现不同用途之间的优化配置；农村土地资源配置途径包括三类：农地非农化、集体内部配置、因破产、兼并等情形致使依法取得建设用地的企业土地使用权发生转移。

综上而言，现行城乡土地制度可能引发如下两个方面情况：第一个是非农建设对耕地的大量占用；第二个是城乡建设用地配置失衡。

### 1. 非农建设对耕地的大量占用

伴随着工业化、城市化的快速发展，非农建设对耕地的占用速度日益增加，耕地面积逐年减少。根据 1979~2011 年对耕地面积减少的数据统计（表 9-1），除 1990 年、1995 年和 1996 年这三年耕地面积略有增加外，耕地面积变化的整体趋势是加速减少的，1979~2011 年共减少 1242.31 万公顷（1.86 亿亩），平均每年减少 38.82 万公顷（564.75 万亩）。非农建设占用、生态退耕、农业结构调整和灾害损毁等是导致耕地面积减少的主要原因，其中非农建设占用耕地是导致耕地面积减少的关键因素。根据《中国国土资源统计年鉴》对 2007 年和 2008 年的耕地减少量及非农建设占用耕地数量的数据统计，2007 年和 2008 年耕地减少量分别为 34.07 万公顷（511.05 万亩）和 27.80 万公顷（417.00 万亩），其中非农建设占用耕地面积为 18.83 万公顷（282.45 万亩）和 19.16 万公顷（287.40 万亩），非农建设占用耕地面积的比重高达 55.27%和 68.91%（图 9-2）。

表 9-1 改革开放以来中国耕地面积变化情况　　单位：万公顷

| 年份 | 年末耕地面积 | 比上年增减 | 年份 | 年末耕地面积 | 比上年增减 |
| --- | --- | --- | --- | --- | --- |
| 1979 | 13 407.38 | — | 1992 | 13 000.13 | −22.78 |
| 1980 | 13 388.11 | −19.27 | 1993 | 12 967.69 | −32.44 |
| 1981 | 13 361.31 | −26.80 | 1994 | 12 948.22 | −19.47 |
| 1982 | 13 318.24 | −43.07 | 1995 | 12 954.79 | 6.57 |
| 1983 | 13 294.52 | −23.72 | 1996 | 13 003.92 | 49.13 |
| 1984 | 13 242.92 | −51.60 | 1997 | 12 990.31 | −13.61 |
| 1985 | 13 142.18 | −100.74 | 1998 | 12 964.21 | −26.10 |
| 1986 | 13 080.54 | −61.64 | 1999 | 12 920.55 | −43.66 |
| 1987 | 13 046.42 | −34.12 | 2000 | 12 824.31 | −96.24 |
| 1988 | 13 029.73 | −16.69 | 2001 | 12 761.58 | −62.73 |
| 1989 | 13 023.15 | −65.80 | 2002 | 12 592.96 | −168.62 |
| 1990 | 13 024.84 | 1.69 | 2003 | 12 339.22 | −253.74 |
| 1991 | 13 022.91 | −1.93 | 2004 | 12 244.43 | −94.79 |

续表

| 年份 | 年末耕地面积 | 比上年增减 | 年份 | 年末耕地面积 | 比上年增减 |
|---|---|---|---|---|---|
| 2005 | 12 208.27 | −36.16 | 2009 | 12 168.69 | −2.90 |
| 2006 | 12 177.59 | −30.68 | 2010 | 12 165.87 | −2.82 |
| 2007 | 12 173.52 | −4.07 | 2011 | 12 165.07 | −0.80 |
| 2008 | 12 171.59 | −1.93 | | | |

1979～1995年耕地面积数据来源于以1996年10月31日土地利用详查的耕地面积作为数据重构的基准点[①]，依据年内耕地增减变化情况对1979～1995年的耕地面积进行修正后的数据；1996～2008年数据来源于《中国国土资源统计年鉴》，2009年和2010年耕地面积依据2006～2008年年平均减少率估算出的，原因是此阶段耕地减少趋于稳定且按此估算方式得出的2011年数据与国土资源部发布的2011年耕地面积数据更接近，2011年数据来源于国土资源部发布2011年度全国土地变更调查数据获知2011年底耕地面积为18.2476亿亩。

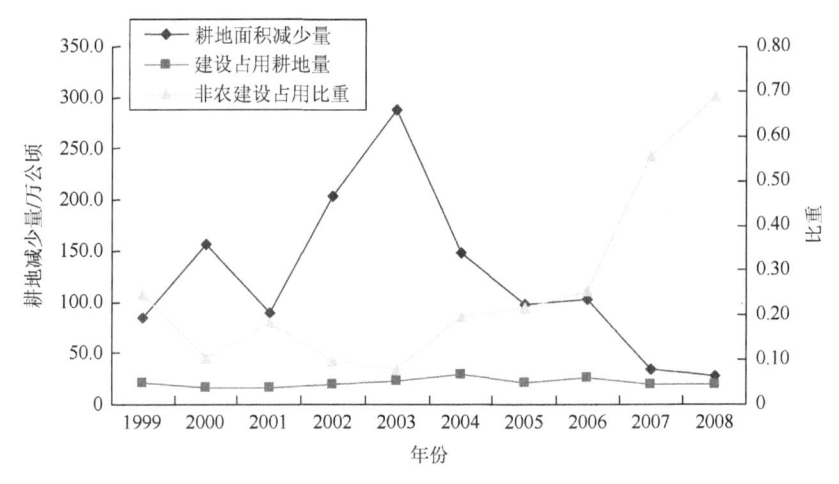

图 9-2 非农建设占用耕地占耕地面积减少总量的比重

资料来源：《中国国土资源统计年鉴 2010》

**2. 城乡建设用地配置失衡**

我国城乡建设用地配置处于分割状态。一方面，大量农民不断转移到城市定居，导致宅基地等集体建设用地闲置，村落出现"空心化"情况。据2011年农民

---

① 数据来源自：李效顺. 2010. 基于耕地资源损失视角的建设用地增量配置研究. 南京：南京农业大学博士学位论文。

工监测调查报告数据显示，2011年农民工数量为25 278万人，其中外出农民工为15 863万人，占农民工总量的62.8%；住户中外出农民工12 584万人，举家外出农民工3279万人。如果按照人均150平方米（国家村镇规划标准）计算，假设1.59亿外出务工农民工全家都转移到城市，农村集体建设用地闲置的数量就会达到237.95万公顷。然而事实上只有20.9%的农民工全家迁移，同时现实中农村居民居住用地人均标准远远超过国家村镇规划标准，宅基地完全闲置的面积超过49.19万公顷；另一方面我国城市实际新增建设用地量不断突破国家批准的新增建设用地指标量。据统计，2002~2011年全国实际新增建设用地量是7442万亩，但是全国只批准新增建设用地4300多万亩，远远超过了批准的数量（刘守英，2014）。

## （二）严格的耕地保护制度和土地用途管制制度

为了保证国家粮食安全和控制建设用地无序扩张，我国制定了最严格的耕地保护制度和建设用地管理体制，实行了一套计划配置型的土地用途管制制度。通过编制土地利用总体规划，划定土地用途区，设定土地使用条件和规则，要求土地所有者、使用者严格按照确定的用途利用土地。同时确立了中央与省双层管理、省级以下垂直管理的行政管理体制，将农用地转用审批权限上收到国务院和省级政府，要求各级地方政府在土地利用总体规划下制定土地利用年度计划，将建设占用耕地量、基本农田保护任务和补充耕地量这些核心指标以自上而下、逐级下达的方式确定一个地区未来新增的建设用地总量和空间布局。

严格的耕地保护制度和计划配置型的土地用途管制制度，虽然有效保护了耕地和规范了用途行为，但是较为刚性的制度设计也对地区经济发展和耕地占补平衡造成了影响。

### 1. 地区经济发展

我国高度集权式的土地管制制度导致建设用地指标在数量和空间两方面限制了地区经济发展。数量上建设用地指标在分配时难以与经济发展相适应，迫使经济发达地区地方政府陷入无法打破现行用地的计划管制的瓶颈，面临建设用地供应不足的问题。据2011年国土资源部对全国31个省（区、市）179个县市的调研数据统计，2011年全国年度计划指标是44.67万公顷，但是实际上用地需求计划指标是107.73万公顷，多数地区反映下达的指标只能满足用地需求的1/3[①]；空间上土地利用总体规划划定的新增建设用地在空间布局上与实际需要不完全匹

---

① 国土资源部. 多省反映供地指标只能满足1/3需求，http://www.chinadaily.com.cn/dfpd/shizheng/2011-04/09/content_12298221.htm[2022-04-07]。

配，当一个地区的基本农田保护任务一旦以"基本农田保护区"形式落实到具体地块后，从数量和空间上限制具体项目的选址，遇到难以避开基本农田从而无法进行建设的问题。以浙江省为例，1997年中央下达给浙江省1997~2010年建设占用耕地规划指标是100万亩，基本农田保护面积是2711万亩，补充耕地量是116万亩，但是规划指标和计划指标无法满足快速增长的建设用地需求，截止到2001年底浙江省实际使用的建设用地占用耕地量达到99.2万亩，同时杭州、宁波等地级市和金华义乌、东阳和永康等地区建设用地需求快速增长快于省内其他地区，结果是2000年之后这些地区地方政府规划的城市框架和工业园区陆续遇到难以避开基本农田从而无法进行建设的问题（汪晖和陶然，2009）。

2. 耕地占补平衡

从1998年开始，我国从《土地管理法》等法律角度完善了耕地保护制度，确立了耕地占补平衡制度，但是耕地占补平衡指标的分配也是从上而下的逐级分解，分配时没有考虑补充耕地潜力、成本等方面的差异，结果很多区域实现耕地占补平衡困难，虽然耕地占补平衡允许省内跨区交易，这为发达地区城市化发展解了一时燃眉之急，但是随着耕地后备资源的枯竭及欠发达地区逐渐意识到自身区域的后续发展，不再愿意进行占补平衡交易。此外，我国部分地区耕地总量动态平衡的实现依赖于开发滩涂、湿地，难以达到旱能浇、涝能排的标准，从生态平衡的角度考虑对江河泄洪、湿地保护和生态环境也产生负向影响。因此，耕地占补平衡的目标从数量和质量上难以实现（孙烨，2008）。

### 三、现存制度环境下产生的问题对利益集团目标期望的影响

#### （一）现有制度环境下中央政府保护耕地和维持社会稳定的目标期望难以实现

城乡二元土地制度下产生的优质耕地面积大量减少以及农民权益受损问题造成中央政府保护耕地和维持社会稳定的目标期望难以实现。一方面中央政府为了保护耕地制定了耕地总量动态平衡战略，但是实践中并没能扭转耕地减少的趋势，2001~2008年耕地增加量为9530.4千公顷（1.43亿亩），耕地减少量是9895.4千公顷（1.48亿亩），耕地净减少365.0千公顷（547.48万亩）[①]，现存的制度环境下中央政府保护耕地的目标没有实现；另一方面通过土地征收制度造成了非农建设对农村土地的大量占用，农民享受到的补偿水平低导致农民与政府

---

① 数据来源于《中国国土资源统计年鉴》。

之间的矛盾日益加剧，引发了大量的群体性事件，极易引起社会不稳定，阻碍中央政府目标期望的实现。

### （二）现有的制度环境下地方政府发展地区经济的目标期望不能达成

严格的耕地保护制度和土地用途管制制度产生的地区经济发展受限和实现耕地占补平衡困难的问题造成地方政府发展地区经济的目标期望不能达成。国家实施偏紧的建设用地供给策略导致地方政府的用地指标缺乏，对此，地方政府通过"占补平衡"或"异地占补平衡"来弥补城市建设用地指标紧缺的问题，但是2004年《关于深入开展土地市场治理整顿严格土地管理的紧急通知》一文中叫停了基本农田的"异地代保"，后来地方政府又考虑通过土地整治实现"占补平衡"。一方面集权式的土地规划指标分配时没有考虑地区差异性造成城市建设用地供需失衡，有些地区地方政府因为没有建设占用耕地指标无法发展地区经济，加剧经济发展与耕地保护的矛盾；另一方面耕地占补平衡和土地用途管制等政策的执行是中央政府委托给地方政府的，并且实行目标责任制，部分地方政府为了耕地总量平衡在规划基本农田时，会把城郊周围的优质耕地留作建设后备用地而不划入基本农田，并把林地和草场作为新增耕地，由此可能影响区域的耕地质量。

### （三）现有的制度环境下村集体发展集体经济的目标期望未能实现

城乡二元土地制度下农村建设用地的配置途径（限制其入市流转）造成村集体发展集体经济的目标期望未能实现。城乡二元土地制度致使农村土地资源只能通过土地征收、集体内部配置、因破产、兼并等情形致使依法取得建设用地的企业土地使用权发生转移三种途径得以配置，村集体从这个过程中不能获得一些指标用于发展集体经济。

### （四）现有的制度环境下农民权益得到保障的目标期望不能实现

现阶段，我国土地征收中关于农民土地权益的保障主要关注农民土地经济权益的保障，虽然经过长时间的博弈，征地补偿标准逐步提高，从最开始依据农地年产值倍数法计算的不超过征收前三年平均年产值的10倍，提高到30倍，到现阶段少部分地区突破标准，以市场谈判的方式确定征地补偿费用；征地补偿方式也从单一的一次性货币补偿逐步发展为"现金＋房屋"等多种补偿形式，但是土地征收制度的强制性使得农民在征地时只能被动地接受现实，在部分征地的过程中，农民知情权不足，无法有效进行监督，难以就补偿方式或标准进行有效谈判，农民政治权益存在不足；征地后，由于配套的就业培训、医疗保险、教育文化等服务存在不足，农民的土地社会权益方面也存在缺失。

通过上述分析可以看出，现行土地制度存在不足，在这样的制度环境下，中央政府保护耕地的目标、地方政府发展地区经济的目标、村集体发展集体经济的目标和农民增加土地权益的目标不能得到完全实现。因此，相关利益主体为了实现各自目标，希望调整现有制度安排，产生制度创新需求。新的制度安排既要确保粮食安全，也要赋予地方政府更多的建设用地指标来发展区域经济，更要使村集体和农民更多地分享到城市化发展进程的土地增值收益。

## 第三节 农村集体建设用地流转制度创新的最终形成

农村集体建设用地流转制度创新的最终形成过程依赖于中央政府、地方政府、村集体和农民等主体的相互作用，通过阐述中央政府、地方政府、村集体和农民为了能够实现各自的目标期望产生的创造性想象，当创造性想象能够达成各个利益主体的共识信念（一致同意）时，农村集体建设用地流转相应的制度创新便得以最终实现（图9-3）。

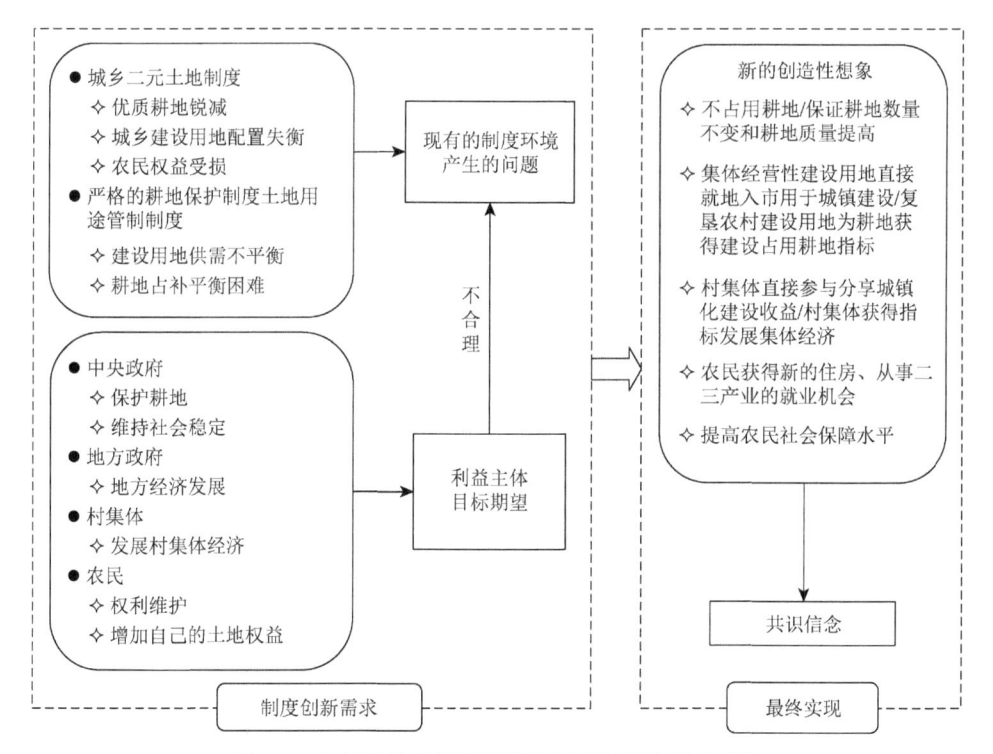

图9-3 农村集体建设用地流转制度创新的形成过程

## 一、中央政府与集体建设用地流转制度创新

中央政府为了实现粮食安全和社会稳定的目标产生的创造性想象要通过什么样的途径才能实现呢？一方面，对于集体建设用地间接流转而言，国土资源部于2000年连续下发了《关于加强土地管理促进小城镇健康发展的通知》（国土资发〔2000〕337号）和《关于加强耕地保护促进经济发展若干政策措施的通知》（国土资发〔2000〕408号），均提到"依法批准的试点小城镇，可以给予一定数量的新增建设用地占用耕地的周转指标，用于实施建新拆旧，小城镇建设建新拆旧完成后，经复核认定的复垦成耕地的面积要大于建设占用耕地的面积"，2004年国土资源部又下发了《关于加强农村宅基地管理的意见》（国土资发〔2004〕），提出"县市和乡（镇）要根据土地利用总体规划，结合实施小城镇发展战略与'村村通'工程，科学制定和实施村庄改造、归并村庄整治计划，积极推进农村建设用地整治，提高城镇化水平，努力节约使用集体建设用地"。可以看出，中央政府也将增减挂钩（农村集体建设用地间接入市流转）作为既能保证耕地不被占用，又能支持地方城镇建设的一个新的创造性想象。首先将农村建设用地复垦为耕地，通过空间上的等量置换转变为城镇建设用地，缓解经济发展与耕地保护的矛盾，在数量上保证了耕地总量动态平衡；其次采用先进的土地复垦技术，将农村建设用地复垦为土地平整、基础设施较完善的高质量耕地，甚至可以纳入基本农田保护区，从质量上保证了耕地总量动态平衡。同时如果复垦农村建设用地就需要安置农民，在农民自愿的条件下让农民搬至区位条件好的集中居住区，在促使农村剩余劳动力得到转移的同时为农民提供非农就业机会或较高水平的社会保障，从而能够维持社会稳定，也在一定程度上有助于新农村建设。

另一方面，对于集体建设用地直接流转而言，党的十七大会议《中共中央关于推进农村改革发展若干重大问题的决定》中提出"逐步建立城乡统一的建设用地市场"；2013年党的十八届三中全会《中共中央关于全面深化改革若干重大问题的决定》明确"建立城乡统一的建设用地市场"，以及"在符合规划和用途管制前提下，允许农村集体经营性建设用地出让、租赁、入股"；2014年中央"一号文件"《关于全面深化农村改革加快推进农业现代化的若干意见》确定"加快建立农村集体经营性建设用地产权流转和增值收益分配制度"；2015年更是出台《关于农村土地征收、集体经营性建设用地入市、宅基地制度改革试点工作的意见》，并在全国范围内选择33个区县进行试点探索，探索集体经营性建设用地直接入市流转。可以看出，中央政府将农村集体建设用地直接入市流转作为既能保证耕地不被占用，又能支持地方城镇建设的一个新的创造性想象。按照我国法律

规定，农村集体建设用地使用权不能转让、出租或抵押，需要先经过征收转为国有后方可入市交易。但是随着城镇化、工业化的快速推进，对于部分诸如城中村、城市近郊的农村区域，其良好的区域条件、初具规模的基础建设、逐渐显化的土地经济价值等因素，使得该类区域的农村集体建设用地，特别是符合规划和用途管制的集体经营性建设用地，具备了直接入市的巨大潜力。与此同时，这些土地已经是规划确定用于经济发展的建设用地，因而未来的再开发不会造成耕地被占用。

## 二、地方政府与集体建设用地流转制度创新

地方政府为了实现发展地区经济发展的目标产生的创造性想象要通过什么样的途径来实现呢？一方面，对于间接流转而言，地方政府依托增减挂钩，在耕地后备资源匮乏以及跨区域占补平衡指标难获取的情况下，将目标转移到利用效率低的农村建设用地上，通过盘活农村集体建设用地将其复垦为耕地获得建设用地指标，从而在一定程度上缓解经济发展与耕地保护的矛盾，有助于地方政府通过使用这些建设用地指标来发展区域经济。以四川省成都市为例，作为一个早就过热开发的地区，成都市境内可开垦耕地的后备资源很少，这时市政府转向了通过内部的土地整治（田、水、路、林、村的综合整治）来满足占补平衡的要求，全市土地整治总面积从 2003~2005 年年均 2550 公顷上升为 2006~2007 年年均 34 400 公顷。此过程也涉及部分村庄整治（2005~2006 年金堂县栖贤乡向前村土地整治中宅基地及其他建设用地整治面积 114.3 亩，占新增耕地总面积的 1.4%，2007 年新津县普兴镇土地整治中宅基地整治面积 522.9 亩，占新增耕地总面积的 29.54%），城市或工业中心需要占用耕地的，经批准农用地转用的人民政府土地行政主管部门调查核实、批准后，可以与腾出来的旧址在整治后增加的耕地进行置换（北京大学国家发展研究院综合课题组，2010）。

另一方面，对于直接流转而言，地方政府将所辖区位条件优良的集体建设用地直接入市流转实现区域经济发展。例如广东"三旧改造"模式中发生于佛山的广佛智城改造项目，镇政府通过组建广佛商贸城发展有限公司，租赁村集体土地，进行统一规划开发，再转租给开发商使用，并承担项目招商引资、规划建设风险。在此过程中，地方政府不仅可以获取开发商缴纳的土地租金和税收，其中月租金 8 元/米$^2$，且每年按一定比例递增，还可以推动地区产业结构优化升级，通过将经济效益低、污染严重的废旧塑料回收加工行业改造为高效的商业、服务业，推动产业集聚、高速发展，实现经济增长方式转变和用地效率提高，同时在一定程度上也缓解了地方建设用地供应紧张的问题。再比如北京大兴的"镇级统筹"模式，通过统一的规划调整，即在北部四镇重点探索"产城共建、整体出让"，在南

部镇探索"点状供地",发展宜旅、宜农、宜绿产业(王羽,2018),将零星离散的集体经营性建设用地进行整合,进而通过规模效益引进高端产业,从而带动了区域产业的优化升级,提升了区域的经济发展质量。此外,集体建设用地直接入市还产生了一系列社会、环境效益,不仅为集体建设用地所在地当地农民提供了大量就业机会,提高其生活水平,缩小城乡差距,还有效改善了城市面貌和生活环境,使城乡居民的社会公共利益得到保障。

### 三、村集体与集体建设用地流转制度创新

村集体为了实现发展集体经济的目标产生的创造性想象要通过什么样的途径来实现呢?一方面,对于间接流转而言,村集体以农村集体建设用地作为补充耕地的来源这一创造性想象可以使村集体获得发展集体经济的用地指标,村集体通过出售该指标或用来建设标准厂房、打工楼以及发展乡镇企业,无疑会不断壮大集体经济。如苏州张家港永联村村集体投资 7.94 亿元(主要来源于村集体在永钢集团 25%的股份分红)复垦农村集体建设用地,获得的建设用地指标 64%用于农民安置区和基础设施建设,其他用于乡镇企业发展所需;复垦后的耕地以及原有分散的耕地以 1200 元/亩的租金从农民手中流转至村集体手中,组建 4 个农业公司大力发展现代高效农业(赵中华和闻炯,2012)。

另一方面,对于直接流转而言,村集体以集体建设用地直接流转参与到城镇化建设这一创造性想象,可以使得村集体直接分享城镇化的经济发展成果,获得可观的集体经营性资产。例如广东"三旧改造"模式中的广佛智城改造项目,村集体(村民)将集体土地租赁给政府成立的公司,租期 38 年,到期后由村集体(村民)决定是否延期租赁。村集体可以获得长期稳定的土地股份分红[每个月可以获得政府所支付的每平方米 3~3.5 元,每 3 年递增 10%的土地租金(所有税费由政府承担)],从而分享城市化进程中的土地增值收益。或是北京大兴"镇级统筹"中的西红门镇 B 地块,被纳入北京市土地交易市场大兴分市场的平台上进行交易,经过了 67 轮竞价,最后由北京赞比西房地产开发有限公司以 8.05 亿元竞得,溢价率高达 77.2%。其中,得到的出让收益,除去 12%用于缴纳增值收益调节金,37%用于偿还贷款,预留 37%用于项目再投资,剩余的 14%在股东(各村集体成员)之间分配,同时入股村民将以地租保底的方式获得每 5 年增加 5%的分红,体现出来了"保既得、利当前、重长远"的特征。

### 四、农民与集体建设用地流转制度创新

农民为了实现增加土地收益的目标产生的创造性想象又要通过什么样的途径

来实现呢？无论以增减挂钩为依托的集体建设用地间接流转，还是集体建设用地直接入市，如果能按照农民意愿通过再开发或是重新安置的方式，使农民获得基础设施较完善、区位条件较好的住房，获得价值高、可以进入市场交易的资产，还能够获得较高的社会保障水平或稳定的收入来源以替代农地和宅基地的保障功能，那么农民肯定会接受这些创造性想象。

综上所述，通过增减挂钩（农村集体建设用地间接流转）把农村集体建设用地作为补充耕地的来源，将其获得的建设占用耕地指标一方面用于在区位条件好的地区建设基础设施配套的农民集中安置区，剩余指标用于发展地区经济或村集体经济，或是允许条件较好的农村集体建设用地直接入市流转，两种路径的创造性想象都可以在不同程度上达成中央政府、地方政府、村集体和农民的共识信念，从而促进农村集体建设用地流转制度创新。

## 第四节 本章小结

本章运用布罗姆利制度变迁理论构建了制度创新理论分析框架，从制度创新需求的产生和最终实现两个方面对农村集体建设用地流转制度创新进行了解析。研究表明：农村集体建设用地流转的动因是城乡二元土地制度产生了非农建设对耕地的大量占用、城乡建设用地配置失衡以及农民权益受损严重三方面问题，严格的耕地保护制度和用途管制制度产生了地区经济发展受限以及耕地占补平衡困难两方面问题。在这样的制度环境下，中央政府保护耕地的目标、地方政府发展地区经济的目标、村集体发展集体经济的目标和农民增加土地权益的目标均不能得到实现。相关利益主体为了实现各自目标，希望调整现有制度安排，产生制度创新需求。新的制度安排既要确保粮食安全，也要赋予地方政府更多的建设用地指标来发展区域经济，更要使村集体和农民更多地分享到城市化发展进程的土地增值收益。

现行农村集体建设用地流转制度创新的实现过程是农村集体建设用地间接流转路径或是直接流转路径的创造性想象均能够实现中央政府、地方政府、村集体和农民等不同利益主体的目标期望：中央政府保护耕地和维持社会稳定的目标能够实现；地方政府能够获得经济发展所需要的土地，从而发展地区经济的目标可以实现；村集体通过出售建设占用耕地指标或是直接参与集体经营性建设用地再开发等获得资产收益，发展村集体经济的目标可以实现；农民可以居住于条件更优、基础设施更完善的小区，获得资产价值量较高的住房，并以"房东经济"形式获得一定财产性收益，同时生活环境和居住条件有很大改善，社会保障水平得到提高，从而农民增加自己土地权益的目标可以实现。

# 第十章 农村集体建设用地流转效率绩效评价

前章基于布罗姆利制度变迁理论构建了农村集体建设用地流转制度创新的理论分析框架，从制度创新需求的产生和最终实现两个方面对我国农村集体建设用地流转制度创新进行了解析。那么，对于当前正在实施的农村集体建设用地流转模式，其现实绩效如何？是否在效率与公平方面都达到了预期目的？具体地，农村集体建设用地流转是否提高了土地配置效率？是否改善了农民的福利状况？这些问题的回答对于把握与改进农村集体建设用地流转制度具有重要意义。故此，本章与下一章将选择我国农村集体建设用地流转的典型模式，从效率和公平两个方面对我国农村集体建设用地流转的绩效进行评价。

如上所述，我国在当前农村集体建设用地流转制度的现实探索中，逐步形成了直接流转与间接流转为特征的两种形式。由于直接流转形式的改革幅度较大、涉及面较广、不确定因素也较多，因而，除极个别试点地区在探索外，整体改革推行的进度较为缓慢、态度极其谨慎。即使是在2015年推行力度最大的"三块地"改革实践中，直接流转改革的步伐也非常谨慎，试点探索的直接流转入市范围限定于集体经营性建设用地。并且，"三块地"改革的集体经营性建设用地入市试点，由于试点范围较少、试点时间距今较短，在宏观层面尚未形成较为成型或是完善的研究数据。间接流转形式以增减挂钩政策为依托，依附于我国当前土地指标管理制度框架，属于对土地利用计划管理制度框架的边际调整，因而在实践中接受程度较高、矛盾冲突较少、推行力度也较大，是我国21世纪后农村集体建设用地流转的主要路径，也是我国各地区进行政策探索的主要抓手。各地区无论从模式或内容上都有不同的探索和创新，在宏观和微观层面都能获取较为全面和客观的统计和调研数据。

鉴于此，本章和下一章对我国农村集体建设用地流转的绩效评价将以农村集体建设用地间接流转形式为主线。本章以增减挂钩政策试点的典型模式——重庆地票交易为例，评价农村集体建设用地流转的效率绩效。首先，本章将分别从重庆市域内与域外两个角度，检验地票政策是否达到了资源节约与经济促进的增减挂钩政策目标。其中，市域内角度主要是基于双重差分法（differences-in-differences，DID）并有机结合环境库兹涅茨曲线（environmental Kuznets curve，EKC）模型与柯布-道格拉斯（Cobb-Douglas，C-D）生产函数，运用重庆2008~2013年35个区（县）的面板数据进行检验；市域外角度则是创新性地运用合成控制法，创建重庆未实施地票的反事实情况进行检验。在此基础上，本书进一步巧妙地将重庆各区县看作为独立的行为主体，将其历年的地票指标情况视为相应的流转行为，应用主体行为选择模型，构建重庆地票交易的二元选择模型，以此检验市场化机制引入是否进一步提升了重庆地票政策的效率绩效。

## 第一节　地票政策的资源节约与经济促进效果评价：市域内视角

重庆自2008年按照中央赋予统筹城乡综合配套改革试验区的要求，探索建立了地票交易制度并付诸实践，截至2014年，全市累计交易地票15.26万亩，成交额307.59亿元，成交均价稳定在20万元/亩左右（黄奇帆，2015）。重庆的地票交易政策在增减挂钩政策基础上，突破了传统挂钩项目"点对点"的置换方式，通过构建指标交易平台（农村土地交易所）实现对建设用地指标跨区域的市场化配置，是重庆在建设用地指标市场化配置改革方面的一大制度创新，也是我国拟通过市场机制构建优化农村集体建设用地间接流转效率的一个突破探索。

地票政策起始于增减挂钩政策，因而对地票政策效率绩效的评价需要考虑地票政策的实施在现实中是否达到了资源节约与经济促进这两个增减挂钩政策原有的设计目的。鉴于此，本部分立足于整个重庆市域内层面，基于地票政策分批次推进特点所引起的"自然实验"，借鉴DID理论模型，并有机耦合EKC分解模型与C-D生产函数，利用重庆2008～2013年的区（县）面板数据，分别从资源节约和经济促进两个方面对地票政策效果进行评价，验证其是否达到原有增减挂钩政策的设计目的[①]。

### 一、地票政策产生背景

土地资源计划管理主要是通过实施土地利用总体规划和年度土地利用计划来实现（Wang et al.，2009），前者主要是将规划期（一般为15年）内可以新增的建设用地总量指标自上而下层层分解，并通过分区手段落实到具体地块；后者为落实前者目标，将总量指标按年度分解为地区当年可新增的建设占农计划指标，并且对新增建设用地计划指标实行指令性管理，如果没有土地利用年度计划指标，则不批准新增建设用地。

需要注意的是，在中国当前的城镇化进程中，农村地区的存量建设用地（特别是宅基地）闲置浪费情况显著，盘活潜力巨大（Liu et al.，2010）。一直以来，

---

① 本部分内容改写自：王博. 2016. 我国建设用地总量控制和市场配置研究. 南京：南京农业大学博士学位论文.

中国对农村宅基地实行"一户一宅"政策，但在现实中，农村宅基地却呈现出"外部扩张伴随内部空心、一户多宅、建新不拆旧"等显著特征（Liu et al.，2014）。据统计，1996~2008年，中国由于城镇化推进而转移的农村人口数量达到1.35亿，但与此同时，相对应的农村建设用地不仅没有减少，反而农村居民点用地还增加了23.5万公顷，人均农村居民点面积达到229平方米，远超过国家150平方米的最大限制（Liu et al.，2014）。

因此，中国政府试图以农村存量建设用地为切入点，以土地发展权转让为政策工具，寻求平衡经济发展与耕地保护、优化土地资源配置效率的突破口，优化现行的土地资源计划管理制度。如图10-1（a）所示，即在一个挂钩项目内，将农村区域的存量建设用地复垦后作为挂钩指标，转到城市地区用于新增建设占用。这种将土地发展权从农村转到城市的方式，不仅使得城市地区补充了新增建设用地推动经济发展，也使农村地区闲置的存量建设用地复垦为耕地，保持了耕地总量平衡。但是，由于挂钩指标只能在项目区内封闭流动（即指标只能从A地区的农村转到A地区的城市），因而即使其他地区（如B地区）的城市相对A地区的城市更能有效使用挂钩指标，也会因为现行政策的限制无法进一步提高挂钩指标的配置效率。

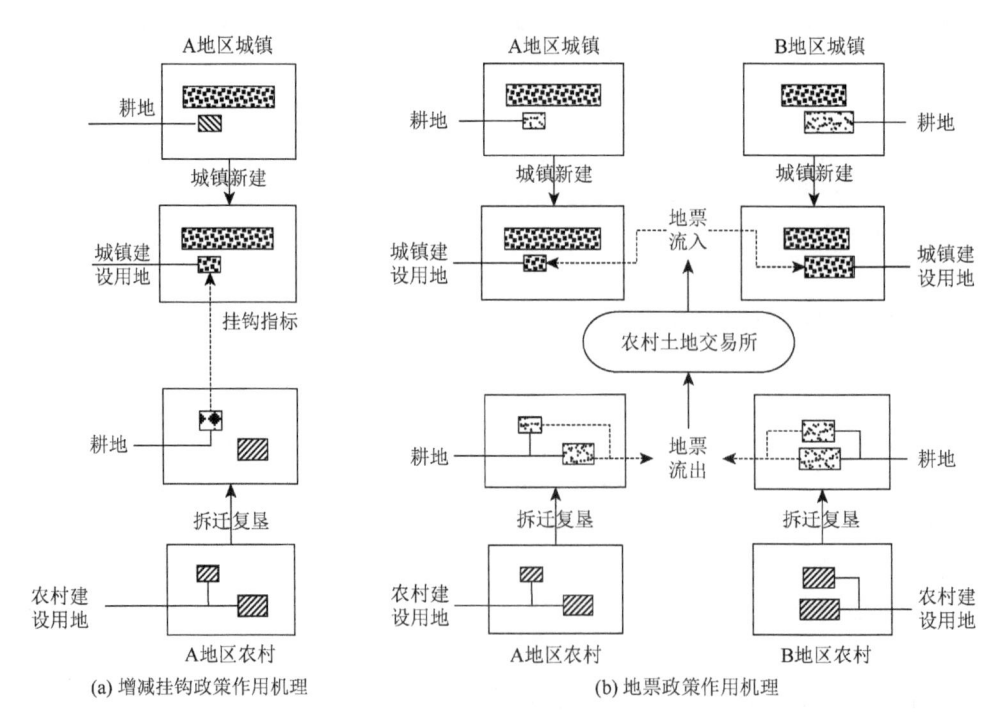

图10-1 增减挂钩政策与地票政策的作用机理示意图

重庆按照中央赋予统筹城乡综合配套改革试验区的要求，以城乡增减挂钩政策为基础，于2008年创新性地提出地票政策。该政策通过构建一个以复垦农户和开发企业等土地权利人为主体的指标市场化配置体系，突破了传统挂钩项目中"点对点、区域内"指标封闭流转的方式。地票政策允许挂钩指标（在该政策中称为地票指标）进行"跨区域、大范围、远距离"的交易流动，将农村建设用地复垦与城市新增建设占耕两个过程巧妙地以市场化的方式连接在一起，即实现了城乡土地发展权的市场化转让，以此提高区域土地的配置效率，平衡区域的经济发展与耕地保护。

## 二、地票政策资源节约与经济促进的作用机理

本部分通过将重庆地票政策的操作流程分解为地票流出和地票流入两个部分，从理论层面解析地票政策对资源节约与经济促进的作用机理。

（一）资源节约

地票流出通过对耕地资源的"先补后用"，在一定程度上缓解了重庆区域整体耕地损耗的速度，达到变向节约耕地资源的目的。如图10-1（b）所示，为便于分析，假定重庆市市域内只有A和B两个地区，首先在A地区或B地区的农村区域，符合条件的土地权利人（以农户为主）基于自身情况，自愿向区（县）国土部门申请复垦闲置的农村集体建设用地，经批准后完成复垦，再由国土部门进行验收，验收合格后获得相应面积的地票，随后，将获得的地票委托给区（县）国土部门，在地票达到一定规模后，投放到重庆农村土地交易所进行定期公开拍卖，成交后除缴纳少量税费外，地票价款绝大部分归农村土地权利人所有，至此地票流出部分结束；地票流出部分农户只需要考虑将闲置建设用地复垦变为耕地以此换成地票指标投入交易所进行拍卖获得收益即可，无须考虑交易后地票如何使用等问题，虽然后续地票流入区会因为使用指标导致耕地减少，但是，由于地票政策已经提前将相应面积的农村闲置建设用地复垦为耕地，并且按照当前重庆地票流入所占耕地仅占地票流出复垦耕地的63%左右的做法，相当于提前补充了足额甚至富裕的耕地数量，保障了区域整体的耕地总量动态平衡。

（二）经济促进效应

地票流入通过对城镇地区补充新的建设用地指标，使得区域可以继续进行土地开发建设，达到促进区域经济发展的目的。继续以图10-1（b）为例，在农村土地交易所购得地票的土地权利人（以企业为主）可在符合城乡总体规划和土

利用总体规划前提下,根据自我意愿到 A 地区或 B 地区的城镇区域中寻找拟落地地块并提出征收申请。经批准后,政府征收该地块并通过"招拍挂"方式出让,地票购买者与其他竞买者一同竞拍,如果地票购买者拍得该地块,则地票可以冲抵新增建设用地有偿使用费和耕地开垦费;如果被其他竞买者拍得,则政府从拍卖价中扣除地票价款返还给地票购买者,至此地票指标正式落地,地票流入部分结束。可见,该部分实现了建设用地指标(土地发展权)从农村流向城市,并且在市场竞价机制的作用下,地票指标可以不受限制,跨区域流向需求最为强烈(或出价最高)的城市地区用于土地开发,弥补了计划管理制度带来的指标缺口,达到了促进区域经济持续发展的目的。

## 三、资源节约与经济促进效果的实证研究:市域内视角

### (一)研究区域与数据来源

重庆下辖 38 个区(县),于 2008 年开始推行地票政策。在地票流出方面,改革当年(2009 年)就有江津区、铜梁县、城口县等 5 个区(县)实施了地票流出项目,截至 2013 年底,共有 29 个区(县)参与了地票流出,其中,渝东北地区和渝东南地区基本上全部区(县)(除丰都县外)都参与了地票流出,属于地票流出的主要区域,与此同时,仍有沙坪坝区、大渡口区等 9 个区(县)始终未参与地票流出,其中 8 个为"一小时经济圈"地区;在地票流入方面,最早(2009 年)参与地票流入的是大渡口区、渝北区和九龙坡区 3 个区(县),2010 年江北区、合川区、南川区等 7 个区(县)也开始参与地票流入,截至 2013 年底,共有 23 个区(县)参与了地票流入,其中,"一小时经济圈"地区区(县)共有 17 个,占到总数的 73.91%,属于地票流入的主要区域,与此同时,还有 15 个区(县)始终未参与地票流入,其中有 11 个区(县)属于渝东北地区和渝东南地区。可见,无论是地票流出还是地票流入,在研究期(2008~2013 年)内都是分批次推进的,都有部分区(县)自始至终未参与项目(表 10-1)。因此,我们可以把参与地票项目视为一种"准自然实验",采用 DID 理论模型对其效果进行估计。

表 10-1 2008~2013 年重庆各区(县)参与地票流出与地票流入统计表

| 流动方向 | 实验组(参与) | 控制组(未参与) | 地区总数 |
| --- | --- | --- | --- |
| 地票流出 | 城口县、垫江县、奉节县、开县、梁平县、万州区、巫溪县、云阳县、忠县、彭水县、石柱县、黔江区、武隆县、秀山县、酉阳县、巴南区、北碚区、璧山县、涪陵区、合川区、江津市、九龙坡区、綦江区、荣昌县、铜梁县、潼南县、巫山县、永川区、渝北区 | 大渡口区、大足区、江北区、南岸区、南川区、沙坪坝区、渝中区、长寿区、丰都县 | 38 |

续表

| 流动方向 | 实验组（参与） | 控制组（未参与） | 地区总数 |
|---|---|---|---|
| 地票流入 | 大渡口区、涪陵区、合川区、江北区、江津市、九龙坡区、南岸区、南川区、荣昌县、沙坪坝区、铜梁县、永川区、渝北区、长寿区、巴南区、北碚区、璧山县、万州区、巫山县、巫溪县、梁平县、丰都县、石柱县 | 城口县、垫江县、奉节县、开县、云阳县、忠县、彭水县、黔江区、武隆县、秀山县、酉阳县、大足区、渝中区、綦江县、潼南县 | 38 |

注：按照《重庆统计年鉴》划分标准，将重庆共划分为"一小时经济圈"地区、渝东北地区和渝东南地区三个部分，其中"一小时经济圈"地区包括渝中区、江北区、沙坪坝区、九龙坡区、大渡口区、南岸区、巴南区、渝北区、北碚区、永川区、江津区、合川区、南川区、涪陵区、长寿区、潼南县、铜梁县、大足区、荣昌县、璧山县、綦江县；渝东北地区包括万州区、城口县、巫溪县、巫山县、开县、云阳县、奉节县、梁平县、忠县、垫江县、丰都县；渝东南地区包括黔江区、秀山县、酉阳县、石柱县、彭水县、武隆县。2016年开县经过撤县设区变为开州区。2016年梁平县经过撤县设区变为梁平区。2016年武隆县经过撤县设区变为武隆区。2016年江津市经过撤市设区变为江津区。2014年璧山县经过撤县设区变为璧山区。2015年荣昌县经过撤县设区变为荣昌区。2014年铜梁县经过撤县设区变为铜梁区。2015年潼南县经过撤县设区变为潼南区。2006年永川市经过撤市设区变为永川区

本书以重庆为研究对象，以其所辖35个区（县）[①]作为分析的基本单元，研究时间跨度为2008～2013年。模型估计中所使用的经济人口数据主要来源于《重庆统计年鉴》（2008～2014年）、《中国区域经济统计年鉴》（2008～2014年），土地相关数据主要由重庆国土资源和房屋管理局提供；为满足统一口径，本章的土地利用类型以全国土地分类（过渡期间适用）为基准进行统一转换；进出口外贸额按照当年美元兑人民币的平均汇率进行折算；涉及的价值数据都被换算为2007年的不变价格。

## （二）研究方法

### 1. 模型构建

1）DID模型

该模型是利用外生政策变量所带来的横向单位和时间序列的双重差异辨识公共政策的"处理效应"（周黎安和陈烨，2005），即把随机抽取的样本分为实验组（政策对象）和对照组（非政策对象），分别计算两者在政策或项目实施前后同一指标的变化量，进而通过两者的差值（差分值）判断政策的实际效果（罗小娟等，2014）。该方法最早用于自然科学分析，后被国内外学者逐步引入并应用于经济环境政策方面的社会科学分析中。如上所述，本书中重庆地票交易模式的实施存在分批次（分年度）的特点，故可以采用适用于多期数据的DID模型考察政策的实施效果及其效果持续性，设定模型如下：

---

[①] 渝中区、巫山县、梁平县3个区（县）由于关键数据缺失不纳入模型估计。

$$Y_{it} = \alpha_0 + \alpha_1 X_{it} + \alpha_2 M_{it} + \mu_t + \alpha_i + \varepsilon_{it} \quad (10\text{-}1)$$

其中，$Y_{it}$ 为地区 $i$ 在 $t$ 时期的考察指标值；$\alpha_0$ 为常数项；$X_{it}$ 为地区 $i$ 在 $t$ 时期是否参与地票项目；$\alpha_1$ 为反映政策的净效果；$M_{it}$ 为一组可观测的影响考察指标 $Y$ 的控制变量；$\alpha_2$ 为该变量组的估计系数集合；$\mu_t$ 为时间 $t$ 的虚拟变量，反映时变不可观测因素效应；$\alpha_i$ 为不随时间变化的个体特征；$\varepsilon_{it}$ 为随机扰动项。

2）资源节约效果评价模型

如上所述，地票流出通过复垦闲置农村居民点用地对耕地数量进行补充，提前保障了区域耕地总量的动态平衡，在一定程度上相当于减缓了区域整体的耕地减少速度，实现了对耕地资源的节约保护。此外，诸多研究表明，建设用地对耕地的占用可以视为一种环境污染，并且耕地数量变化与区域的经济增长之间存在类似库兹涅茨曲线的倒"U"形关系，随着人均 GDP 的变化，耕地资源的损失数量呈现先升高后降低的趋势（曲福田和吴丽梅，2004）。鉴于此，本部分基于 EKC 理论模型，考察地票流出对区域耕地损耗速率的影响，判断地票政策是否达到了资源节约的目的。模型中控制变量的选取借鉴 Islam 等（1999）和梁流涛等（2013）的研究思路，将影响耕地损耗速率的非政策效应分解为规模效应、结构效应和减污效应，设定模型如下：

$$Z_{it} = \beta_0 + \beta_1 X'_{it} + \beta_2 G_{it} + \beta_3 S_{it} + \beta_4 J_{it} + \beta_5 D + \varepsilon'_{it} \quad (10\text{-}2)$$

其中，$Z_{it}$ 为地区 $i$ 在 $t$ 时期的耕地损耗速率；$\beta_0$ 为常数项；$X'_{it}$ 为地区 $i$ 在 $t$ 时期是否参与地票流出；$\beta_1$ 为其净效果；$G_{it}$、$S_{it}$、$J_{it}$ 分别为地区 $i$ 在 $t$ 时期的规模效应、结构效应和减污效应；$\beta_2$、$\beta_3$、$\beta_4$ 分别为对应效应的影响；$D$ 为地区虚拟变量，反映地区之间自然环境、地理位置、政策环境等方面的差异；$\beta_5$ 为个体不随时间变化的特征；$\varepsilon'_{it}$ 为随机扰动项。

3）经济促进效果评价模型

如上所述，地票流入的目的是通过建设用地内部结构调整，为计划指标短缺的城市地区补充新的用地指标，从而在重庆建设用地总量不增的基础上促进区域的经济发展。因此，本部分基于 C-D 生产函数，考察地票流入对区域经济发展的影响。模型中控制变量的选取综合参考覃成林和张伟丽（2009）的研究，除包括常规的土地、资本等投入变量外，还引入了区域经济开放程度等其他变量，模型形式如下：

$$Q_{it} = \gamma_0 + \gamma_1 X''_{it} + \gamma_2 P_{it} + \gamma_3 C_{it} + \gamma_4 L_{it} + \gamma_5 O_{it} + \gamma_6 T + \gamma_7 D + \varepsilon''_{it} \quad (10\text{-}3)$$

其中，$Q_{it}$ 为地区 $i$ 在 $t$ 时期的二三产业增加值；$\gamma_0$ 为常数项；$X''_{it}$ 为地区 $i$ 在 $t$ 时期是否参与地票流入；$\gamma_1$ 为其净效果；$P_{it}$、$C_{it}$ 和 $L_{it}$ 分别为地区 $i$ 在 $t$ 时期内的土地、资本和劳动力的投入水平；$\gamma_2$、$\gamma_3$ 和 $\gamma_4$ 为对应投入的估计系数；$O_{it}$ 为地区 $i$ 在 $t$ 时期的经济开放程度；$\gamma_5$ 为其估计系数；$T$ 为时间虚拟变量；$\gamma_6$ 为技术变化效应；$\gamma_7$ 为地区间的差异；$\varepsilon''_{it}$ 为随机扰动项。需要注意的是，考虑到地票流入政策变量可能也会影响土地、资本和劳动力等投入，即模型可能存在内生性问题，导致最后估计结果有偏。因此，借鉴林毅夫（1992）的方法，构建一个供给反应函数，以分析地票流入经济促进效果的无偏估计，具体形式如下：

$$Q_{it} = \lambda_0 + \lambda_1 X_{it}'' + \lambda_2 O_{it} + \lambda_3 T + \lambda_4 D + \varepsilon_{it}''' \tag{10-4}$$

2. 变量选取

模型相关变量的名称、定义及其预期影响方向见表10-2。

**表 10-2 主要变量的定义与预期方向**

| 资源节约效果评价 | | | | 经济促进效果评价 | | | |
|---|---|---|---|---|---|---|---|
| 变量名称 | 定义 | | 预期方向 | 变量名称 | 定义 | | 预期方向 |
| 被解释变量（Z） | | | | 被解释变量（Q） | | | |
| 耕地损耗速率 | （年末居民点及工矿用地面积−年初居民点及工矿用地面积）/年初居民点及工矿用地面积[1] | | | 二三产业增加值 | 二三产业增加值 | | |
| 解释变量 | | | | 解释变量 | | | |
| 政策变量（X） | | | | 政策变量（X） | | | |
| 是否参与地票流出 | 是否参与地票流出；1=是；0=否 | | − | 是否参与地票流入 | 是否参与地票流入；1=是；0=否 | | + |
| 参与第1年 | 是否参与的第1年；1=是；0=否 | | − | 参与第1年 | 是否参与的第1年；1=是；0=否 | | + |
| 参与第2年 | 是否参与的第2年；1=是；0=否 | | − | 参与第2年 | 是否参与的第2年；1=是；0=否 | | + |
| 参与第3年 | 是否参与的第3年；1=是；0=否 | | − | 参与第3年 | 是否参与的第3年；1=是；0=否 | | + |
| 参与第4年 | 是否参与的第4年；1=是；0=否 | | − | 参与第4年 | 是否参与的第4年；1=是；0=否 | | + |
| 参与第5年 | 是否参与的第5年；1=是；0=否 | | − | 参与第5年 | 是否参与的第5年；1=是；0=否 | | + |
| 规模效应（G） | | | | 投入变量 | | | |
| 地均GDP | 区域GDP/区域面积 | | + | 土地投入（P）建设用地规模 | 年末建设用地面积 | | + |
| 结构效应（S） | | | | 资本投入（C） | | | |
| 第二产业比重 | 第二产业增加值/GDP | | + | 固定资本存量 劳动力投入（L） | 固定资本存量 | | + |
| 减污效应（J） | | | | 二三产业劳动力 | 二三产业从业人员 | | + |

续表

| 资源节约效果评价 ||| 经济促进效果评价 |||
|---|---|---|---|---|---|
| 变量名称 | 定义 | 预期方向 | 变量名称 | 定义 | 预期方向 |
| 被解释变量（Z） ||| 被解释变量（Q） |||
| 人均GDP | 区域GDP/区域常住人口 | +/− | 经济开放程度（O） | | |
| | | | 外贸依存度 | 区域进出口贸易总额/区域GDP | + |
| 地区虚拟变量（D） | | | 时间变量（T） | | |
| 渝东北地区 | 1=渝东北地区 | − | 时间变量 | 0=2008年；1=2009年；…；5=2013年 | + |
| 渝东南地区 | 1=渝东南地区 | − | 地区虚拟变量（D） | | |
| 样本总数 | | | 渝东北地区 | 1=渝东北地区 | − |
| n=210 | | | 渝东南地区 | 1=渝东南地区 | − |

1）由于现实中地票政策涉及的主要是对诸如宅基地等农村集体建设用地的复垦，因此本书着力于讨论评价地票政策在居民点及独立工矿建设占耕方面的节约效果。此外，鉴于数据可获取性的因素，本书采用当年居民点及独立工矿用地的扩张速率来表示当年耕地损耗速率，虽然该指标可能因包含对其他地类的占用而低估地票政策的资源节约效果，但是按照当前的研究与调查经验，耕地占用仍在建设扩张中占绝对比重，而且低估的结果也更有利于说明地票政策的资源节约效果

在资源节约效果评价模型中，变量$X_{it}^l$选择以"是否参与地票流出"反映重庆所辖区（县）的实际参与情况，该区（县）参与地票流出的当年和此后取值为1，否则为0，反映参与地票流出的净效果；另外5个指标表示效果的持续性，依次为参与地票流出的第1年至第5年（1=是；0=否），其中参与第1年就是参与地票流出当年。由于地票模式的流出部分主要是鼓励农户将自家多余、闲置或废弃的农村居民点用地复垦为耕地后置换成地票指标进行交易，相当于提前补充了足额甚至富裕的耕地数量，从整个区域层面来看，有利于减缓重庆整体的耕地减少速度，因此，预期上述6个变量对于耕地损耗速率影响方向为负。规模效应$G_{it}$主要反映经济活动规模对资源环境的影响，通常情况下，当其他条件一定时，随着区域经济规模的增加，其对应的资源消耗量也会增加，并将会伴随产生更多的污染物，因为本书将耕地损失视为一种污染，所以规模效应选择地均GDP作为解释变量，反映区域经济活动的强度与规模，预期对耕地损耗速率产生正向作用，即区域经济活动规模越大，占用耕地的速度越快。结构效应$S_{it}$指经济结构变动对耕地规模变化的影响，一般来说，在工业化高速发展前期，经济发展对建设用地

的强烈需求将会造成耕地资源的过度损耗，但随着产业结构的逐步优化，经济发展方式转变和产业优化调整，技术和资金密集型产业比重增加，将会缓解经济发展对耕地消耗的压力，由此形成了经济发展与耕地资源变化的倒"U"形关系，故本书选取第二产业增加值占 GDP 的比重作为结构指标，预期对耕地损耗速率的影响为正。减污效应 $J_{it}$ 即收入效应，一般从需求和供给两个视角来看，一方面反映人们对于耕地保护的需求，另一方面表示政府对耕地保护能力的供给，现有研究通常采用人均 GDP 作为减污效应指标（罗小娟等，2014），本书将同时代入其平方项对是否存在拐点进行检验判断。

在经济促进效果评价模型中，政策变量 $X_{it}''$ 选择以"是否参与地票流入"反映重庆所辖区（县）的实际参与情况，取值规则与地票流出中的政策变量 $X_{it}'$ 相同。由于地票的流入一般是为经济发展势头旺盛的城市地区弥补用地缺口，因此，预期政策变量对于二三产业增加值影响方向为正。投入变量主要包括土地、资本和劳动力三种基本要素投入，其中，土地投入 $P_{it}$ 使用年末建设用地面积作为评价指标；资本投入 $C_{it}$ 是指固定资本存量，反映积存的实物资本，依据张军等（2004）的永续盘存法进行计算获取，劳动力投入 $L_{it}$ 以二三产业从业人员表示，由于从统计年鉴上难以获得各产业从业人员数量，故选择年末全社会从业人员扣除农林牧渔业从业人员作为劳动力投入的代理变量，预期三种要素的投入对于二三产业增加值均起正向作用。此外，已有的研究成果论证说明区域的经济开放程度在一定程度上也显著影响区域的经济增长（覃成林和张伟丽，2009），因此，本书借鉴覃成林和张伟丽（2009）的研究成果，采用外贸依存度指标来衡量重庆各地区的经济开放程度 $O_{it}$，预期经济开放程度越高，越有利于区域经济增长，即预期外贸依存度对二三产业增加值作用方向为正。关于时间变量，2008~2013 年取值分别为 0、1、2、3、4 和 5，用以表征技术进步等因素的影响，预期作用符号为正。

此外，考虑到重庆区域内部各区（县）的差异性，除了上述解释变量外，在两个效果评价模型中，都加入了地区虚拟变量 $D$，用以反映地区之间其他自然环境、地理位置、政策环境等方面的差异。本书以《重庆统计年鉴》中的划分为标准，设定重庆"一小时经济圈"地区为对照组，渝东北和渝东南两个地区为虚拟变量。与"一小时经济圈"地区相比，渝东北地区和渝东南地区的经济发展水平较为落后，对城镇建设用地指标的需求相对较低，而农村土地整理复垦潜力则相对较大，农民进行复垦的意愿相对更高。因此，在资源节约效果评价中，预计渝东北地区和渝东南地区相对"一小时经济圈"地区更能减缓区域整体的耕地损耗速度，预期符号为负，而在经济促进效果评价中，预计这两个地区在促进二三产业增加值方面要弱于"一小时经济圈"地区，预期符号也为负。

## （三）模型估计与结果分析

### 1. 资源节约效果评价结果分析

本部分利用重庆35个区（县）2008~2013年的面板数据，估计资源节约效果评价模型，在进行计量回归之前，依次使用$F$统计量和Hausman检验方法进行检验，结果显示固定效应模型比随机效应模型更适合本书的面板分析。然而，关于方程的估计，还需密切关注是否存在自相关和异方差问题，因此，分别采用Wooldridge检验、Breusch-Pagan LM检验与似然比检验（likelihood ratio，LR）对面板数据进行组内自相关、组间截面相关与异方差的检验，结果显示存在一阶自相关和组间截面相关，个体间误差项亦存在异方差。因此，本书将式（10-2）转换为对数形式后，采用更加有效的分析方法——可行的广义最小二乘法（generalized least squares，FGLS）进行估计，并对组内自相关与组间截面相关进行同时修正。

估计结果如表10-3所示：政策变量中，"是否参与地票流出"通过显著性水平检验，并且作用方向为负，与预期相符，说明相比其他未参与地票流出的区（县），参与地票流出确实会减少区域的耕地损耗速率。虽然"参与第1年"变量没有通过显著性水平检验，但是影响方向显示为负，并且自第2年后，参与地票流出的政策变量显著为负且绝对值逐年递增，表明在其他条件不变的情形下，参与地票流出对于降低重庆整体的耕地损耗速率，提高耕地资源节约程度具有较为明显的效果，与预期设想相符。

表10-3 资源节约效果评价模型回归结果

| 解释变量 | 被解释变量：耕地损耗速率 | |
| --- | --- | --- |
| | I | II |
| 政策变量（$X$） | | |
| 是否参与地票流出 | −0.007（−2.90）*** | |
| 参与第1年 | | −0.002（−0.49） |
| 参与第2年 | | −0.007（−2.06）** |
| 参与第3年 | | −0.014（−4.01）*** |
| 参与第4年 | | −0.015（−3.28）*** |
| 参与第5年 | | −0.019（−3.07）*** |
| 规模效应（$G$） | | |
| ln 地均GDP | 0.01（4.75）*** | 0.01（4.02）*** |
| 结构效应（$S$） | | |
| 第二产业比重 | 0.01（0.39） | 0.01（0.30） |

续表

| 解释变量 | 被解释变量：耕地损耗速率 | |
|---|---|---|
| | I | II |
| 减污效应（J） | | |
| ln 人均 GDP | 0.02（0.34） | 0.06（0.81） |
| ln 人均 GDP 的二次项 | −0.002（−0.44） | −0.003（−0.83） |
| 地区虚拟变量（D） | | |
| 渝东北地区 | −0.006（−1.62）* | −0.004（−0.98） |
| 渝东南地区 | −0.004（−0.82） | −0.005（−1.16） |
| 常数项 | −0.09（−0.26） | −0.28（−0.80） |
| 区县个数 | 35 | 35 |
| 样本数量 | 210 | 210 |
| Wald 卡方值 | 144.95*** | 155.90*** |

注：括号中为 $t$ 值

*、**、***分别代表 10%、5%和 1%显著性水平

反映规模效应的地均 GDP 对耕地损耗速率的影响显著为正，与预期一致，表明单位面积经济活动规模越大，对于城镇建设的需求也越强，因而建设占用耕地的速度也越快。表征结构效应的第二产业比重对耕地损耗速率没有明显影响，但影响方向与预期相符，也与郭晓丽等（2014）的研究结论一致。减污效应中，人均 GDP 及其二次项的作用符号符合倒"U"形态，说明伴随着经济增长，耕地损耗速率在一定时期内可能会有先增大后减小的趋势，与曲福田和吴丽梅（2004）所提出经济增长与耕地非农化的库兹涅茨曲线假说相符，但是两个变量在回归中没有通过显著性水平检验，可能的原因是研究所采用的数据时间跨度较短。

对于两个地区虚拟变量，其中渝东北地区变量通过 10%的显著性水平检验，并且作用符号为负，与预期相符，渝东南地区变量虽然没有通过显著性检验，但是对重庆耕地损耗速率也表现出负向的作用关系，说明由于资源禀赋、经济水平、社会发展等区域性因素，渝东北与渝东南两个地区在减缓耕地损耗速率的程度上可能都要高于"一小时经济圈"地区，这也与前述两个地区为地票流出主要区域的现实情况相符，其富余的农村建设用地资源及其较大的复垦潜力，使得当地农户更倾向于将闲置多余的居民点复垦变为地票指标进行交易，从而减缓了区域整体的耕地损耗速度。

2. 经济促进效果评价结果分析

本部分继续利用重庆面板数据估计经济促进效果评价模型，经过检验仍然采

用可行的 FGLS 进行估计，并对其组内自相关与组间截面相关进行同时修正。估计结果如表 10-4 所示，四个模型的 Wald 卡方值均较大并通过显著性检验，说明各模型拟合情况较为理想。其中，政策变量在 C-D 函数和供给反应函数中的系数较为接近，说明可将政策变量视为外生。此外，虽然"是否参与地票流入"变量没有通过显著性检验，但是其作用符号为正，与预期一致。从效果持续性来看，虽然政策变量在第 1 年未表现出明显效果，且作用符号为负，但是自第 2 年起政策效果开始显著为正并逐步加强至第 4 年达到最大，其后呈现减弱迹象，说明政策变量对二三产业产值的影响存在一定的滞后性，可能的原因主要在于虽然区域当年地票指标已经流入（即落地），但其建设项目从启动到完成再到投入使用往往需要较长的时间，届时才能真正体现出地票流入对区域经济发展的正向作用。但整体来说，地票的流入对于重庆的经济发展还是起到了一定的促进作用。

表 10-4　经济促进效果评价模型回归结果

| 解释变量 | 被解释变量：ln 二三产业增加值 ||||
|---|---|---|---|---|
| | C-D 函数 || 供给反应函数 ||
| | Ⅰ | Ⅱ | Ⅰ | Ⅱ |
| 政策变量（$X$） | | | | |
| 是否参与地票流入 | 0.01（0.80） | | 0.01（0.48） | |
| 参与第 1 年 | | −0.01（0.53） | | −0.02（0.65） |
| 参与第 2 年 | | 0.03（2.29）** | | 0.04（2.58）*** |
| 参与第 3 年 | | 0.05（3.27）*** | | 0.06（3.02）*** |
| 参与第 4 年 | | 0.08（4.07）*** | | 0.07（2.43）** |
| 参与第 5 年 | | 0.07（2.04）** | | 0.06（1.89）** |
| 土地投入（$P$） | | | | |
| ln 建设用地规模 | 0.12（5.95）*** | 0.10（4.97）*** | | |
| 资本投入（$C$） | | | | |
| ln 固定资本存量 | 0.67（26.27）*** | 0.71（24.99）*** | | |
| 劳动力投入（$L$） | | | | |
| ln 二三产业劳动力 | 0.002（0.14） | 0.01（0.56） | | |
| 经济开放程度（$O$） | | | | |
| 外贸依存度 | 0.05（4.14）*** | 0.06（3.11）*** | 0.10（4.91）*** | 0.13（5.44）*** |
| 时间变量（$T$） | | | | |
| 时间变量 | 0.02（3.22）*** | 0.03（4.55）*** | 0.13（34.80）*** | 0.12（22.13）*** |
| 地区虚拟变量（$D$） | | | | |

续表

| 解释变量 | 被解释变量：ln 二三产业增加值 |||| 
|---|---|---|---|---|
| | C-D 函数 || 供给反应函数 ||
| | Ⅰ | Ⅱ | Ⅰ | Ⅱ |
| 渝东北地区 | −0.24（−11.01）*** | −0.22（−8.80）*** | −1.75（−9.94）*** | −1.48（−11.94）*** |
| 渝东南地区 | −0.40（−14.37）*** | −0.37（−11.76）*** | −1.48（−37.44）*** | −1.45（−23.74）*** |
| 常数项 | 2.95（7.55）*** | 2.42（5.11）*** | 14.47（564.01）*** | 14.38（588.99）*** |
| 区县个数 | 35 | 35 | 35 | 35 |
| 样本数量 | 210 | 210 | 210 | 210 |
| Wald 卡方值 | 8677.43*** | 7735.73*** | 3296.97*** | 2422.41*** |

**、***分别代表 5%、1%显著性水平

三种基本生产投入要素变量中，虽然劳动力投入（二三产业劳动力）变量没有通过显著性检验，但是其符号为正，与预期一致，土地投入（建设用地规模）、资本投入（固定资本存量）两个要素对区域二三产业增加值的作用都显著为正（通过 1%的显著性水平检验），符合预期，对应的弹性系数分别为 0.10 和 0.71。资本投入（固定资本存量）对二三产业增加值的影响弹性系数更大，表明重庆的发展方式呈现出从传统"以土地谋发展"向资本密集型转变的良好态势。

此外，经济开放程度（外贸依存度）变量在 4 个模型中符号均为正，并通过 1%的显著性水平检验，说明区域的经济开放程度越高，越有利于促进区域经济发展；时间变量在各模型中均显著为正，说明技术进步促进了区域经济发展；两个地区虚拟变量均对重庆的二三产业产值呈负向影响（通过 1%水平的显著性检验），说明相比于"一小时经济圈"地区，渝东南地区和渝东北地区二三产业产值较小，这也从侧面验证了"一小时经济圈"地区是地票指标流入主要区域的现实情况，其需要谋求更多的计划外指标（地票指标）满足其强烈的土地需求，从而保障区域经济的快速发展。

3. 政策变量外生性检验分析

DID 模型主要在于剔除非政策因素的影响，其正确性的关键条件即公共政策必须是外生变量。对于本书所考察的各个区（县），虽然由重庆制定的地票政策应当可以被视为外生，但如果出现政府为推行政策，采取名义上以自愿为原则，以市场为配置手段，实际上经过精心挑选，要求经济相对落后的地区复垦土地换成地票指标进行交易，以期变相增加更多建设用地指标等情况，那么控制组的选择无效，估计结果亦不能反映地票政策的真正效果。

为此引入变量"试点区（县）"［如果该区（县）日后参与地票项目取为1，否则为0］，研究试点区（县）在地票交易政策出台之前是否与其他区（县）存在显著差异。回归结果如表10-5所示，变量"试点区（县）"在未控制和控制其他变量的情况下均没有通过显著性检验，表明试点区（县）在地票政策出台之前与其他区（县）不存在明显差异，从而对政策的外生性提供了进一步支持。因此，本书中重庆地票政策的实施对于样本中的区（县）可以被视为外生给予的实验处理，上文中的模型设定能够合理估计地票政策在资源节约与经济促进两个方面的作用效果。

表10-5 政策推广前试点区（县）与非试点区（县）的差异

| 项目 | 被解释变量：2008年耕地损耗速率 |  | 被解释变量：2008年二三产业增加值 |  |
| --- | --- | --- | --- | --- |
|  | Ⅰ | Ⅱ | Ⅲ | Ⅳ |
| 试点区（县） | −0.010 (−1.36) | −0.001 (−0.17) | −0.370 (−0.79) | −0.090 (−0.95) |
| 控制变量 | 未控制 | 控制 | 未控制 | 控制 |
| 样本数量 | 35 | 35 | 35 | 35 |
| $R^2$ | 0.05 | 0.51 | 0.02 | 0.98 |

注：第Ⅱ栏控制了地均GDP、第二产业比重、人均GDP、地区虚拟变量和常数项；第Ⅳ栏控制了建设用地规模、固定资本存量、二三产业劳动力、外贸依存度、地区虚拟变量和常数项。

## 第二节 地票政策的资源节约与经济促进效果评价：市域外视角

上一节从重庆市域内视角定量评估了地票政策是否达到资源节约与经济促进的增减挂钩政策目标。为更为准确、全面地评估地票政策的实际效果，本部分将从重庆市域外视角，进一步检验地票政策的资源节约与经济促进效果。从市域外视角检验地票政策对资源节约和经济增长的影响，其最大的困难是缺乏一个重庆未实行地票政策的"反事实"情况。对此，本部分基于2001~2014年57个地级市以上的面板数据，应用在比较研究中逐渐兴起的合成控制法（synthetic control method），构建一个重庆未实施地票政策的"反事实"情况，实证检验地票政策的现实效果。需要注意的是，由于上一节已经详细介绍了地票政策的产生背景与作用机制，故本部分将直接阐述市域外角度进行实证的方法与结果[①]。

---

[①] 本部分内容改写自：Wang B, Li F, Feng S, et al. 2020. Transfer of development rights, farmland preservation, and economic growth: a case study of Chongqing's land quotas trading program. Land Use Policy, 95: 104611.

## 一、研究方法

为解决缺乏重庆未实行地票政策的"反事实"情况，本部分应用 Abadie 和 Gardeazabal（2003）开发并拓展的合成控制法进行分析。该方法的基本思路如下：虽然寻找和实验组（重庆）完全类似的控制组是困难的，但是可以选取一组没有实施类似地票政策等发展权转让政策其他地区的组合，通过这些地区的数据特征构造出一个与实验组（重庆）极为相似的控制组（即合成重庆）。由于控制组（合成重庆）与实验组（重庆）极为相似，故可以将合成重庆看作为重庆未实施地票政策的一个反事实状态，进而通过对比 2008 年后重庆与合成重庆的发展趋势，实证考察地票政策的实施效果。

简要而言，依据本书的研究背景，假设收集到一个 $T$ 期、$I_c+1$ 城市的面板数据，其中，只有城市 $i$ 在第 $T_0<T$ 期实施了地票政策，另外的 $I_c$ 城市在 $T$ 期上都属于城市 $i$ 的控制单元。那么，实施地票政策对城市 $i$ 的实验效应可表示为

$$\tau_{it} = Y_{it}(1) - Y_{it}(0) \tag{10-5}$$

其中，$t>T_0$、$Y_{it}(1)$ 与 $Y_{it}(0)$ 分别为城市 $i$ 实行地票政策与未实行地票政策的现实效果。由于本部分将研究重点放在重庆实施地票后的现实效果，因而（$\tau_{i,T_0+1},\cdots,\tau_{i,T}$）为需要估计的数值。

由于反事实 $Y_{it}(0)$ 无法观测，需要选择合适的对照组通过反事实分析方法来进行估算。故借鉴 Abadie 等（2010）的做法，定义 $W = (1, w_1, \cdots, w_{I_c})$ 为（$I_c+1$）维权重向量，并满足 $w_j>0$ 和 $\sum w_j = 1$。对于任何满足这两个条件的权重向量 $W$，都有一个可行的合成控制组（即合成重庆），其结果变量即是各个控制单元的加权平均。

此外，$Y_j$ 和 $X_j$ 的模型设置如下

$$Y_{j,t+1} = \alpha_t Y_{j,t} + \beta_{t+1} X_{j,t+1} + \mu_{j,t+1} \tag{10-6}$$

$$X_{j,t+1} = \alpha_t Y_{j,t} + \beta_{t+1} X_{j,t} + \mu_{j,t+1} \tag{10-7}$$

其中，$X$ 为不受实验影响且为可观测的协变量集合。根据 Abadie 等（2010）的成果可知，如果存在 $W^*$ 使得式（10-8）、式（10-9）得到满足：

$$\sum_{J=1}^{I_c} W_j^* Y_j = Y_i \tag{10-8}$$

$$\sum_{J=1}^{I_c} W_j^* X_j = X_i \tag{10-9}$$

那么就可以说明 $Y_{it}(0)$ 与 $\sum_{J=1}^{I_c} W_j^* Y_j$ 的差距趋近零。因此，$\sum_{J=1}^{I_c} W_j^* Y_j$ 可以较好地估计 $Y_{it}(0)$，进而得到实验效应的无偏估计：

$$\hat{\tau}_{it} = Y_{it} - \sum_{J=1}^{I_c} W_j^* Y_j \tag{10-10}$$

依据 Abadie 和 Gardeazabal（2003）的做法，在实证中需要事先通过递归优化法求解满足式（10-8）、式（10-9）的最优权重向量 $W^*$，使得其得到的实验前（本书为地票实施前）合成控制组（合成重庆）的预测结果与对照组（真实重庆）实际结果的均方误差（root mean square predict error，RMSPE）最小，进而代入式（10-10）中，就能得到重庆地票政策的实验效应的估计值。

相对于传统的分析方法，合成控制法主要有以下优势：第一，扩展了传统的双重差分模型，是一种非参数方法；第二，通过数据驱动决定权重，减少了主观判断带来的误差，避免了政策内生性问题；第三，通过对多个参照对象加权来模拟处理对象政策实施前的情况，可以清晰地反映每个参照对象对"反事实"事件的贡献。

## 二、变量选择和数据说明

为了检验重庆地票政策的实验效果，首先确定了一组与重庆具有相似地理和社会经济发展背景的控制组城市。具体来说，首先选择了重庆附近的五个省（即四川、湖南、湖北、江西和贵州）以确保相似的地理特征。除江西省外，其他四个省均位于中国西南部，耕地资源稀缺，城镇化发展速度较快。由于重庆地票政策在 2008 年底开始实施，故本书的研究时段为 2001~2014 年。在此基础上，选取五个省份共 57 个地级市作为控制组样本，采集各地级市关于耕地、城镇用地、人均 GDP 数据等社会经济发展统计数据。数据来源于历年《中国城市统计年鉴》、《中国区域经济统计年鉴》、各省统计年鉴。表 10-6 为其相关变量说明。

表 10-6　变量定义与数据来源

| 变量名称 | 定义 | 来源 |
| --- | --- | --- |
| 人均耕地面积（米$^2$） | 区域耕地面积除以区域人口总数 | 《中国城市统计年鉴》、五个省份的统计年鉴 |
| 人均城市建设用地面积（米$^2$） | 区域建成区面积除以区域人口总数 | 《中国城市统计年鉴》 |
| 正式从业人员占比 | 单位就业人员总数除以区域人口总数 | 《中国城市统计年鉴》 |

续表

| 变量名称 | 定义 | 来源 |
|---|---|---|
| 单位第二产业、第三产业从业人员占比 | 单位第二产业从业人员和单位第三产业从业人员总数除以单位就业人员总数 | 《中国城市统计年鉴》 |
| 人均 GDP（元） | 地区生产总值除以区域人口总数 | 《中国城市统计年鉴》、五个省份的统计年鉴 |
| 人均土地资源禀赋（米$^2$） | 区域土地总面积除以区域人口总数 | 《中国城市统计年鉴》 |
| 新增林地占比 | 新增林地面积除以区域土地总面积 | 《中国林业统计年鉴》 |
| 区域人口总数（万人） | 区域年末总人口 | 五个省份的统计年鉴 |
| 第一产业、第二产业、第三产业产值占比 | 第一产业、第二产业、第三产业总值占地区生产总值的比重 | 《中国城市统计年鉴》 |
| 人均财政收入（元） | 地方财政一般预算内收入除以区域人口总数 | 五个省份的统计年鉴 |
| 人均用电量（千瓦时） | 年末用电量除以区域人口总数 | 《中国城市统计年鉴》 |
| 人均道路长度（米） | 区域公路总长除以区域人口总数 | 《中国区域经济统计年鉴》 |

为探究地票政策对于资源节约与经济促进的作用效果，本部分主要考察以下四个方面：对于资源节约效果，本部分主要从耕地保护（采用人均耕地面积指标表征，表10-6第一行）方面进行考察；对于经济促进效果，本部分拟从城市发展（采用人均城市建设用地面积表征，表10-6第二行）、劳动力市场（采用正式从业人员占比表征，表10-6第三行）、经济增长（采用人均 GDP 表征，表10-6第 5 行）三个方面进行综合考察。

通过合成控制法的计算，表10-7展示了四个考察方面的权重组合。表10-8给出了2008年重庆实施地票政策之前真实重庆和合成重庆的重要变量的对比。需要注意的是，由 Adadie 等（2010）可知，应用合成控制法得到的非参数估计结果虽然不能利用大样本的统计推断技术来检验显著性，但可以借助类似秩检验的置换检验法（permutation techniques）来对评估效应进行显著性分析。具体来说：通过将所有控制单元（即 57 个城市）假定为实验组，对其逐一进行安慰剂检验（placebo test），并把所有处理效应全部排列出来，如果所有安慰剂的效果都不及实验组（重庆）的效果大，就能认为实验组的评估效应在统计上是显著的，可以判断估计结果是稳健的。在实践中，由于在预处理期间存在质量匹配不良（即出现较高的 RMSPE 值），说明安慰剂的影响可能会很大。为了防止这种情况的发生，本书可能会剔除部分控制组城市，剩余匹配良好的城市，以此将 RMSPE 值限制在一定的较低水平。

表10-7 合成重庆的城市权重

| 省份 | 城市 | 耕地保护<br>人均耕地面积/米² <br>（1） | 城市发展<br>人均城市建设用地面积/米² <br>（2） | 劳动力市场<br>正式从业人员占比<br>（3） | 经济增长<br>人均GDP/元<br>（4） |
|---|---|---|---|---|---|
| 四川<br>（17） | 巴中 | 0 | 0 | 0 | 0 |
|  | 成都 | 0.241 | 0 | 0.001 | 0.002 |
|  | 达州 | 0 | 0 | 0 | 0 |
|  | 德阳 | 0 | 0 | 0.002 | 0.003 |
|  | 广安 | 0.010 | 0 | 0.001 | 0.001 |
|  | 广元 | 0 | 0.001 | 0 | 0.001 |
|  | 乐山 | 0 | 0 | 0.001 | 0.001 |
|  | 泸州 | 0 | 0 | 0.001 | 0.002 |
|  | 眉山 | 0 | 0.085 | 0.001 | 0.001 |
|  | 绵阳 | 0 | 0.240 | 0.001 | 0.003 |
|  | 南充 | 0 | 0.135 | 0 | 0 |
|  | 内江 | 0 | 0 | 0.271 | 0.004 |
|  | 遂宁 | 0.090 | 0 | 0.017 | 0.003 |
|  | 雅安 | 0.106 | 0 | 0 | 0.001 |
|  | 宜宾 | 0 | 0.001 | 0.001 | 0.098 |
|  | 资阳 | 0 | 0 | 0 | 0.001 |
|  | 自贡 | 0 | 0 | 0.001 | 0.004 |
| 贵州<br>（4） | 安顺 | 0.531 | 0 | 0.001 | 0 |
|  | 贵阳 | 0.022 | 0 | 0 | 0.005 |
|  | 六盘水 | 0 | 0 | 0.233 | 0.053 |
|  | 遵义 | 0 | 0 | 0.023 | 0.001 |
| 湖北<br>（12） | 鄂州 | 0 | 0 | 0.001 | 0.019 |
|  | 黄冈 | 0 | 0 | 0.002 | 0.001 |
|  | 黄石 | 0 | 0.022 | 0.098 | 0.001 |
|  | 荆门 | 0 | 0 | 0.002 | 0.001 |
|  | 荆州 | 0 | 0 | 0 | 0.003 |
|  | 十堰 | 0 | 0 | 0.002 | 0.126 |
|  | 随州 | 0 | 0.199 | 0.001 | 0.001 |

续表

| 省份 | 城市 | 耕地保护 人均耕地面积/米² (1) | 城市发展 人均城市建设用地面积/米² (2) | 劳动力市场 正式从业人员占比 (3) | 经济增长 人均GDP/元 (4) |
|---|---|---|---|---|---|
| 湖北（12） | 武汉 | 0 | 0 | 0 | 0.001 |
| | 咸宁 | 0 | 0 | 0.001 | 0.001 |
| | 襄阳 | 0 | 0 | 0 | 0.001 |
| | 孝感 | 0 | 0 | 0.002 | 0.001 |
| | 宜昌 | 0 | 0 | 0.066 | 0.001 |
| 湖南（13） | 常德 | 0 | 0 | 0.005 | 0.002 |
| | 郴州 | 0 | 0 | 0.001 | 0.003 |
| | 衡阳 | 0 | 0 | 0.001 | 0.006 |
| | 怀化 | 0 | 0 | 0.001 | 0.001 |
| | 娄底 | 0 | 0 | 0.001 | 0.402 |
| | 邵阳 | 0 | 0 | 0 | 0.001 |
| | 湘潭 | 0 | 0 | 0.001 | 0.232 |
| | 益阳 | 0 | 0 | 0 | 0.001 |
| | 永州 | 0 | 0 | 0.001 | 0.001 |
| | 岳阳 | 0 | 0 | 0.003 | 0 |
| | 张家界 | 0 | 0 | 0.002 | 0.001 |
| | 长沙 | 0 | 0 | 0.001 | 0.002 |
| | 株洲 | 0 | 0 | 0.001 | 0.003 |
| 江西（11） | 抚州 | 0 | 0 | 0 | 0 |
| | 赣州 | 0 | 0 | 0.001 | 0.001 |
| | 吉安 | 0 | 0 | 0 | 0 |
| | 景德镇 | 0 | 0 | 0.001 | 0.001 |
| | 九江 | 0 | 0.241 | 0 | 0.001 |
| | 南昌 | 0 | 0 | 0 | 0.001 |
| | 萍乡 | 0 | 0 | 0.245 | 0.002 |
| | 上饶 | 0 | 0 | 0.001 | 0 |
| | 新余 | 0 | 0.078 | 0 | 0 |
| | 宜春 | 0 | 0 | 0.001 | 0.001 |
| | 鹰潭 | 0 | 0 | 0 | 0 |
| 总数 | | 57 | 57 | 57 | 57 |
| 匹配城市 | | 6 | 9 | 40 | 47 |
| 总权重 | | 1.000 | 1.000 | 1.000 | 1.000 |

表 10-8 真实值与合成值的对比

| 专案方面 | 变量 | 真实重庆<br>（1） | 控制组城市均值<br>（2） | 合成重庆<br>（3） |
|---|---|---|---|---|
| 考察1：耕地保护 | 人均土地资源禀赋/米² | 2 611.831 | 3 086.648 | 3 443.562 |
| | 新增林地占比 | 0.010 | 0.009 | 0.010 |
| | 人均GDP/元 | 7 827.445 | 13 909.611 | 8 477.249 |
| | 单位第一产业从业人员占比 | 0.011 | 0.032 | 0.030 |
| | 第一产业产值占比 | 0.148 | 0.185 | 0.202 |
| | 人均建设用地面积/米² | 16.643 | 16.999 | 16.149 |
| | 单位第二产业、第三产业从业人员占比 | 0.989 | 0.968 | 0.970 |
| | 人均财政收入对数 | 14.575 | 13.199 | 12.430 |
| | 2007年人均耕地面积/米² | 748.242 | 575.315 | 748.465 |
| | 2003年人均耕地面积/米² | 878.121 | 583.418 | 878.164 |
| | RMSPE | | | 9.825 |
| 考察2：城市发展 | 人均GDP/元 | 7 827.445 | 13 909.611 | 7 897.356 |
| | 第二产业、第三产业产值占比 | 0.852 | 0.815 | 0.780 |
| | 单位第二产业、第三产业从业人员占比 | 0.989 | 0.968 | 0.936 |
| | 人均用电量/千瓦时 | 706.907 | 804.918 | 561.843 |
| | 人均财政收入/元 | 717.687 | 1 971.123 | 721.210 |
| | 人均道路长度/米 | 1.651 | 2.391 | 1.673 |
| | 2007年人均城市建设用地面积/米² | 20.616 | 12.062 | 20.634 |
| | 2005年人均城市建设用地面积/米² | 16.731 | 15.713 | 16.765 |
| | 2001年人均城市建设用地面积/米² | 10.617 | 14.093 | 10.654 |
| | RMSPE | | | 0.259 |
| 考察3：劳动力市场 | 人均GDP/元 | 7 827.445 | 13 909.611 | 7 750.847 |
| | 第二产业、第三产业产值占比 | 0.852 | 0.815 | 0.848 |
| | 人均道路长度/米 | 1.651 | 2.391 | 1.648 |
| | 人均用电量/千瓦时 | 706.907 | 804.918 | 705.291 |
| | 人均财政收入/元 | 717.687 | 1 971.123 | 754.532 |
| | 2007年正式从业人员占比 | 0.071 | 0.078 | 0.071 |
| | 2001年正式从业人员占比 | 0.066 | 0.076 | 0.066 |
| | RMSPE | | | 0.001 |

续表

| 专案方面 | 变量 | 真实重庆<br>（1） | 控制组城市均值<br>（2） | 合成重庆<br>（3） |
|---|---|---|---|---|
| 考察4：经济增长 | 单位第二产业、第三产业从业人员占比 | 0.989 | 0.968 | 0.992 |
|  | 人均用电量/千瓦时 | 706.907 | 804.918 | 706.482 |
|  | 人均道路长度/米 | 1.651 | 2.391 | 1.657 |
|  | 人均财政收入/元 | 717.687 | 1 971.123 | 718.900 |
|  | 2007年人均GDP/元 | 10 726.470 | 11 640.613 | 10 750.150 |
|  | 2005年人均GDP/元 | 7 631.925 | 8 180.453 | 7 648.483 |
|  | 2001年人均GDP/元 | 5 613.534 | 5 886.785 | 5 626.297 |
|  | RMSPE |  |  | 38.922 |

## 三、模型估计与结果分析

以下各部分，将以图形方式显示2001～2014年真实重庆与合成重庆在四个考察方面的变化趋势及其稳健性检验。

### （一）耕地保护效果分析

首先，从图10-2（a）中可以观察到真实重庆（实线）和合成重庆（虚线）在2008年实施地票政策之前的变化特征。2001～2003年耕地的快速减少可能是快速的城市化进程与中国2002年启动的"退耕还林"项目的共同作用所致，2003年后，"退耕还林"项目强度大幅降低，农田减少主要归因于快速的城市扩张。其次，对比2008年之后的真实重庆与合成重庆，可以看出存在截然不同的发展路径。真实重庆的人均耕地面积下降速度有所放缓，而合成重庆则一直保持快速下降的态势，尤其是2008～2010年，人均耕地减少幅度较大。

为进一步量化重庆地票政策对耕地保护的影响，图10-2（b）中展示了真实重庆与合成重庆的差距。可以看出，在地票实施之前，尤其是2003～2007年，合成重庆和真实重庆的路径几乎能够完全重合，说明2003年后合成控制法较好地复制了地票实施之前重庆耕地保护的路径。2008年地票政策实施后，至2010年，重庆节约的人均耕地面积超过30平方米，其后更是进一步增加。由此可见，重庆地票政策的实施确实减缓了人均耕地面积的减少，达到了耕地保护的效果，这也与本章第一节的研究结论相符。

(a) 人均耕地面积

(b) 地票政策对耕地保护的效果

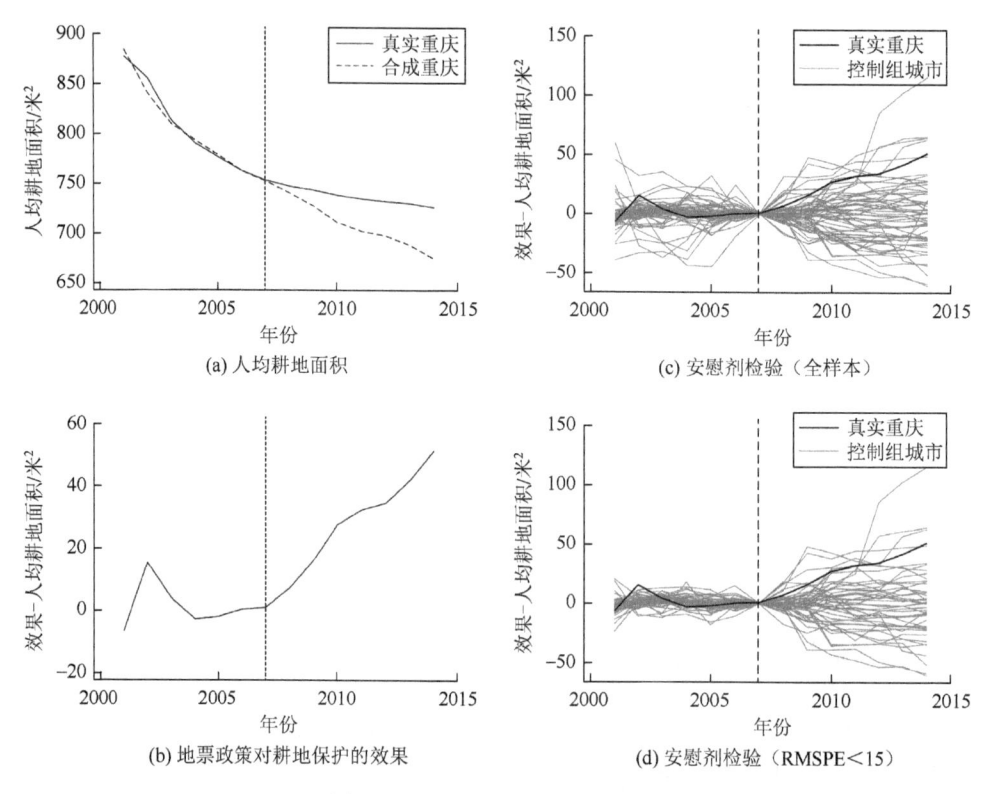

(c) 安慰剂检验（全样本）

(d) 安慰剂检验（RMSPE<15）

图 10-2 耕地保护效果分析结果

为检验结论的稳健性，本部分依照前述说明进行了安慰剂检验。图 10-2（c）为全样本的安慰剂检验结果。图 10-2（d）是限制 RMSPE（小于 15 平方米），排除部分较差匹配项后的安慰剂检验结果。通过图 10-2（c）和图 10-2（d）可以发现，2008 年以前，重庆与其他城市的人均耕地变动的差距并不大；2008 年实施地票政策后，重庆与其他城市的差距开始拉大，其分布基本位于其他城市的外部，评估效应高于大部分城市，表明前述结论具有一定稳健性，说明地票政策达到了耕地保护的目的。

## （二）城市发展效果分析

在前述分析的基础上，进一步研究了地票政策对于经济促进效果的第一个考察方面——城市发展的影响，尤其是对人均城市建设用地面积的影响。图 10-3（a）显示了重庆地票政策实施前后的人均城市建设用地面积的变化趋势，可以看出，无论是真实重庆，还是合成重庆，两者在 2001~2008 年都经历了稳步增长，并且两条线之间的差异几乎为零 [图 10-3（b）]，说明拟合效果较好。

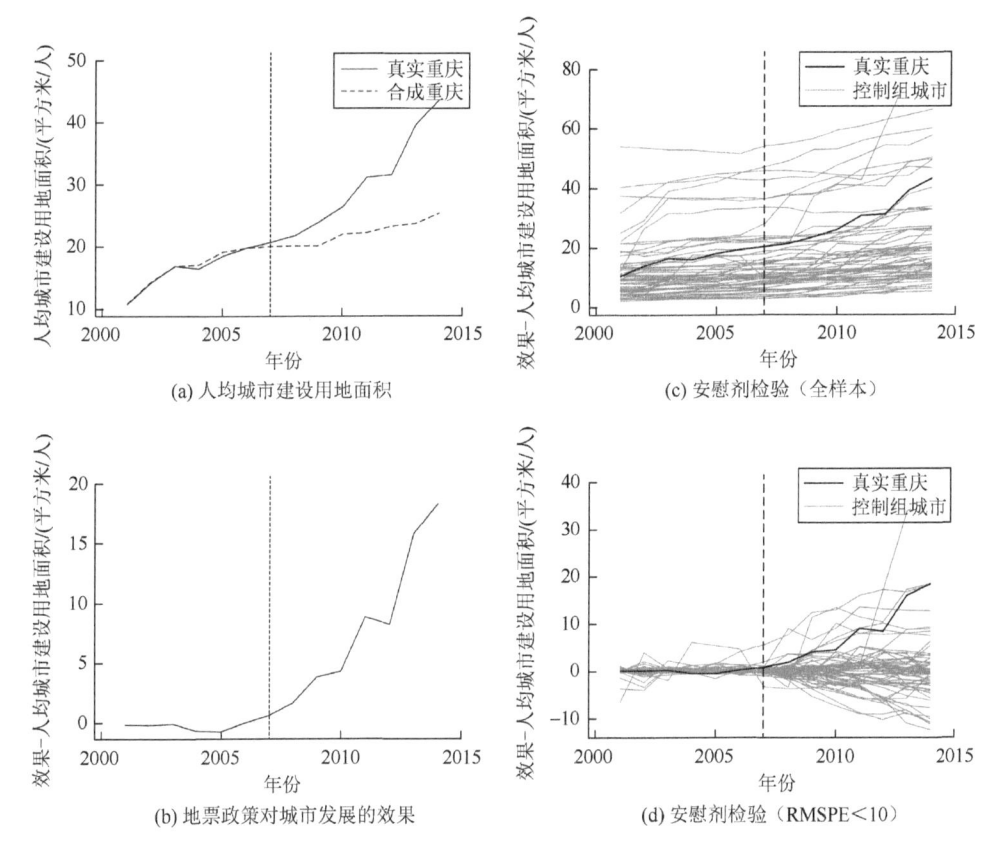

图 10-3　城市发展效果分析结果

2009年后，真实重庆和合成重庆之间开始出现明显差异[图10-3（a）]：真实重庆的人均城市建设用地面积相比合成重庆，有了更大幅度的提高。从图10-3（b）也可以看出，2010年真实重庆的人均城市建设用地面积比合成重庆的高约5平方米，而到了2014年，这一差异提高至近15平方米。由于前述真实重庆的人均耕地并没有大幅减少，那么2008年后重庆的人均城市建设用地面积的明显增长应有部分源于农村建设用地面积的减少，即增减挂钩政策的效果。由此可见，地票政策的实施不仅保护了耕地，也进一步盘活了农村建设用地，补充了城市新增建设用地，有利于促进区域经济发展。

类似地，从图10-3（c）和图10-3（d）（RMSPE设置为小于10平方米）的安慰剂检验中可以看出：2008年前，重庆与其他城市的人均城市建设用地面积差距并不大；2008年后，重庆与其他城市的差距开始拉大，其分布基本位于其他城市的外部，评估效应高于大部分城市，表明前述结论具有一定稳健性，说明地票政策确实有助于重庆城市建设用地的补充。

## （三）劳动力市场效果分析

本部分进一步分析地票政策对于经济促进效果的第二个考察方面——劳动力市场的影响，尤其是对正式从业人员比重的影响。从图10-4（a）、图10-4（b）可以发现，在2008年地票政策实施之前，合成重庆和真实重庆的路径几乎重合，说明拟合效果较好。2008年地票政策实施后，尤其是2011年出现一个正式从业人员比重的跳涨。可见，从长远来看，相对于合成重庆，真实重庆的正式从业人员显著增加。图10-4（c）与图10-4（d）的安慰剂检验也显示了结论具有一定稳健性，在两个图中看到几乎没有其他城市的正式就业人员增长如此显著。在一定程度上可以说明，地票政策有利于提升区域劳动力市场表现，进而有助于促进区域经济发展。

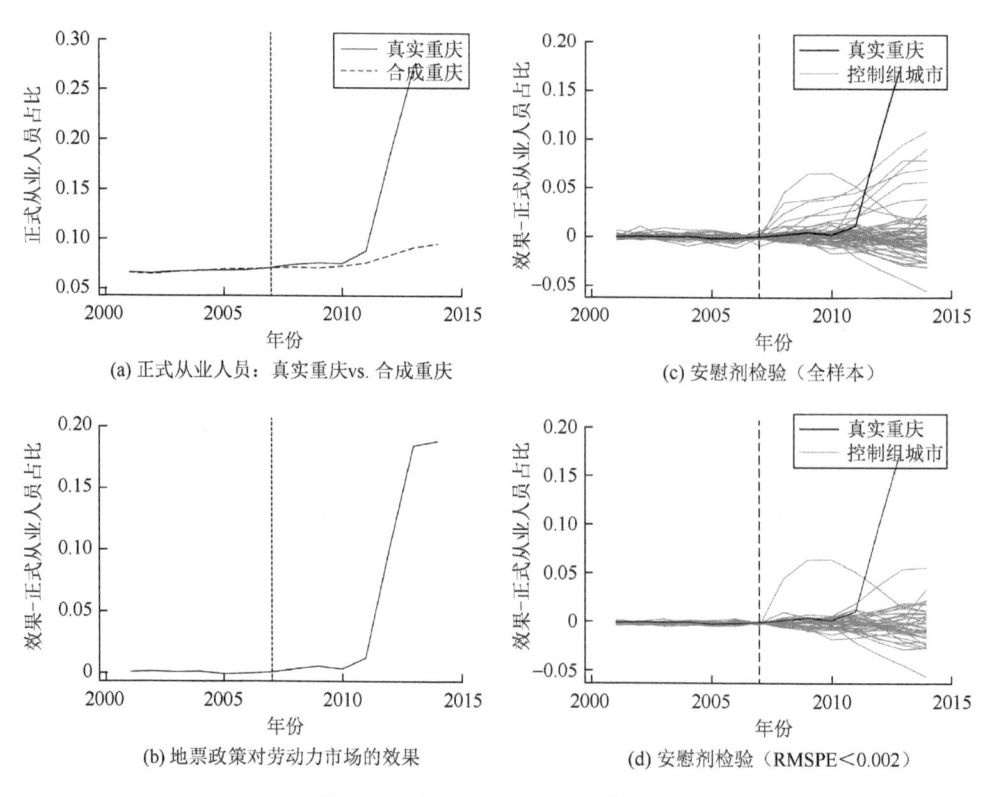

图10-4 劳动力市场效果分析结果

需要注意的是，对此的解释有待进一步考察。首先，从图10-4（a）中可以注意到，正式从业人口比重的快速增长发生于2010年之后，即地票政策实施近两年之后。其次，尽管地票政策实施可能会增加正式从业人员数量，但由于户籍政策，本部分可能高估了其实际影响。事实上，根据实地调研发现，有相当一部分的农村家庭，在参加重庆地票政策并收回他们的宅基地之后，已将其在当地政府中的户口登记类型更改为城市居民（或城市户口）。随着户口类型的变化，这部分人群很快被重新归类为正式雇佣劳动力，进而也会体现于正式从业人员比重增长。

### （四）经济增长效果分析

本部分进一步分析地票政策对于经济促进效果的第三个考察方面——经济增长的影响，主要是对人均 GDP 的影响。图 10-5（a）显示了真实重庆和合成重庆人均 GDP 的变化趋势。可以发现，2001~2008 年两者人均 GDP 的变化路径几乎重合，之间差异几乎为 0 [图 10-5（b）]。2008 年之后，虽然真实重庆和合成重庆的人均 GDP 都在快速增长，但是前者的增长速度明显高于后者。从图 10-5（b）的差异可以看出，到 2010 年，真实重庆与合成重庆之间人均 GDP 的差异就达到了 500 元，到 2014 年，两者之间的人均 GDP 之差进一步扩大，达到 1400 元。安慰剂检验 [图 10-5（c）和图 10-5（d）] 也显示了相当稳健的结果，这意味着地票政策的实施确实促进了区域经济增长。

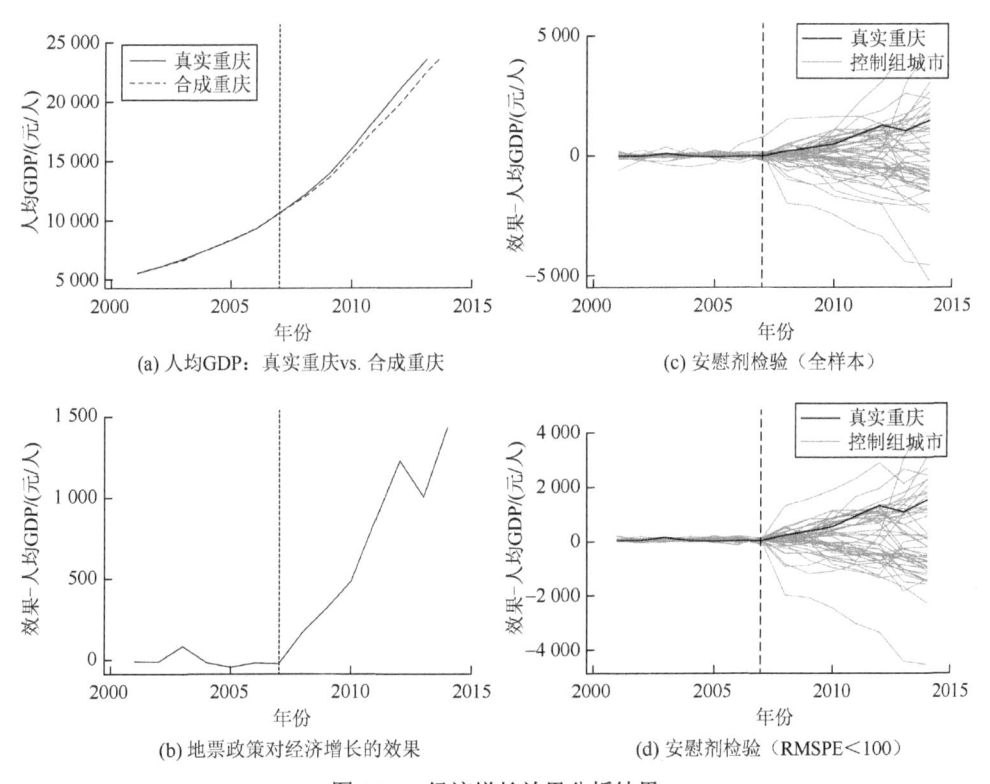

图 10-5 经济增长效果分析结果

## 第三节　地票政策的市场交易机制优化效果研究[①]

前述已经分别从重庆域内与域外两个角度，论证了地票政策的实施确实可以起到保护耕地、补充城市建设用地、促进区域经济增长等资源节约与经济促进效果。但是，这种作用效果可能只是因为建设用地指标从农村转向了城市，即只是原有增减挂钩政策效果，无法判断地票政策中指标市场化配置模式是否进一步提高了区域建设用地总体利用效率，即市场机制是否确实让用地指标从建设用地边际收益低的地区转移到边际收益高的地区。

对此，本部分将继续以重庆地票交易模式为例，构建重庆地票交易模式下地票指标的流转选择模型，运用重庆38个区县的实证数据对地票政策的市场交易机制优化效果进行验证。

## 一、地票政策市场交易机制优化效果的理论分析

### （一）理论模型构建

对于地票交易模式来说，市场机制的引入使得这种城乡增减挂钩指标可以在市场机制的作用下进行自由配置，打破了传统指标周转模式中由政府主导，行政分配的指标流动形式。为了更清晰地描述地票交易过程中市场配置城乡增减挂钩指标的过程，本书构建一个地票交易的理论模型，对地票指标供给主体和需求主体的行为进行分析。

#### 1. 地票指标的供给主体

根据《重庆农村土地交易所暂行管理办法》，虽然农民作为地票指标的实际权利主体，但由于一个区域是否开展地票项目源头上由地方政府决定，并且农民在地票交易的过程中常常将权利委托给地方政府执行，因此，在地票交易过程中，地票指标的实际供给主体为区县政府。由于地票采用价款直拨形式，地方政府通过供给地票指标可获得的直接经济收入仅为项目管理费，并且该管理费并不随地票成交价格的变化而变化。地方政府开展地票项目的成本，主要由两个部分组成。第一，地方政府获取地票指标的组织成本。地票指标产生的核心环节是对农村建设用地进行复垦，但不同区域资源禀赋的差异导致了农民进行复垦的意愿也并不

---

[①] 本部分内容改写自：顾汉龙. 2015. 我国城乡建设用地增减挂钩政策的演化机理、创新模式及其实施效果评价研究. 南京：南京农业大学博士学位论文. 相关成果已发表在：顾汉龙，冯淑怡，王秋兵. 2017. 市场机制引入对城镇新增建设用地配置效率的影响. 中国人口·资源与环境，27（7）：101-110.

相同，从而直接影响地方政府复垦工作的开展。第二，地方政府进行地票交易的机会成本。由于政策限定，通过地票项目复垦产生的新增建设用地指标只可以投入农村土地交易所进行交易，并不能直接用于本区域发展。因此，一旦地方政府选择开展地票项目，成为地票指标的发送区域，那么它同时损失了该指标直接用于本区域经济发展所带来的经济收益。根据区县政府在供给地票指标过程中的成本及收益，构建供给主体的利润函数，基本公式如下：

$$\pi_i = uq_i - (a\partial_i \mathrm{MR}_i q_i^2 + b\theta_i q_i^2) \quad (10\text{-}11)$$

其中，$\pi_i$ 为 $i$ 区县供给地票指标所获得的利润；$uq_i$ 为 $i$ 区县供给地票获得的总收益，$u$ 为区县政府供给每单位地票指标所获的项目管理费，$q_i$ 为 $i$ 区县供给的地票指标数量；$a\partial_i \mathrm{MR}_i q_i^2$ 为 $i$ 区县供给地票所付出的机会成本，其中 $\mathrm{MR}_i$ 为 $i$ 区县该年城镇新增建设用地边际产出，$\partial_i$ 为 $i$ 区县自用地票指标的难度系数，$a$ 为机会成本函数的系数（$a>0$，$\partial_i>0$）；$b\theta_i q_i^2$ 为 $i$ 区县供给地票所付出的组织成本，$\theta_i$ 为 $i$ 区县组织开展地票项目的难度系数，$b$ 为成本函数的系数（$b>0$，$\theta_i>0$）。

2. 地票指标的需求主体

根据《重庆农村土地交易所暂行管理办法》，一切法人或其他组织以及具有独立民事能力的自然人均可购买地票指标，而实际上真正购买地票指标的主体主要为两类群体，一类是地方政府的土地储备机构，另一类则是进行房地产开发的用地企业。对于政府储备机构而言，其购买地票指标利润函数的基本公式如下：

$$\pi_j^* = \varepsilon \mathrm{MR}_j q_j^2 - pq_j - z_j q_j \quad (10\text{-}12)$$

其中，$\pi_j^*$ 为 $j$ 区县土地储备机构购买地票所获得的利润；$\varepsilon \mathrm{MR}_j q_j^2$ 为 $j$ 区县所购买地票用于地方经济建设所带来的收益；$\mathrm{MR}_j$ 为 $j$ 区县城镇新增建设用地边际产出；$q_j$ 为 $j$ 区县购买的地票数量；$\varepsilon$ 为 $j$ 区县新增建设用地收益函数的系数（$\varepsilon>0$）；$pq_j$ 为 $j$ 区县土地储备机构购买地票所支付的地票价款，$p$ 为地票指标的平均成交价格；$z_j q_j$ 为 $j$ 区县地票指标落地的其他成本（如征地补偿、土地平整等费用），$z_j$ 为 $j$ 区县开发单位面积土地所需支付的成本。而购买地票用于房地产开发的企业，其利润函数基本公式如下：

$$\pi_k = \hat{p}_0 q_k - pq_k - \lambda_k q_k \quad (10\text{-}13)$$

其中，$\pi_k$ 为 $k$ 企业购买地票预期获得的利润；$\hat{p}_0$ 为 $k$ 企业所购地票拟落地区县的平均房价；$q_k$ 为 $k$ 企业购买的地票指标数量；$p$ 为地票指标的平均成交价格；$\lambda_k$ 为 $k$ 企业单位面积地票指标落地的费用。

（二）理论分析与研究假设

无论是地票指标的供给主体还是地票指标的需求主体均是在利益最大化的理

性人假设下做出决策，因此，我们分别对不同主体的利润函数进行求导，并分析不同主体的最优的地票交易数量。在对供给主体的利润函数求导后，可以得到地票的最优供给数量 $q_i^*$，其基本公式如下：

$$q_i^* = \frac{\mu}{2a\partial_i \mathrm{MR}_i + 2b\theta_i} \quad (10\text{-}14)$$

根据 $q_i^*$ 可以得出以下推论。首先，当区域之间资源禀赋相同时，城镇建设用地边际产出越小，该地区越倾向于多供给地票；相反，一个地区的城镇建设用地边际产出越大，该地区越倾向于少供给地票。其次，当区域之间城镇建设用地边际产出相同时，一个地区资源禀赋越好，开展地票项目的组织成本越低，该地区越倾向于多供给地票；相反，一个地区资源禀赋越差，开展地票项目的组织成本越高，该地区越倾向于少供给地票。

对于购买地票指标的地方土地储备机构的利润函数，求导后，令 $\pi_j^* = 0$，则可以得出区县土地储备机构所需购买地票指标的最小数量 $q_j^*$，其具体公式如下：

$$q_j^* = \frac{p+z}{2\varepsilon \mathrm{MR}_j} \quad (10\text{-}15)$$

根据 $q_j^*$ 可以发现，为了获利，城镇建设用地边际产出越小的区域，其地票指标的最小购买数量越大，而根据已有研究，城镇建设用地边际产出较低的区域计划指标相对充足，因此，城镇建设用地边际产出较高区域的土地储备机构更倾向于购买市场中流通的地票指标。

对于地票指标的另一个需求主体，为了获得尽可能多的利润，购买地票的房地产开发企业一般会在政府允许的规划范围内选择房价较高即城镇建设用地边际产出较高的区域使用该指标。

基于以上理论分析，可以提出以下研究假设：①在地票交易政策下，资源禀赋较好、城镇建设用地边际产出较小的区域常常是地票指标的发送区域。②城镇建设用地边际产出较高的区域常常是地票指标的接收区域，即在市场机制的作用下，地票指标主要是由城镇建设用地边际产出较低、资源禀赋较好的区域流向城镇建设用地边际产出较高的区域。

## 二、地票政策市场交易机制优化效果的实证研究

（一）研究区域与数据来源

本部分数据采用与本章第一节相同，以重庆为研究区域，数据分别来源于《重庆统计年鉴》(2008～2013年)、《重庆市国土资源和房地产年鉴》(2008～2013年)

及 2007~2013 年重庆土地变更调查数据，其中人均国民生产总值等有关价值的数据均采用 2007 年不变价格来消除价格因素的影响。

## （二）研究方法

### 1. 模型构建

为验证前述理论假设，本部分构建了一个以区域地票指标流转行为为被解释变量，以区域城镇建设用地边际产出为重要解释变量的二元选择模型。由于 Probit 模型要求随机误差项服从正态分布，而 Logit 模型则没有这种要求，因此本书选择 Logit 模型。为了分别对地票指标流入区域和地票指标流出区域的流转行为进行分析，本书将构建两个 Logit 模型，对不同区域地票指标的流出行为和流入行为进行描述。地票指标的流出模型和地票指标的流入模型的基本公式如下：

$$Y_{it} = \alpha_0 + \alpha \mathrm{MP}_{it-1} + x^1_{it-1}\alpha_1 + x^2_{it-1}\alpha_2 + \cdots + x^n_{it-1}\alpha_n + \varepsilon_{it} \quad (10\text{-}16)$$

$$Y^*_{it} = \beta_0 + \beta \mathrm{MP}_{it-1} + z^1_{it-1}\beta_1 + z^2_{it-1}\beta_2 + \cdots + z^n_{it-1}\beta_n + \mu_{it} \quad (10\text{-}17)$$

其中，$Y_{it}$ 为区县 $i$ 在时期 $t$ 地票指标的流出行为（$Y=1$ 表示区县 $t$ 年流出了地票指标，$Y=0$ 表示区县 $t$ 年没有流出地票指标）；$Y^*_{it}$ 为区县 $i$ 在时期 $t$ 的地票指标的流入行为（$Y^*=1$ 表示区县 $t$ 年流入了地票指标，$Y^*=0$ 表示区县 $t$ 年没有流入地票指标）；$\mathrm{MP}_{it}$ 为区县 $i$ 在时期 $t$ 的城镇新增建设用地边际产出，$x^1, x^2, \cdots, x^n$ 为影响地区地票指标流出行为的其他变量；$x^1_{it}, x^2_{it}, \cdots, x^n_{it}$ 为区县 $i$ 在时期 $t$ 变量的取值；$z^1, z^2, \cdots, z^n$ 为影响地区地票指标流入行为的其他变量；$z^1_{it}, z^2_{it}, \cdots, z^n_{it}$ 为区县 $i$ 在时期 $t$ 相应变量的取值，由于一个区域地票指标的流转行为与当期的解释变量之间存在内生关系，因此，在实际模型的构建中，我们应选择相应解释变量滞后一期的数据，即 $\mathrm{MP}_{it-1}$，$x^1_{it-1}, x^2_{it-1}, \cdots, x^n_{it-1}$，$z^1_{it-1}, z^2_{it-1}, \cdots, z^n_{it-1}$，$\alpha_0$ 和 $\beta_0$ 为个体固定效应向量；$\varepsilon_{it}$ 和 $\mu_{it}$ 为随机扰动项。

对于估计方法，本书分别使用固定效应估计方法和随机效应估计方法对模型进行估计，根据 $F$ 检验和 Hausman 检验结果确定合适的模型与估计形式。

### 2. 变量选择

本部分最重要的解释变量是重庆各区县历年的城镇建设用地边际产出。对于地票指标的流出模型来说，一个区县的城镇建设用地边际产出直接影响该区县开展地票项目机会成本，一个区县的城镇建设用地边际产出越低，这个区县开展地票项目的机会成本越小，从而该地区越有可能是地票指标的流出区域。因此，在地票指标的流出模型中，该变量预期对区域地票指标的流出行为有负向的影响。对于地票指标的流入模型来说，一个区县的城镇建设用地边际产出同样影响着该区域指标的流入行为。在市场机制的作用下，一个区域的城镇建设用地边际产出越高，那么购得地票的市场主体越倾向于将地票指标在该区域落地，以获取最大化经济效益。因此，在地票指标的流入模型中，该变量预期对区域地票指标的流入行为有着正向的影响。

关于城镇建设用地边际产出的测算，在已有的研究中，大部分学者仍然选择以地均 GDP 增加值这个指标来代替土地的边际产出（孟娜，2012）。例如，陈江龙等（2004）用单位居民点工矿用地的第二产业、第三产业增加值来衡量非农建设用地的产出效率；张蔚文等（2008）以第二产业、第三产业增加值耗地量作为指标来评价浙江省各个县（市、区）的用地效率，从而近似估计建设用地的边际效益；王青等（2010）用第二产业、第三产业产值增量与建设用地增量的比值衡量我国各省区市 1997~2006 年区域建设用地利用的边际产出。结合当前学者的研究，本书以重庆 2007~2011 年历年各区县的第二产业、第三产业增加值耗地量作为指标来近似估计各个区县历年的城镇建设用地边际产出。具体表达式如下：

$$\mathrm{MP}_{it} = \frac{\Delta \mathrm{stp}_{it}}{\Delta \mathrm{cl}_{it}} = \frac{\mathrm{stp}_{it} - \mathrm{stp}_{i,t-1}}{\mathrm{cl}_{it} - \mathrm{cl}_{i,t-1}} \tag{10-18}$$

其中，$\mathrm{MP}_{it}$ 为 $i$ 区（县）$t$ 年新增城镇建设用地的边际产出；$\mathrm{stp}_{it}$ 为 $i$ 区（县）$t$ 年第二产业、第三产业产值；$\Delta \mathrm{stp}_{it}$ 为 $i$ 区（县）$t$ 年第二产业、第三产业产值增量；$\mathrm{cl}_{it}$ 为 $i$ 区（县）$t$ 年城镇建设用地面积；$\Delta \mathrm{cl}_{it}$ 为 $i$ 区（县）$t$ 年新增城镇建设用地面积。

除了城镇建设用地边际产出这一解释变量外，还需要控制其他影响各区县地票指标流转行为的解释变量。

（1）影响区域地票指标流出的控制变量。通过前文的理论分析我们可知，地方政府作为地票指标的实际供给主体，其指标的流转行为主要受开展地票项目的组织成本和机会成本影响。城镇建设用地边际产出是影响机会成本的主要变量。另外，一个区域对于城镇建设用地指标的需求程度也直接影响着开展地票项目的机会成本，即一个地区对于城镇新增建设用地指标的需求程度越低，该区域开展地票项目的机会成本也就越低。本书选取人均 GDP 和第二产业、第三产业产值占 GDP 比重两个指标来衡量一个区域对计划外城镇新增建设用地指标的需求程度。经济发展水平和产业结构是影响一个区域城镇建设用地扩张的重要因素，已有的研究普遍表明，一个地区经济发展水平越高，第二产业、第三产业比重越大，该地区的城镇建设用地扩张规模也就越大（黄季焜等，2007；黄大全等，2014），从而对于城镇建设用地指标的需求越强；相反，一个地区经济发展水平越低，第二产业、第三产业比重越小，则说明该区域对城镇建设用地指标的需求程度越低。因此，我们预期这两个指标与区域地票的流出行为存在负向的作用关系。

影响一个区域开展地票项目组织成本的因素主要由一个区域的资源禀赋情况决定。影响一个区域复垦成本的资源禀赋主要可以从两个方面进行考虑，一是农村土地资源的禀赋情况，二是农村劳动力资源的禀赋情况。对于一个区域的农村土地资源禀赋情况，我们分别选取农村建设用地占建设用地总面积比重和农村人均占有建设用地面积两个指标来进行衡量。复垦农村闲置建设用地是地票交易的核心环节，是一个区域开展地票项目的前提，因此，一个地区的农村建设用地资源的总量和人均占有量直接影响着一个区域开展农村建设用地复垦的难度。一般而言，一个地区农村建设用地越充足，人均拥有的农村建设用地面积越大，该地区进行农村建设用地复垦的潜力就越大，相应地，该地区农民进行复垦的意愿也就越高，从而地方政府开展复垦工作的难度也就相对较低。因此，我们预期农村建设用地占建设用地总面积比重和农村人均占有建设用地面积两个指标与区域地票指标的流出行为存在正向的相关关系。而对于一个区域的农村劳动力资源禀赋情况，主要反映了一个区域的劳动力就业结构。因此，选取农村常住人口数占农村户籍人口数的比重来表示一个区域的农村劳动力的资源禀赋情况。如果一个区域农村常住人口占户籍总人口的比重越低，那么说明该区域农民外出务工情况较为普遍，从而该区域更有可能出现农村宅基地闲置、利用效率低下的情况。因此，预期这个指标与区域的地票指标流出行为存在负向的相关关系。

（2）影响区域地票指标流入的控制变量。一个区域是否有地票指标流入，主要由地票指标的需求主体决定。通过前文的理论分析我们可知，地票指标的需求主体一般可以分为两类，分别是一般的用地主体（用地企业）和地方政府（地方土地储备中心）。对于一般的用地主体来说，为了获取最大化经济效益，他们会选择预期给自己带来最大经济效益的区域将地票指标落地。因此，区域的城镇建设用地边际产出是影响其决策的关键变量。而对于地方政府来说，其地票指标的购买行为主要由该区域对城镇新增建设用地指标的需求程度、农村土地资源禀赋情况以及其购买能力决定。衡量一个区域对建设用地指标的需求程度同样选取人均GDP和第二产业、第三产业产值占GDP比重两个指标来衡量。根据前文的分析，一个地区的经济发展水平越高，第二产业、第三产业比重越大，该地区的城镇建设用地扩张规模也就越大，从而对于城镇建设用地指标的需求越强。因此，预期这两个指标与区域地票指标的流入行为存在正向的作用关系。其次，依然选取农村建设用地占建设用地总面积比重和农村人均占有建设用地面积两个指标来衡量一个区域的农村土地资源禀赋情况。如果一个区域农村土地资源禀赋较差，那么当其对城镇新增建设用地指标需求较高的时候，购买地票这种计划外指标就成为其获取额外指标的重要途径。因此，我们预期一个区域的农村土地资源禀赋与该区域地票指标的流入行为存在负向的相关关系。最后，我们选择一个地区的地方财政收入来衡量一个区域对地票指标的购买能力。一个区域财政收入越高,则说明该地方政府的财政支付能力越强,从而越有可能在计划内城镇新增建设用地指标不足的情况下购买地票指标。因此,我们预期该指标将与区域地票指标的流入行为存在正向的相关关系。

除了上述控制变量外,还选择重庆"一小时经济圈"地区为对照组,设定渝东北地区和渝东南地区两个地区虚拟变量,以反映地区之间自然环境、地理位置、政策环境等方面的差异。与"一小时经济圈"地区相比,渝东北地区和渝东南地区的经济发展水平较差,对城镇建设用地指标的需求相对较低,而农村土地资源禀赋则相对较好。因此,我们预测地票指标的流出区域主要集中在渝东北地区和渝东南地区,而地票指标的流入区域则主要集中在"一小时经济圈"地区。

根据上述分析,构建了如表10-9所示的指标体系。

**表10-9　地票流转模型指标的选取和描述性统计**

| 变量名称 | 单位 | 定义 | 预期影响 | 均值 | 标准差 |
| --- | --- | --- | --- | --- | --- |
| 被解释变量 ||||||
| 区域地票指标的流出行为 |  | 1=该区域为地票指标的流出区<br>0=该区域不是地票指标的流出区域 |  | 0.31 | 0.47 |
| 区域地票指标的流入行为 |  | 1=该区域为地票指标的流入区<br>0=该区域不是地票指标的流入区域 |  | 0.42 | 0.86 |
| 影响区域指标流出行为的解释变量 ||||||
| 区域城镇建设用地边际产出 | 万元/亩 | 第二产业、第三产业产值增量/新增城镇建设用地面积 | − | 410.12 | 232.52 |
| 影响区域指标流出行为的控制变量 ||||||
| 机会成本 |  |  |  |  |  |
| 人均GDP | 万元 | 国内生产总值/总人口 | − | 2.53 | 1.45 |
| 第二产业、第三产业生产总值比重 |  | 第二产业、第三产业生产总值/国内生产总值 | − | 0.86 | 0.83 |
| 复垦成本 |  |  |  |  |  |
| 农村建设用地比重 |  | 农村建设用地面积/建设用地总面积 | + | 0.73 | 0.23 |
| 农村人均建设用地面积 | 亩 | 农村建设用地面积/农村常住人口 | + | 0.40 | 0.10 |
| 农村常住人口比重 |  | 农村常住人口/农村户籍人口 | − | 0.54 | 0.72 |
| 地区虚拟变量 |  | 以"一小时经济圈"地区为对照组 |  |  |  |
| 渝东北地区 |  | 1=渝东北地区,0=其他 | + | 0.32 | 0.41 |

续表

| 变量名称 | 单位 | 定义 | 预期影响 | 均值 | 标准差 |
|---|---|---|---|---|---|
| 渝东南地区 | | 1=渝东南地区，0=其他 | + | 0.45 | 0.36 |
| 影响区域指标流入行为的解释变量 | | | | | |
| 区域城镇建设用地边际产出 | 万元/亩 | 第二产业、第三产业产值增量/城镇建设用地增加值 | + | 410.12 | 232.52 |
| 影响区域指标流出行为的控制变量 | | | | | |
| 人均GDP | 万元 | 国内生产总值/总人口 | + | 2.53 | 1.45 |
| 第二产业、第三产业生产总值比重 | | 第二产业、第三产业生产总值/国内生产总值 | + | 0.86 | 0.83 |
| 农村建设用地比重 | | 农村建设用地面积/建设用地总面积 | − | 0.73 | 0.23 |
| 农村人均建设用地面积 | 亩 | 农村建设用地面积/农村常住人口 | − | 0.40 | 0.10 |
| 地方财政收入 | 万元 | | + | 212 895.30 | 206 016.25 |
| 地区虚拟变量 | | 以"一小时经济圈"地区为对照组 | | | |
| 渝东北地区 | | 1=渝东北地区，0=其他 | − | 0.32 | 0.41 |
| 渝东南地区 | | 1=渝东南地区，0=其他 | − | 0.45 | 0.36 |

## （三）模型估计与结果分析

根据Hausman检验结果，无论是地票指标的流入模型还是地票指标的流出模型都接受了优先选择的随机效应模型的原假设，所以本部分主要对两个模型的随机效应回归结果展开详细讨论（表10-10）。地票指标流出模型的回归结果显示，城镇建设用地边际产出这一关键变量负向影响一个区域地票指标的流出行为，并在10%的统计水平上显著。这一结果验证了前文的预期，说明一个区域的城镇建设用地边际产出越低，该区域越倾向成为地票指标的流出区域。对于地票指标流出模型中的控制变量，第二产业、第三产业生产总值比重、农村建设用地比重和农村人均建设用地面积三个变量分别在10%、5%和1%的统计水平上显著，三个控制变量与区域地票指标流出行为的作用关系也和预期一致。其中，衡量区域对建设用地指标需求程度的第二产业、第三产业比重指标与地票指标的流出行为存在负向的作用关系，这表明了一个区域的第二产业、第三产业产值比例越高，该区域越不愿意开展地票交易项目。另外两个衡量区域农村土地资源禀赋的指标即农村建设用地比重和农村人均建设用地面积则正向影响一个区域的地票指标流出行为，这就说明一个地区的农村建设用地资源越充足，该区域越倾向成为地票指标的发送区域。

表 10-10　地票流转模型的估计结果

| 解释变量 | | 被解释变量 | |
| --- | --- | --- | --- |
| | | 区县地票指标的流出行为 | 区县地票指标的流入行为 |
| | | 指标流出模型 | 指标流入模型 |
| 关键变量 | ln 城镇建设用地边际产出 | −1.78（0.77）* | 11.63（3.81）*** |
| 控制变量 | 人均 GDP | −0.21（1.24） | 0.59（0.22）** |
| | 第二产业、第三产业生产总值比重 | −5.34（1.76）* | 0.12（0.30）* |
| | 农村建设用地比重 | 0.39（1.43）** | −2.32（3.72）** |
| | 农村人均建设用地面积 | 3.56（2.12）*** | −0.18（0.51）** |
| | 农村常住人口比重 | 0.69（0.83） | — |
| | ln 地方财政收入 | — | 2.37（2.18）* |
| 地区虚拟变量 | 渝东北地区 | 0.61（1.64） | −1.84（1.14）* |
| | 渝东南地区 | 1.23（1.82）** | −0.85（0.13）* |
| | 样本数量 | 190 | 190 |
| | 区县各数 | 38 | 38 |
| 常数项 | | 3.13（0.95）*** | −7.35（0.34）** |
| 对数似然值（log likelihood） | | −15.81 | −77.61 |
| Wald 卡方值 | | 14.63 | 47.12 |
| 显著性水平（Prob＞chi2） | | 0.0151 | 0.0000 |

注：括号里的是 t 检验值
*、**、***分别表示在 10%、5%和 1%的统计水平上显著

对于衡量一个区域土地资源禀赋程度的变量即农村建设用地比重和农村人均建设用地面积来说，他们均与区域地票指标流入行为存在负向的作用关系，并均在 5%的统计水平上显著。这就说明一个区域拥有的后备建设用地资源越少，该区域为了获得额外的建设用地指标，会在市场上购买指标，从而成为地票指标的流入区域。另外，一个区域的财政收入水平也与一个区域的地票指标流入行为存在正向的作用关系，并在 10%的统计水平上显著。这一结果也与预期一致，说明一个区域的财政收入水平越高，该区域越有能力购买地票指标，从而成为地票指标的流入区域。

对于地区虚拟变量，在地票指标的流出模型中，两个地区虚拟变量对于区域地票指标流出行为存在正向的作用关系，但仅有渝东南地区这一虚拟变量在5%的统计水平上显著，而渝东北地区这一个虚拟变量并不显著。这一结果说明，相比于"一小时经济圈"地区，渝东南地区是地票指标的主要发送区域。在地票指标的流入模型中，两个地区虚拟变量对于区域地票指标流出行为存在负向的作用关系，并且均在10%的统计水平上显著。这一结果说明，相比于"一小时经济圈"地区，渝东南地区和渝东北地区并不是地票指标的主要流入区域。

通过对于实证结果的分析可以发现，在重庆地票交易政策的实际运作过程中，市场上的地票指标主要由土地资源禀赋较好、城镇建设用地边际产出较低的区域提供，而地票指标最终流入了土地资源禀赋较差而城镇建设用地边际产出较高的区域。这一结果验证了前文的理论假说，进一步说明了在市场机制的作用下，地票指标的市场化交易可以进一步拉平区域之间的城镇建设用地边际产出，从而弥补计划配置新增建设用地指标带来的效率损失，优化了原有的城镇新增建设用地配置体系。

## 第四节 本章小结

本章以重庆地票政策为例，从效率的角度对我国农村集体建设用地间接流转制度绩效进行了评析。

首先从重庆域内与域外两个角度，检验地票政策是否达到了资源节约与经济促进的增减挂钩政策目标。其中，域内角度主要是基于 DID 方法并有机结合 EKC 模型与 C-D 生产函数，运用重庆 2008~2013 年 35 个区（县）的面板数据进行检验；域外角度则是创新性地运用合成控制法，创建重庆未实施地票的反事实情况进行检验。在此基础上，本书进一步巧妙地将重庆各区县看作为独立的行为主体，将其历年的地票指标情况视为相应的流转行为，应用主体行为选择模型，构建重庆地票交易的二元选择模型，以此检验市场化机制引入是否进一步提升了重庆地票政策的效率绩效。

研究结果表明，无论是从重庆域内，还是域外的角度，地票政策不仅减缓了重庆整体的耕地减少速度，提高了区域耕地资源节约程度，并且也补充了其城镇新增建设用地，促进了区域第二产业、第三产业产值的提升，达到了资源节约与经济促进的政策效果。

更重要的是，从地票政策市场交易机制优化效果的分析来看，无论是理论分析，还是实证研究均证明，市场上的地票指标主要由土地资源禀赋较好、城镇建设用地边际产出较低的区域提供，而地票指标最终流入了土地资源禀赋较差而城镇建设用地边际产出较高的区域。因此，地票交易政策实现了指标的市场化流动，拉平了区域间城镇建设用地边际产出，弥补了计划配置新增建设用地指标带来的效率损失，在一定程度上优化了城镇新增建设用地配置体系。

总的来说，地票交易这种新型增减挂钩模式实现了增减挂钩指标的市场化配置，这种市场化的配置优化了传统指标周转模式下增减挂钩指标的配置方式，进一步提高了增减挂钩指标的配置效率，也为我国农村集体建设用地间接流转效率的提高提供了新的路径参考。

# 第十一章 农村集体建设用地流转公平绩效评价

前章以增减挂钩政策的典型模式——重庆地票政策为例，从效率角度对我国农村集体建设用地流转政策绩效进行了评析。本章将继续以农村集体建设用地间接流转形式为主线，选择增减挂钩政策的另一典型模式——江苏"万顷良田建设"[①]为例，以增减挂钩政策实施项目区的农民福利为切入点，在 Sen 的可行能力理论分析框架下建立影响农民福利系列指标，通过对江苏省宿迁、南通、苏州三个具有区域差异性的"万顷良田建设"项目地区农户进行问卷调研，运用结构方程模型评价江苏"万顷良田建设"中宅基地置换对农民福利各维度的影响；继而在此基础上，进一步对比分析江苏"万顷良田建设"中不同宅基地置换模式对农民福利的影响，进而从公平视角对我国农村集体建设用地流转政策绩效进行评析[②]。

## 第一节 增减挂钩政策实施对农民福利的影响研究

增减挂钩政策的实施引起了学者的广泛关注。一些学者分析了增减挂钩政策产生的原因（陈雪骅，2009；李元珍，2013），总结和对比了增减挂钩政策实践模式（王婧等，2011；汪晖等，2011）。有学者尝试定量考察增减挂钩政策实施对项目区农民权益的影响，但主要是采用模糊评价法从农民满意度的视角分析集中居住区农民对居住环境、生活保障等各方面的满意状况（王雅文等，2011；陈美球和马文娜，2012；易小燕，2015）。本部分根据 Sen 的可行能力分析框架，构建农民福利指标体系，以江苏省"万顷良田建设"项目为例，运用结构方程模型实证分析增减挂钩政策的实施对拆旧区农民福利的影响[③]。

---

[①] "万顷良田建设"是以土地开发整理项目为载体，以实施城镇建设用地增加与农村建设用地减少相挂钩政策为抓手，通过对田、水、路、林、村进行综合整治，增加有效耕地面积，提高耕地质量；将农村居民迁移到城镇，节约集约利用建设用地；建成大面积、连片的高标准农田，优化区域土地利用布局的一项系统工程。

[②] 本部分内容改写自：上官彩霞. 2015. 城乡建设用地增减挂钩实施中宅基地置换的模式选择及其对农民福利的影响研究. 南京：南京农业大学博士学位论文。

[③] 相关成果已发表在：上官彩霞，冯淑怡，陆华良，等. 2016. 城乡建设用地增减挂钩实施对农民福利的影响研究——以江苏省"万顷良田建设"项目为例. 农业经济问题，(11)：42-51。

## 一、增减挂钩政策实施对农民福利影响的理论分析

### （一）拆旧区农民福利的构成

分析增减挂钩政策的实施对农民福利的影响首先需要对福利等概念进行界定。福利一词有许多相近的概念，如旧福利经济学的功利或效用概念（Pigou，1912），新福利经济学的偏好（Harsnyi，1996）、快乐与幸福（黄有光，1991）以及功能概念（Sen，1984）。旧福利经济学将福利等同于经济福利，只要收入增长就说明福利增加。新福利经济学主要采用效用序数论、消费者剩余理论、希克斯补偿理论、生产者剩余理论等方法比较福利的大小，形成了把社会福利视作所有社会成员福利或效用的加总的福利函数形式，产生了帕累托最优福利评判标准。同时，许多福利经济学家不断细化、完善帕累托标准，形成了 Hicks 准则、Kaldor 准则、Little 准则（Hicks，1943；Kaldor，1939；Little，2002）。但是这些福利评判标准均有着严格的限制条件，导致其在应用时效果不佳。另外，他们只关注效用问题，忽视了福利分配所涉及的公平问题（Ng，1984）。

20 世纪八九十年代，Sen 提出的可行能力理论为福利测度提供了操作性较强的理论分析框架。Sen 用"可行性能力"或"功能"或"生活内容"等概念来诠释福利，认为社会福利是一种自由的发展观（社会上所有人的福利状态的价值标准）。自由是享受人们有理由珍视的那种生活的可行能力，即列入清单的所有活动的各种组合。Sen（1984，1991，2002）进一步明确了促进发展的五种最重要的工具性自由：政治自由、经济条件、社会机会、透明性担保及防护性保障，这五种工具性自由分别帮助人们按自己的意愿过有价值的生活，相互联系、相互促进。Sen 的可行能力理论不仅包括个人效用内容，还纳入了自由、权利、心理等伦理方面的内容，其可行能力概念避免了只关注效用的弊端，即福利不是只为了提高收入效用，而是一个人列入清单的所有活动的各种组合。

许多学者依据 Sen 的可行能力理论框架构建了农民福利指标体系。例如，高进云等（2007）、聂鑫（2011）从家庭经济状况、社会保障、居住条件、环境、社会参与支持、心理等六个方面构建了农地城市流转前后农民福利指标体系；贾燕等（2009）、马贤磊和孙晓中（2012）从家庭经济状况、社会保障、居住水平和环境、社区生活、社会资本和发展空间等六个方面构建了农民集中居住前后福利指标体系；徐烽烽等（2010）从家庭经济状况、社会保障、社会机会和心理因素等四个方面构建了农户土地承包经营权置换城镇社会保障前后农民福利指标体系。

借鉴已有的研究以及考虑到江苏省"万顷良田建设"项目农民安置的实践，

本部分基于 Sen 的可行能力理论框架，从家庭经济状况、居住条件状况、社会保障状况、社会资本状况以及农民参与权实现状况等五个方面构建了增减挂钩政策实施前后拆旧区农民福利指标体系。

（1）家庭经济状况。尽管用收入代替福利存在缺陷，但是家庭经济状况仍然是福利的一个重要组成部分。家庭经济状况可以反映一个人改变自身条件的难易程度，因此有必要将家庭经济状况作为组成福利的功能性活动之一。农民异地居住可能会导致农民家庭经济状况的变化。首先，农民的农业收入可能会减少。农民异地居住会导致耕作半径增加，原先的宅基地也失去了储藏粮食和饲养牲畜的功能，从而导致农地经营收入和畜禽养殖收入的减少。其次，农民的非农收入可能会增加。如果农民把其承包经营的农地流转出去，则会增加财产性收入；如果农民搬迁至区位条件较好、基础设施较完善的集中居住区，则可能通过出售或租赁多余的安置房增加财产性收入；如果地方政府为搬迁至城镇集中居住的农民提供培训机会和就业岗位，引导农民向第二产业、第三产业转移，则可能增加工资性收入。此外，很多地方在增减挂钩政策实施过程中配合实施了"农地承包经营权置换社会保障"，从而可以增加转移性收入。最后，农民的生活消费支出可能会增加。农村搬迁到城镇集中居住会导致粮食、蔬菜等食品以及水费、电费等实际生活支出的增加。因此，本书将从家庭收入和支出两个方面反映家庭经济状况这一功能性活动。农民家庭经济状况拟选择五个指标：是否增加了非农收入、是否减少了农业及畜禽养殖收入、是否增加了日常生活消费支出、是否增加了家庭总支出、是否增加了家庭纯收入。

（2）居住条件状况。在马斯洛需求层次理论中，住房最基本的功能是保障人身安全，抵御外部环境。然而随着生活水平的提高，人们更关注住房的舒适度和美观性。从分散的农村居民点搬迁到集中安置区居住意味着农民居住条件状况的改变，从而对其福利状况产生重要影响。搬迁后空气质量变差、存在噪声污染等可能会给农民带来消极心情，从而降低其福利；而搬迁后基础设施条件变好则可为农民日常生活及出行提供便利，从而增加其福利。因此，本书将从建筑面积、室内状况、配套设施和居住环境等方面反映居住条件状况这一功能性活动。农民居住条件状况拟选择十个指标：家庭人均建筑面积变化状况，室内家电、家具与装修情况，空气质量变化状况，噪声变化状况，自然景观是否遭到破坏，厕所是否是自动冲水式，治安变化状况，基础设施变化状况，配套设施是否更加完善，交通是否更加方便。

（3）社会保障状况。土地是农民的安身立命之所，可以为农民提供就业等社会保障。农民搬迁到集中安置区后，可能不再经营农地，从而失去就业机会。因此，农民搬迁后能否获得更多种类或较高水平的社会保障，能否获得更多的教育和就业培训机会，其子女能否得到公平的受教育待遇等都将对其福利产生重要影响。农户社会保障状况拟选择四个指标：是否获得更多种类的社会保障、是否享有更高水平的社会保障、是否获得更多的教育和培训机会及农民的子女受教育是否公平。

（4）社会资本状况。社会资本状况取决于农民交往过程中产生的信任以及他们获取信息的便捷度，体现了农民现实中的社会关系网。农民在原居住地时生活方式是田园式的，依赖于以地缘和血缘形成的社交关系。农民搬迁到集中安置区后，农户与原有亲戚朋友的关系以及与社区其他成员的关系影响农户心理与生活的变化。农户家庭成员健康状况及休闲状况也会影响农户家庭生活质量。农户社会资本状况拟选择七个指标：获取信息是否更加方便、与原有亲戚朋友的关系是否变生疏、与社区其他成员的关系是否密切、社区生活是否更丰富、对所在社区是否更有亲切感、家庭成员身体健康状况、休闲时间是否增加。

（5）农民参与权实现状况。作为增减挂钩政策实施的主要参与者，农民在搬迁过程中是否享有知情权、参与权、谈判权等权利是至关重要的一项功能性活动。搬迁改变了农民的生产和生活，搬迁过程中农民的知情权、参与权和谈判权能否实现关系到其农地及房产置换状况以及满意度。因此，农民参与权实现状况拟选择七个指标：对整个拆迁过程是否了解、参加拆迁会议次数、多人询问农民拆迁意见、拆迁补偿标准的确定是否征得农民的同意、安置房标准的设置是否征得农民的同意、农民是否可以与其他主体进行谈判、安置方式（主要指集中安置）是不是农民自己选择的。

除了上述五个表征农民福利的功能性指标外，本书一方面设置表征农民总福利的农民满意状况指标，包括农民对家庭经济状况、居住条件状况、社会保障状况、社会资本状况的满意度以及搬迁过程中农民的知情权、参与权和谈判权能否得到切实保障等七个指标；另一方面设置表征增减挂钩政策实施过程中的一些现实特征变量（农地及房产置换状况），如农民用原有住房可以置换几套住房、置换的仍是宅基地住房，还是小产权房，还是商品房？农民是否还需要额外支付现金、这些住房是否用于出租或销售？农地怎么处置，是流转还是仍由农民自己经营？农民是否是自愿搬迁的？其具体包括宅基地置换模式、农地流转方式、置换套数、是否拥有房屋产权证、是否是自愿搬迁的、是否需要支付额外资金、是否用于出租或出售七个指标。

## （二）增减挂钩政策实施对农民福利影响的理论分析框架

为了分析增减挂钩政策实施对农民福利的影响，本书一方面分析农地及房产置换状况对农民家庭经济状况、居住条件状况、社会保障状况、社会资本状况的影响以及对农民满意状况的影响；另一方面分析农民参与权实现状况对农地及房产置换状况的影响以及对农民满意状况的影响。这是因为农民参与权实现状况这一功能性活动体现在增减挂钩政策实施过程中，象征了搬迁过程的民主化。农民参与权实现状况越好，即农民对整个搬迁过程很了解、能够参与到补偿标准的制定、安置房置换标准的设置等环节、可以与其他参与主体进行谈判等，其农地及房产置换过程明晰化的程度越高。

如果增减挂钩政策的实施能够提高农民的家庭经济水平、改善农民的居住条件、为农民提供教育培训机会使其转移到非农就业并享受和城镇居民一样的社会保障和丰富农民的社区生活，那么农地及房产置换状况对农民的家庭经济状况、居住条件状况、社会保障状况、社会资本状况和农民满意状况均有正向影响。另外，农民参与权实现状况越好，农地及房产置换状况越佳，农民满意程度也越高，因此农民参与权实现状况对农地及房产置换状况和农民满意状况有正向影响。此外，农民社会保障状况的提高（社会保障种类的增多、社会保障水平的提高和非农教育及就业培训机会的增多）对农民的非农收入及纯收入的提高具有促进作用，从而社会保障状况对家庭经济状况有正向影响。由此，本书构建了增减挂钩政策实施对农民福利影响的理论分析框架（图11-1）。

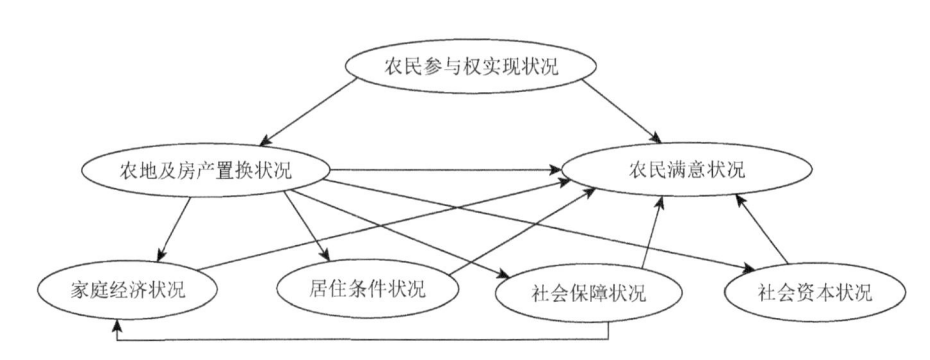

图 11-1 增减挂钩政策实施对农民福利影响的理论分析框架

## 二、增减挂钩政策实施对农民福利影响的实证研究

（一）研究区域与数据来源

本部分的研究对象是增减挂钩政策实施中拆旧区的农民，即原有住房已经被复垦为耕地、现安置在集中居住区的农民。"万顷良田建设"项目是江苏省特有的、典型的增减挂钩方式（夏鸣，2011），该项目以整村推进或大规模的方式实施，农民集中居住区规模较大、拆迁户数较多。因此选择江苏省"万顷良田建设"项目的集中居住区作为调查农户的样本区域。

截至 2010 年，江苏省共有"万顷良田建设"项目区 47 个，涉及全省 13 个省辖市的 42 个县（区）。考虑到区域差异性，本书采用分层随机抽样的原则，首先在苏南、苏中、苏北各选择一个实施"万顷良田建设"项目区数量最多的地级市，然后在每个地级市分别选择实施不同宅基地置换模式的"万顷良田建设"项目区。由此，本书选择了苏州市置换商品房模式的昆山市项目区和张家港市项目区，南通市置换小产权房模式的如皋市项目区和置换商品房模式的港闸区项目区，宿迁市置换宅基地模式的泗阳县项目区、置换小产权房模式的洋河新区项目区和置换商品房模式的三棵树乡项目区。课题组于 2014 年 6 月至 7 月开展了农户实地调研，共收集 236 份有效问卷。从样本区域分布来看，21.6%来自苏州，25.0%来自南通，53.4%来自宿迁；从宅基地置换模式来看，置换宅基地模式占 28.4%，置换小产权房模式占 25.0%，置换商品房模式占 46.6%。

## （二）研究方法

已有测量福利指标的文献大多采用模糊数学法（高进云等，2007；贾燕等，2009；马贤磊和孙晓中，2012）。该方法具有结果清晰、系统性强的特点，可以有效解决模糊的、难以量化的问题，但也存在对指标权重向量的确定主观性较强、当指标集较大时相对隶属度系数偏小的缺陷（张明智，1997）。因此，本书采用结构方程模型（structural equation modeling，SEM）方法分析增减挂钩政策实施对农民福利的影响。

结构方程模型是一种建立、估计和检验因果关系模型的方法，属于多变量统计（multivariate statistics）分析，整合了因素分析（factor analysis）和路径分析（path analysis）两种统计方法。结构方程模型通过变量的协方差（covariance）进行因子分析，采用极大似然估计、广义最小二乘法和工具变量法等方法进行参数估计，并对因子间的关系进行验证（Sarstedt et al.，2014；Henseler et al.，2014）。

## （三）实证结果与分析

本书采用验证性因子分析软件 Amos19.0，选择最大似然估计方法对建立的理论分析框架进行验证分析，并对模型进行修正，修正后模型适配度指标和增值拟合度指标[①]均显示模型是适配的，因此接受最终修正后的模型（图 11-2）。

---

① 模型适配度指标包括卡方值统计量（$\chi^2$）、绝对拟合度指标模型拟合系数（goodness of fit index，GFI）、均方误差平方根（root mean square error of approximation，RMSEA，总体差异/自由度）和残留均方根（root mean square residual，RMR）；增值拟合度指标包括比较适合度（comparative fit index，CFI）、增量适合度（incremental fit index，IFI）和调整后的模型拟合系数（adjusted goodness of fit index，AGFI）。

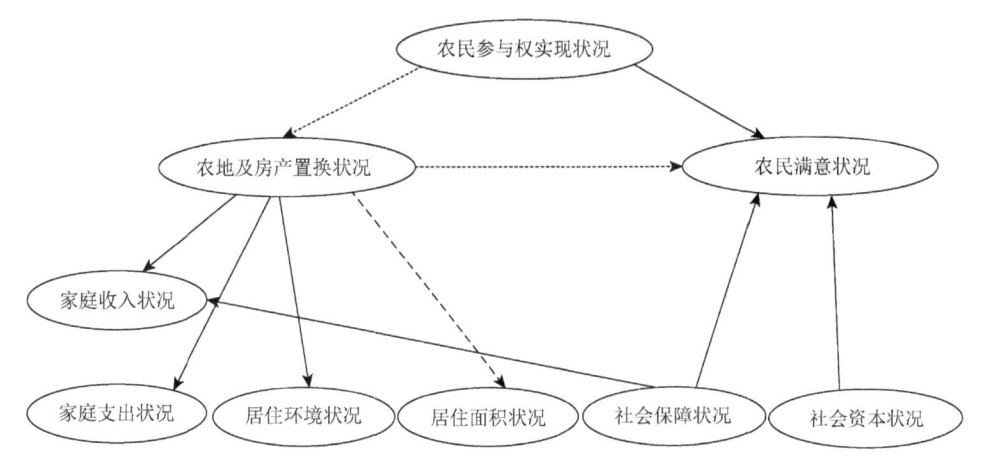

## 第十一章 农村集体建设用地流转公平绩效评价

图 11-2 修正后的农民福利关系模型图

┈┈▶ 表示 10%的显著水平，----▶ 表示 5%的显著水平，── 表示 1%的显著水平

根据修正后的模型，我们得到了表 11-1 的结构方程分析结果。

表 11-1 增减挂钩政策实施对农民福利影响的估计结果

| 潜变量之间 | 标准估计值 | CR（相当于 $t$ 值） | $P$ 值 |
| --- | --- | --- | --- |
| 农民参与权实现状况→农地及房产置换状况 | −0.137 | −1.789 | * |
| 农地及房产置换状况→家庭支出状况 | −0.622 | −4.773 | *** |
| 农地及房产置换状况→社会保障状况 | 0.300 | 4.243 | *** |
| 农地及房产置换状况→社会资本状况 | 0.000 | 0.003 | 不显著 |
| 农地及房产置换状况→家庭收入状况 | −0.218 | −3.044 | *** |
| 农地及房产置换状况→居住环境状况 | −0.524 | −5.537 | *** |
| 农地及房产置换状况→配套设施状况 | 0.080 | 1.163 | 不显著 |
| 农地及房产置换状况→居住面积状况 | −0.144 | −2.071 | ** |
| 农地及房产置换状况→农民满意状况 | −0.420 | −1.907 | * |
| 农民参与权实现状况→农民满意状况 | 0.180 | 2.6708 | *** |
| 家庭支出状况→农民满意状况 | −0.462 | −1.544 | 不显著 |
| 家庭收入状况→农民满意状况 | −0.001 | −0.010 | 不显著 |
| 居住环境状况→农民满意状况 | 0.315 | 3.345 | *** |
| 配套设施状况→农民满意状况 | 0.054 | 0.854 | 不显著 |
| 居住面积状况→农民满意状况 | −0.003 | −0.065 | 不显著 |
| 社会保障状况→农民满意状况 | 0.224 | 3.167 | *** |
| 社会资本状况→农民满意状况 | 0.369 | 4.285 | *** |
| 社会保障状况→家庭收入状况 | 0.442 | 5.965 | *** |

注：在 Amos 软件里面计算出的 $P$ 值

***表示 $P<0.01$，**表示 $P<0.05$，*表示 $P<0.1$

（1）农民参与权实现状况对农地及房产置换状况的影响。农民参与权实现状况对农地及房产置换有直接负向影响，路径系数为-0.137，与理论预期不一致。可能的原因是农民在知情权、参与权和谈判权没有得到保障的情况下，就被要求参与宅基地置换，即农民是在对整个搬迁过程不怎么了解、拆迁补偿标准的确定以及安置房标准的设置未征得农民的同意以及农民不能与其他参与主体进行谈判的情况下被迫搬到集中居住区，从而导致路径系数为负。这一结果与大部分农民反映的整个搬迁过程一致：首先，村干部挨家挨户告知或召开拆迁动员大会通知农民房子要被拆了，给农民讲述拆迁补偿标准和安置标准；然后，到家里丈量房屋面积，评估好房子后采取多退少补的方式告诉农民可以获得多少补偿款，用这些补偿款可以购买几套安置房；最后，要求农民签合同，如果不签，村干部会经常到家里劝服农民搬迁，甚至采取断电、断水等强制措施逼迫农民搬迁。

（2）农地及房产置换状况对家庭经济状况的影响。农地及房产置换状况对家庭支出状况有直接负向影响，路径系数为-0.622，表明农民易地搬迁后家庭日常消费支出和总支出有所增加。这与一些学者的研究结论相符，农民集中居住后粮食、蔬菜等都需要从市场上购买，水、电和燃气费用也会有所增加，这些均会导致农民日常生活消费支出的增加（马贤磊和孙晓中，2012；徐烽烽等，2010）。

农地及房产置换状况对家庭收入状况的影响有两条路径。一是农地及房产置换状况对家庭收入状况的直接影响，路径系数为-0.218，表明增减挂钩政策的实施降低了农民的非农收入及纯收入，与理论预期不一致。可能的原因是农民自愿搬迁的比例较低（25.8%），且大部分农民（60.2%）需要支付额外资金用于新建或购买安置房，此外虽然有些农民用原有宅基地置换了2~3套安置房（43.2%的农民置换了2套及以上住房），但是因为未能出租或出售（只有4.7%的农民出租或出售了房屋），也未能为农民带来非农收入和纯收入的增加。二是农地及房产置换状况对家庭收入状况的间接影响，路径系数为0.127（图11-3），表明增减挂钩政策的实施通过提高农民的社会保障状况（45.8%的农民以"农地置换社会保障"的方式获得较多种类或较高水平的社会保障）增加了农民的非农收入（转移性收入）。然而，由于农地及房产置换状况对家庭收入状况的直接负向影响路径系数大于间接正向影响路径系数，总体影响路径系数为-0.091，因此总体上来说增减挂钩政策的实施降低了农民家庭收入。

（3）农地及房产置换状况对居住条件状况的影响。农地及房产置换状况对居住环境状况和居住面积状况有直接负向影响，路径系数分别为-0.524和-0.144，表明农民搬迁至集中居住区后空气质量变差了，噪声变大了，人均居住面积也变小了。农地及房产置换状况对配套设施状况的影响不显著，可能的原因是调研中以"拆迁后配套设施状况（公交、银行、卫生站、学校、超市、农贸市场

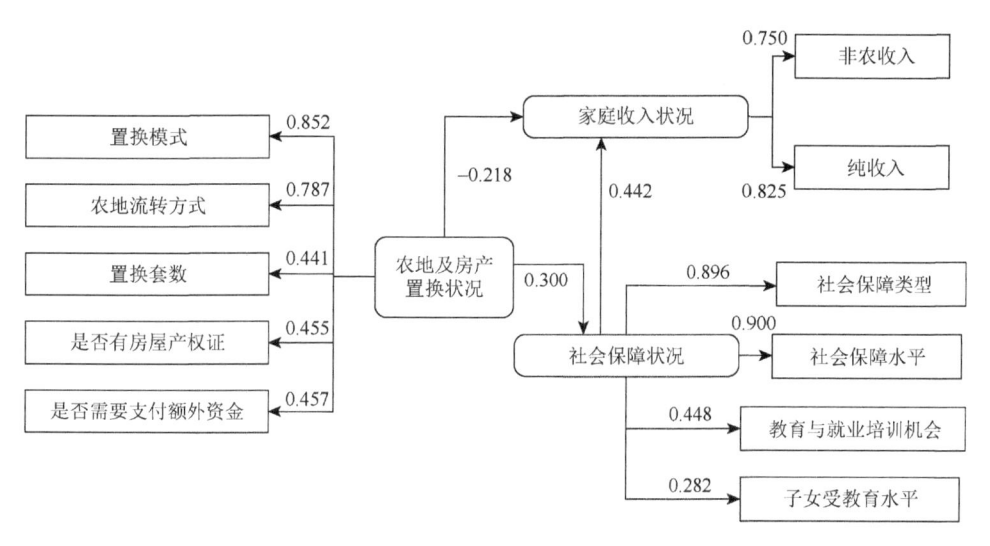

图 11-3　农地及房产置换状况对家庭收入状况的影响

①农地及房产置换状况 ⟶ 社会保障状况 ⟶ 家庭收入状况，表示农地及房产置换状况通过影响社会保障状况影响家庭收入状况，其中农地及房产置换状况对社会保障状况的直接影响为 0.300，对家庭经济状况的间接影响为 0.300×0.422＝0.127。② ☐ 为潜在变量，☐ 为观察变量。③标准化路径系数为正表示路径两头的变量为同向或逆向指标，为负表示路径两头的变量为相反性质的指标，下同

等）是否更加完善"这一主观问题来询问农民，他们普遍反映在原居住地居住时便利店、卫生站都有，购买东西、小孩上学、交通等都非常方便，和现在没有什么区别。

（4）农地及房产置换状况对社会保障状况的影响。农地及房产置换状况对社会保障状况有直接正向影响，路径系数为 0.300，与理论预期一致，表明增减挂钩政策的实施提高了农民的社会保障水平。在收集到的 236 份农户问卷中，农地置换社会保障的份数达 108 份，所占比例为 45.8%；同时，在所调研的七个"万顷良田建设"项目区中有四个项目区农地以置换社会保障的方式退出，农民获得的社会保障种类较多（如城镇企业职工养老保险），社会保障水平较高（60 岁以下的农民也可以获得一定的生活保障）。

（5）农地及房产置换状况对农民社会资本状况的影响。农地及房产置换状况对农民社会资本状况没有显著影响。农民搬迁到集中居住区后，大部分农户（87.7%）不再经营农地，50～60 岁的农户从农地上"退休"，闲暇时间更多，可以与社区其他成员和原有亲戚朋友保持交流以及参与社区生活，从而不会影响其社会资本状况。

（6）农地及房产置换状况对农民满意状况的影响。农地及房产置换状况对农民满意状况的影响存在 3 条路径（图 11-4 和表 11-2），直接影响路径系数为-0.420，间接影响路径系数为-0.098，总体影响路径系数为-0.518，表明农民对增减挂钩政

策实施不满意。可能的原因是一方面农民对增减挂钩政策实施过程中农地流转方式、宅基地置换套数以及需要支付额外资金用于自建或购买住房等方面不认同,但是又不得不搬迁(否则实施断电、断水等强制措施);另一方面农民搬迁至集中居住区后居住环境变差了,从而导致其满意状况较低。

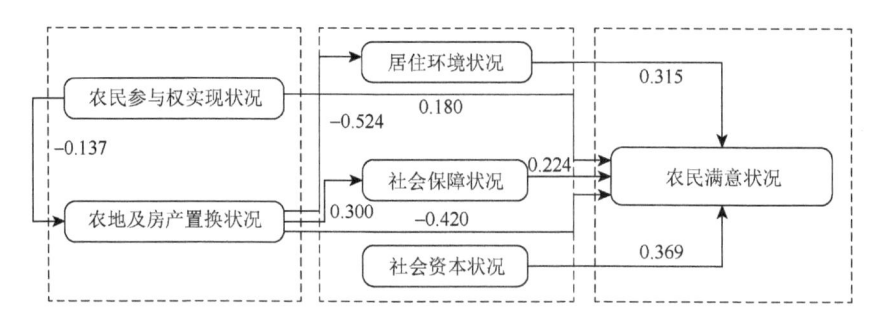

图 11-4 农地及房产置换状况对农民满意状况的影响

①农地及房产置换状况 $\xrightarrow{-0.524}$ 居住环境状况 $\xrightarrow{0.315}$ 农民满意状况,表示农地及房产置换状况通过影响居住环境状况影响农民满意状况,其中农地及房产置换状况对居住环境状况的直接影响为−0.524,对农民满意状况的间接影响为−0.524×0.315=−0.165。②农地及房产置换状况 $\xrightarrow{0.300}$ 社会保障状况 $\xrightarrow{0.224}$ 农民满意状况,表示农地及房产置换状况通过影响社会保障状况影响农民满意状况,其中农地及房产置换状况对社会保障状况的直接影响为0.300,对农民满意状况的间接影响为0.300×0.224=0.067。③农民参与权实现状况分别通过农地及房产置换状况影响农民满意状况、通过农地及房产置换状况影响居住环境状况和社会保障状况最终影响农民满意状况,间接影响路径系数为(−0.137)×[(−0.420)+(−0.524)×0.315+0.300×0.224]=0.071,因此农民参与权实现状况对农民满意状况的总路径系数为0.180+0.071=0.251。

表 11-2 农地及房产置换状况对农民福利的路径系数分析

| 潜变量之间 | 直接影响 | 间接影响 | 总体影响 |
| --- | --- | --- | --- |
| 农民参与权实现状况→农地及房产置换状况 | −0.137 | — | −0.137 |
| 农民参与权实现状况→农民满意状况 | 0.180 | 0.071 | 0.251 |
| 农地及房产置换状况→家庭支出状况 | −0.622 | — | −0.622 |
| 农地及房产置换状况→社会保障状况 | 0.300 | — | 0.300 |
| 农地及房产置换状况→家庭收入状况 | −0.218 | 0.127 | −0.091 |
| 农地及房产置换状况→居住环境状况 | −0.524 | — | −0.524 |
| 农地及房产置换状况→居住面积状况 | −0.144 | — | −0.144 |
| 农地及房产置换状况→农民满意状况 | −0.420 | −0.098 | −0.518 |

注:总体影响路径系数=直接影响路径系数+间接影响路径系数,"—"表示农地及房产置换状况对该项功能性活动不存在间接影响

此外,农民参与权实现状况对农民满意状况的影响存在 4 条路径,直接影响路径系数为 0.180,间接影响路径系数为 0.071,总体影响路径系数为 0.251,表明

农民参与权实现状况对农民满意状况有正向影响,与理论预期一致,即如果农民的知情权(对整个搬迁过程和相关文件的了解程度)、参与权(是否参与拆迁补偿标准及安置房标准的设置)和谈判权(能否与其他利益主体进行谈判)越能得到保障,农民对各项功能性活动(家庭经济状况、居住条件状况、社会保障状况和社会资本状况)的满意程度越高,农民总福利状况也会越好。但是我们的结论并不能证明因为农民参与权实现状况得到了切实的保障,所以农民满意状况较好;只能证明如果想要提高农民对增减挂钩政策实施的满意程度,则必须切实保障农民的知情权、参与权和谈判权真正得到实现。

## 第二节 增减挂钩政策实施中不同模式下宅基地置换对农民福利的影响研究

现有关于宅基地置换过程中农民权益保护问题的研究还缺乏不同模式下宅基地置换对农民福利影响的定量分析。城乡建设用地增减挂钩政策在实施过程中地方政府因为区域资源禀赋、经济发展水平等方面的差异形成了不同的宅基地置换模式。不同模式下宅基地置换对农民福利的影响是有差异的,如置换宅基地模式下农民只能置换1套住房并且不能出租或销售,不能改善农民的家庭经济状况福利,而置换商品房模式下农民一般可以拿到2~3套商品房并且因为产权完整能够销售或出租,可能改善农民的家庭经济状况福利。为此,本部分将基于本章第一节的理论分析框架,进一步对比分析增减挂钩政策实施中不同模式下宅基地置换对农民福利的影响[①]。

### 一、不同模式下宅基地置换对农民福利影响的理论假说

宅基地置换可依据置换房屋产权类型的差异分为三种模式,置换宅基地模式、置换小产权房模式和置换商品房模式。这些模式在农地处置方式、房屋置换套数、安置房产权(集体所有或国家所有)以及安置房是否允许以市场价交易等方面存在显著的差异,从而对农民福利的影响也存在显著差异。

置换宅基地模式的拆迁补偿以地方政府制定的房屋重置价为标准,农民在政府划定的宅基地规划区内自建或自购住房,安置房土地产权属于集体所有且不能入市交易。在这种模式下,农民通常搬迁到交通较为便利、配套设施较为完善的中心村,房屋仍以庭院式低层住宅为主,但是有可能农民需要支付额外的资金用

---

[①] 相关成果已发表在:上官彩霞,冯淑怡,陆华良,等. 2017. 不同模式下宅基地置换对农民福利的影响研究——以江苏省"万顷良田建设"为例. 中国软科学,(12):87-99。

于建设或购买安置房，对于自建房屋的农户甚至还需要支付宅基地使用费。另外，农民仍可经营部分耕地，农民生产环境和生活环境变动不大。因此，置换宅基地模式下农地及房产置换状况对农民的居住条件状况有正向影响，对家庭经济状况影响方向不定，但对其余各项福利可能没有明显影响。

置换小产权房模式的拆迁补偿以地方政府制定的市场价为标准，农民可获得土地产权属于集体的公寓房，安置房产权不完整、在规定的年限内不能入市交易。在这种模式下，农民通常搬迁到乡镇周边交通较为便利、配套设施较为完善的集体公寓房内，房屋以中高层公寓住宅为主，农民能够置换到一套以上的住房，虽然在规定的年限内不能入市交易，但是可以用于租赁，可能会给农民带来一定的财产性收入。另外，农民可能不再经营农地，或者以"农地置换社会保障"的方式获得转移性收入或者流转出去获得财产性收入，这使农民尤其是老年人有更多的时间熟悉安置区以及与安置区其他人员交流。但是，农民有可能需要支付额外的资金用于购买安置房和房屋装修以及日常生活消费支出可能会增加。因此，置换小产权房模式下农地及房产置换状况对农民的家庭经济状况影响方向不定，对其余各项福利均有正向影响。

置换商品房模式的拆迁补偿以非完全市场化的价格为标准，农民可获得土地产权属于国家的商品房或者商业用房，同时可以入市交易。在这种模式下，农民搬迁到了交通便利、配套设施完善的县辖区或镇中心的国有土地上，房屋以高层公寓住宅为主，农民也能置换到一套以上的住房，并能上市交易，可能为农民带来丰厚的财产性收入，而且区域内非农就业机会可能较多，可能给农民带来较高的工资性收入。另外，一方面农民不再经营农地，或者以"农地置换社会保障"的方式获得转移性收入，或者采用入股、转包等方式流转出去获得财产性收入；另一方面，农民置换到商品房的同时也可能置换到一定面积的商业用房，并且可以入股合作社，获得稳定的股权收益。这时农民尤其是老年人也有更多的时间熟悉安置区以及与安置区其他人员交流。但是，农民可能需要支付额外的资金用于购买安置房和房屋装修以及面临更高的家庭日常生活消费支出。因此，置换商品房模式下农地及房产置换状况对农民的家庭经济状况影响方向不定，对其余各项福利均有正向影响。

## 二、不同模式下宅基地置换对农民福利影响的实证研究

（一）研究区域与数据来源

与本章第一节相同，本部分也基于课题组于 2014 年 6 月至 7 月开展的江苏省苏州、南通、宿迁三个地级市七个"万顷良田建设"项目区 13 个集中安置区 236 份农户问卷调研数据进行研究。

## （二）研究方法

受样本数量的限制，本部分在分析不同模式下宅基地置换对农民福利的影响时采用了结构方程模型探索性路径分析软件 SMARTPLS 2.0[①]。首先需要根据观察变量和潜在变量之间的"校正的项总计相关性"和"删除项之后 Cronbach's alpha 值"对样本数据进行处理，其次依据平均变异萃取量（average variance extracted, AVE）、组成信度（composite reliability, CR）评估模型的效度、信度，最后还要评估观察变量对所属的潜在变量的效度（Fornell and Larcker, 1981; Henseler et al., 2014; Sarstedt et al., 2014）。结果显示，不同模式下所有潜在变量的平均变异萃取量均大于 0.5，组成信度均大于 0.7，说明潜在变量有较高的信度与收敛效度。另外，各个观察变量也可以很好地表征相应的潜在变量。

## （三）实证结果与分析

根据表 11-3 和图 11-5、图 11-6 和图 11-7 分别对不同模式下各个潜在变量之间的直接影响、间接影响及总体影响结果进行具体解释。宅基地置换对农民福利的影响分析中，不同宅基地置换模式下表征农地及房产置换状况的观察变量有所不同。置换宅基地模式下农地及房产置换状况包括农地处置方式和是否自愿搬迁两个潜变量，农地处置方式潜变量的观察变量为农地处置方式，是否自愿搬迁潜变量的观察变量为是否是自愿搬迁的；置换小产权房模式下农地及房产置换状况的潜变量为农地及房产置换状况，包括农地处置方式和宅基地置换套数两个观察变量；置换商品房模式下农地及房产置换状况包括房产置换状况和支付额外资金两个潜变量，房产置换状况潜变量包括置换套数和是否用于出租或销售 2 个观察变量，支付额外资金潜变量的观察变量为是否需要支付额外资金。

表 11-3 不同模式下宅基地置换对农民福利影响的估计结果

| 置换宅基地模式 | | | 置换商品房模式 | | | 置换小产权房模式 | | |
|---|---|---|---|---|---|---|---|---|
| 潜在变量之间 | 回归系数 | t 值 | 潜在变量之间 | 回归系数 | t 值 | 潜在变量之间 | 回归系数 | t 值 |
| 农民参与权实现状况→农地处置方式 | -0.230* | 1.834 | 农民参与权实现状况→房产置换状况 | 0.418*** | 2.954 | 农民参与权实现状况→农地及房产置换状况 | 0.441*** | 4.117 |

---

① SMARTPLS 2.0 软件对样本数量要求较低，Chin 和 Newsted（1999）指出偏最小二乘法（partial least squares, PLS）的最小样本数可以为 30～100。

续表

| 置换宅基地模式 | | | 置换商品房模式 | | | 置换小产权房模式 | | |
|---|---|---|---|---|---|---|---|---|
| 潜在变量之间 | 回归系数 | t 值 | 潜在变量之间 | 回归系数 | t 值 | 潜在变量之间 | 回归系数 | t 值 |
| 农民参与权实现状况→是否自愿搬迁 | 0.368*** | 3.101 | 农民参与权实现状况→支付额外资金 | −0.174* | 1.829 | 农民参与权实现状况→农民满意状况 | 0.442*** | 2.68 |
| 农民参与权实现状况→农民满意状况 | 0.157* | 1.664 | 农民参与权实现状况→农民满意状况 | 0.381*** | 3.02 | 农地及房产置换状况→家庭支出状况 | 0.05 | 0.356 |
| 家庭支出状况→农民满意状况 | 0.041 | 0.529 | 社会保障状况→家庭收入状况 | 0.517*** | 7.159 | 农地及房产置换状况→居住环境状况 | 0.258* | 1.772 |
| 农地处置方式→家庭支出状况 | −0.041 | 0.326 | 家庭支出状况→农民满意状况 | −0.004 | 0.043 | 农地及房产置换状况→家庭收入状况 | 0.371*** | 2.778 |
| 农地处置方式→家庭收入状况 | −0.077 | 0.729 | 房产置换状况→家庭支出状况 | −0.065 | 0.706 | 农地及房产置换状况→农民满意状况 | 0.173 | 1.103 |
| 农地处置方式→农民满意状况 | −0.193 | 1.565 | 房产置换状况→居住环境状况 | 0.101 | 1.168 | 农地及房产置换状况→社会资本状况 | 0.32*** | 2.856 |
| 农地处置方式→社会资本状况 | −0.169* | 1.841 | 房产置换状况→家庭收入状况 | 0.095* | 1.764 | 农地及房产置换状况→社会保障状况 | 0.516*** | 5.638 |
| 农地处置方式→社会保障状况 | −0.177 | 1.305 | 房产置换状况→农民满意状况 | 0.049 | 0.797 | 农地及房产置换状况→配套设施状况 | 0.3*** | 2.636 |
| 是否自愿搬迁→家庭支出状况 | 0.017 | 0.141 | 房产置换状况→社会资本状况 | 0.344*** | 3.571 | 农地及房产置换状况→居住面积状况 | 0.086 | 0.634 |
| 是否自愿搬迁→居住环境状况 | −0.181 | 0.703 | 房产置换状况→社会保障状况 | −0.137 | 0.678 | 居住环境状况→农民满意状况 | 0.276** | 2.062 |
| 是否自愿搬迁→家庭收入状况 | 0.326*** | 2.692 | 房产置换状况→配套设施状况 | 0.274*** | 3.352 | 家庭收入状况→农民满意状况 | 0.135 | 1.097 |
| 是否自愿搬迁→农民满意状况 | 0.497*** | 4.814 | 房产置换状况→居住面积状况 | 0.087 | 0.864 | 社会保障状况→家庭收入状况 | −0.022 | 0.157 |
| 是否自愿搬迁→社会资本状况 | 0.282*** | 2.626 | 支付额外资金→家庭支出状况 | −0.252*** | 2.772 | 家庭支出状况→农民满意状况 | 0.03 | 0.249 |
| 是否自愿搬迁→社会保障状况 | 0.209* | 1.726 | 支付额外资金→家庭收入状况 | −0.088 | 0.775 | 社会资本状况→农民满意状况 | 0.215 | 1.103 |
| 是否自愿搬迁→配套设施状况 | 0.415*** | 4.642 | 支付额外资金→农民满意状况 | −0.143* | 1.644 | 社会保障状况→农民满意状况 | 0.283* | 1.982 |
| 是否自愿搬迁→居住面积状况 | 0.250*** | 3.497 | 支付额外资金→居住面积状况 | −0.363*** | 4.215 | 配套设施状况→农民满意状况 | −0.026 | 0.157 |
| 居住环境状况→农民满意状况 | −0.053 | 0.34 | 居住环境状况→农民满意状况 | 0.217*** | 2.801 | 居住面积状况→农民满意状况 | −0.076 | 0.818 |
| 家庭收入状况→农民满意状况 | 0.308*** | 3.045 | 家庭收入状况→农民满意状况 | 0.092 | 1.031 | | | |

续表

| 置换宅基地模式 | | | 置换商品房模式 | | | 置换小产权房模式 | | |
|---|---|---|---|---|---|---|---|---|
| 潜在变量之间 | 回归系数 | $t$值 | 潜在变量之间 | 回归系数 | $t$值 | 潜在变量之间 | 回归系数 | $t$值 |
| 社会资本状况→农民满意状况 | 0.292*** | 2.764 | 社会资本状况→农民满意状况 | 0.162 | 1.367 | | | |
| 社会保障状况→农民满意状况 | 0.631*** | 6.588 | 社会保障状况→农民满意状况 | 0.138 | 0.817 | | | |
| 社会保障状况→家庭收入状况 | 0.54*** | 5.21 | 配套设施状况→农民满意状况 | 0.213** | 2.564 | | | |
| 配套设施状况→农民满意状况 | −0.202** | 2.053 | 居住面积状况→农民满意状况 | 0.012 | 0.147 | | | |

\*\*\* 表示 $P<0.01$，\*\* 表示 $P<0.05$，\* 表示 $P<0.1$

图 11-5　置换宅基地模式下的农民福利影响估计结果图

┄┄► 表示 1%的显著水平，┅┅► 表示 5%的显著水平，──► 表示 10%的显著水平

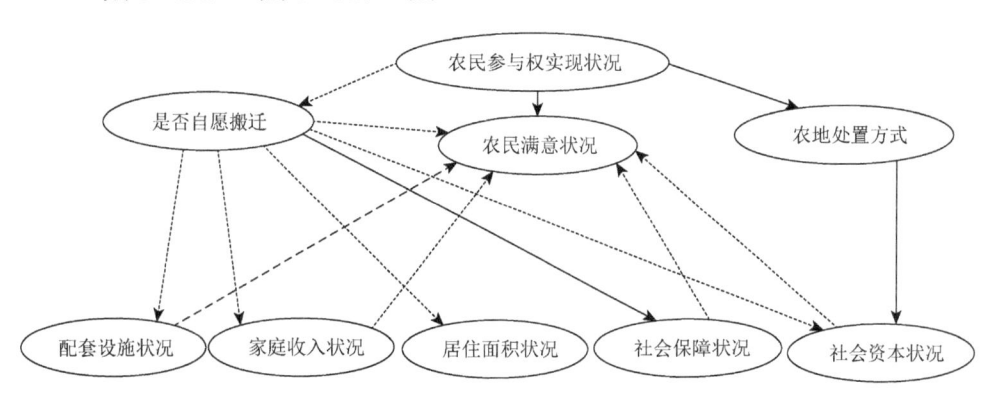

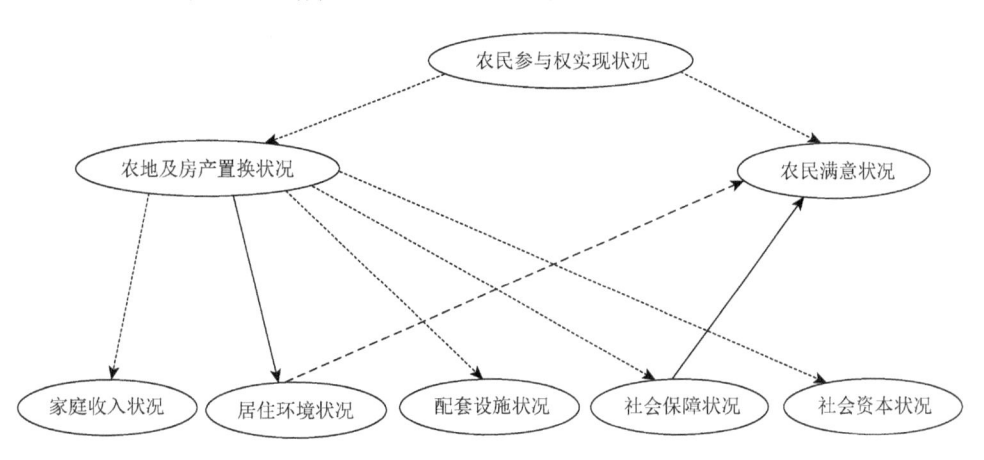

图 11-6　置换小产权房模式下的农民福利影响估计结果图

┄┄► 表示 1%的显著水平，┅┅► 表示 5%的显著水平，──► 表示 10%的显著水平

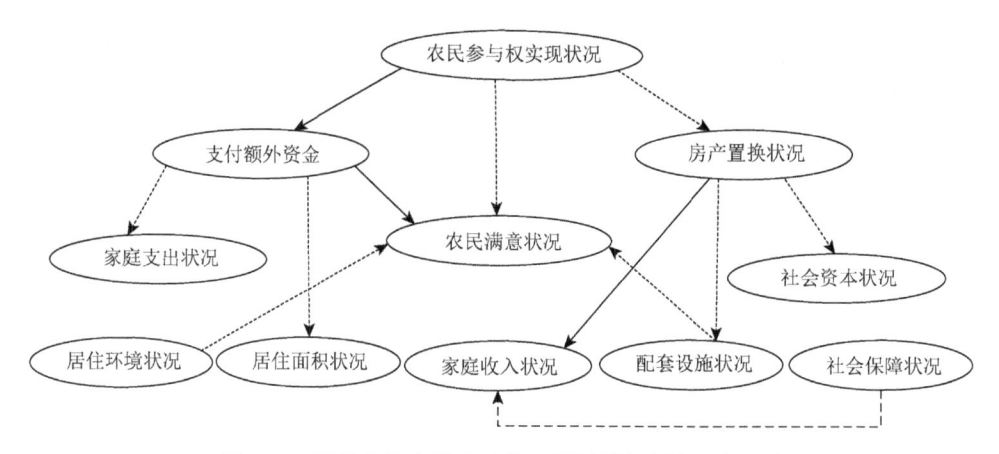

图 11-7　置换商品房模式下的农民福利影响估计结果图

┄┄► 表示 1%的显著水平，╌╌► 表示 5%的显著水平，──► 表示 10%的显著水平

#### 1. 置换宅基地模式下的农民福利分析

1）农民参与权实现状况对农地及房产置换状况的影响

农民参与权实现状况在 10%的显著水平下对农地处置方式有直接的负向影响，路径系数为-0.230，表明农民的农地是在知情权、参与权和谈判权均没有得到保障的情况下流转的，这主要是因为置换宅基地模式下集中安置区依然在农村，农民仍然依赖农地，不希望农地以返租倒包的方式流转出去。另外，农民参与权实现状况在 1%的显著水平下对农民自愿搬迁有着直接的正向影响，路径系数为 0.368，表明如果农民的知情权、参与权和谈判权能得到保障，农民很愿意搬迁至集中安置区。

2）农地及房产置换状况对农民各项福利的影响

（1）家庭经济状况。农地处置方式对家庭收入状况和家庭支出状况均没有显著影响，可能的原因是 40.3%的农民仍然经营农地，生产方式变动不大，家庭经济状况变化较小。农民是否自愿搬迁对家庭收入状况的直接影响路径系数为 0.326，间接影响路径系数为 0.113①，总体影响路径系数为 0.439。这与实地调研结果一致：58.2%的农民自愿搬迁到了集中安置区，其主要原因是农民原先居住在交通闭塞、出行不便、子女受教育不方便的偏远村庄，搬迁到交通便利、子女受教育方便的集中安置区后有助于非农就业，从而增加非农收入以及纯收入。但是，我们并不能证明与搬迁前相比农民家庭经济状况得到了改善，因为几乎 100%的

---

① 是否自愿搬迁对家庭收入状况的间接影响是指是否自愿搬迁通过影响社会保障状况影响家庭收入状况。其中，是否自愿搬迁对社会保障状况的直接影响为 0.209，社会保障状况对家庭收入状况的直接影响为 0.540。因此，是否自愿搬迁对家庭收入状况的间接影响为 0.209×0.540＝0.113。

农户（只有1户未支付）需要支付额外资金用于建设房屋。农民原有住房按照房屋间数（楼房3000元/间，平房2000元/间）进行补偿，一般只有3万~5万元，而盖新房所需费用均在10万元以上。此外，农民还需支付0.5万~1万元的宅基地使用费。

（2）居住条件状况。农民是否自愿搬迁对配套设施状况有着直接的正向影响，路径系数为0.415。表明若集中安置区交通更加便利以及配套设施状况更加改善，有助于农民自愿搬迁。这也与实地调研结果一致：87.7%的农民认为集中安置区周围的交通更加便利，68.7%的农民认为集中安置区的配套设施得到了改善，他们大部分自愿搬迁至集中安置区。农民是否自愿搬迁对居住面积状况也有着直接的正向影响，路径系数为0.250，表明与之前相比集中安置区人均居住面积并不减少，农民自愿搬迁至集中安置区。实地调研中49.3%的农民反映他们多从1层房屋搬到2层楼房，虽然房屋占地面积少了，但人均居住面积并没有因此而减少。农民是否自愿搬迁对居住环境状况没有显著影响，与理论预期一致。这是因为集中安置区依然在农村，空气质量、噪声和自然景观与之前相比没有变化。

（3）社会保障状况。农地处置方式对社会保障状况没有显著影响，而农民是否自愿搬迁在10%的显著水平下对社会保障状况有着直接的正向影响，路径系数为0.209。这表明农地依然由农民自己经营或以返租倒包的方式流转出去并不会提高农民的社会保障水平，此外，若集中安置区非农就业机会更多、子女上学更方便，农民自愿搬迁积极性也更高。

（4）社会资本状况。农地处置方式在10%的显著水平下对社会资本状况有着直接的负向影响，路径系数为-0.169。说明农民认为安置区生活越丰富、有更多的时间熟悉安置区及与安置区其他成员交流，农民对农地的处置方式就越认同，但是实际上超过50%的农民对农地的处置方式不认同（农民仍希望自己经营农地而不是被迫流转出去）造成对社会资本的负影响。农民是否自愿搬迁对社会资本状况有着直接的正向影响，路径系数为0.282。这表明农民认为安置区生活越丰富、越熟悉安置区以及与安置区区内其他成员关系越密切，农民自愿搬迁的程度也就越高。

（5）农民满意状况。农地处置方式对农民满意状况有着间接影响，路径系数为-0.049[①]，表明农民对农地的处置方式不认同造成对社会资本状况的负影响进而降低了农民的满意状况。农民是否自愿搬迁对农民满意状况的直接影响路径系数

---

① 农地处置方式对农民满意状况的间接影响是指农地处置方式通过影响社会资本状况影响农民满意状况。其中，农地处置方式对社会资本状况的直接影响为-0.169，社会资本状况对农民满意状况的直接影响为0.292。因此，农地处置方式对农民满意状况的间接影响为（-0.169）×0.292＝-0.049。

为 0.497，间接影响路径系数为 0.230①，总体影响路径系数为 0.727。这表明一方面农民自愿搬迁程度越高，农民满意状况越好；另一方面，若农民认为搬迁到集中居住区能够改善其家庭收入状况、配套设施状况、社会保障状况和社会资本状况，农民自愿搬迁程度则越高，农民满意状况也越好。实际上虽然农民认为配套设施完善了，但是对它的完善状况并不满意。此外，农民参与权实现状况对农民满意状况的总体影响路径系数为 0.436②。一方面农民的知情权、参与权和谈判权能够得到保障，可以直接提高农民满意状况；另一方面，农民的知情权、参与权和谈判权越能得到保障，农民自愿搬迁的程度也会越高、农民对农地的处置方式就越认同，越能提高农民满意程度。

**2. 置换小产权房模式下的农民福利分析**

1）农民参与权实现状况对农地及房产置换状况的影响

农民参与权实现状况在 1% 的显著水平下对农地及房产置换状况有正向影响，路径系数为 0.441，与理论预期一致。说明农民的知情权、参与权和谈判权能够得到保障，农民则可以按照自己的意愿处置农地、置换房屋套数也多。然而，这一结果并不能说明农民的知情权、参与权和谈判权得到了切实保障，因为实地调研中发现农民的意愿是自己能够经营部分耕地，而不是被迫把全部耕地流转出去或置换社会保障。另外，农民对整个拆迁过程并不了解、拆迁补偿标准的确定以及安置房标准的设置均未征得农民的同意、农民也不能与其他参与主体进行谈判，造成农民认为自己置换到的房屋套数少。

2）农地及房产置换状况对农民各项福利的影响

（1）家庭经济状况。农地及房产置换状况在 1% 的显著水平下对家庭收入状况有直接正向影响，路径系数为 0.371，与理论预期一致。农地流转或置换社会保障可以增加农民的非农收入和纯收入；置换房屋套数越多，农民拥有的资产价值量越高，用于出租的机会也越多，农民的非农收入和纯收入也会增加。农地及房产置换状况对农民家庭支出状况没有显著影响。这与理论预期不一致，可能的原因一方面是 50.85% 的农民农地流转到镇政府手中后一直荒着无法租出去，搬迁至安置区后农民从镇政府手中租到安置区周围的几分农地经营，这会相应地减少家庭日常生活消费支出，造成农民家庭支出状况与之前相比变化较小；另一方面是农

---

① 农民是否自愿搬迁对农民满意状况的间接影响有 4 条路径，是否自愿搬迁分别通过影响家庭收入状况、配套设施状况、社会保障状况和社会资本状况间接影响农民满意状况，间接影响路径系数为 0.326×0.308 + 0.415×(−0.202) + 0.209×0.631 + 0.282×0.292 = 0.230。

② 农民参与权实现状况对农民满意状况的影响有 8 条路径，直接影响路径系数为 0.157。此外还通过影响农地处置方式和是否自愿搬迁间接影响农民满意状况，间接影响路径系数为 (−0.230)×(−0.049) + 0.368×0.727 = 0.279。因此，农民参与权实现状况对农民满意状况的总体影响路径系数为 0.157 + 0.279 = 0.436。

地及房产置换状况潜变量中不含一些其他与家庭支出相关的观察变量，如宅基地置换模式本身作为农地及房产置换状况中的观察变量，它包含了安置房区位信息，这影响农民的家庭日常生活消费支出。但是，我们并不能证明农民家庭经济状况与搬迁之前相比有所提高。这是因为一方面调研中农民反映农地流转到镇政府手中后大部分都荒着，无法按时给农民支付租金；另一方面农民要支付大量额外资金用于购买安置房，如某镇农民原有住房按照房屋建筑面积（楼房 580 元/米$^2$、平房 400 元/米$^2$、附属房 50 元/米$^2$）进行补偿，获得的补偿款是 9 万元左右，而新房购买均价是 1200 元/米$^2$，置换 1 套住房的农民还要额外支付 2 万～5 万元。

（2）居住条件状况。农地及房产置换状况对居住环境状况和配套设施状况有着显著的直接正向影响，路径系数分别是 0.258 和 0.300，与理论预期一致。这说明置换小产权房模式下农民的居住环境没有变差，原因是安置区离原居住地很近，空气质量与噪声没有变差。另外，安置区位于城镇周边（以小区的方式进行管理），周围配套设施状况与之前居住区相比更加完善（治安状况更好，交通更加方便）。

（3）社会保障状况。农地及房产置换状况在 1%的显著水平下对社会保障状况有直接正向影响，路径系数为 0.516，与理论预期一致。这表明置换小产权房模式下 49.15%的农地以置换社会保障的方式增加了农民的社会保障类型和提高了农民的社会保障水平。这与调研中的结果一致：农民用农地置换了社会保障，60 岁以上的农民每月可以获得 410 元的保障收入，小孩每月可以获得 50 元的保障收入，其他人每月可以获得 100 元的保障收入。

（4）社会资本状况。农地及房产置换状况在 1%的显著水平下对农民社会资本状况有直接的正向影响，路径系数为 0.320，与理论预期一致。农民搬到集中居住区后，农地流转出去了或置换了社会保障，就业机会少了，休闲时间增多，可以保证有时间与社区其他成员和原有亲戚朋友之间保持交流以及参与社区生活，从而强化了其社会资本水平。

（5）农民满意状况。农地及房产置换状况对农民满意状况存在着间接影响，路径系数为 0.217[①]，表明农地及房产置换状况通过改善农民的居住环境和社会保障状况提升了农民的满意状况。此外，农民参与权实现状况对农民满意状况的直接影响的路径系数为 0.442，间接影响的路径系数为 0.096[②]，总体影响路径系数为 0.538。这表明一方面农民参与权实现状况的提升能够提高农民的满意状况，另一方面农民参与权实现状况的提高有助于尊重农民自行处置农地的意愿以及增加置

---

① 农地及房产置换状况对农民满意状况的间接影响有 2 条路径，农地及房产置换状况分别通过影响居住环境状况和社会保障状况间接影响农民满意状况，间接影响路径系数为 0.258×0.276 + 0.516×0.283 = 0.217。

② 农民参与权实现状况对农民满意状况的间接影响是指分别通过农地及房产置换状况影响农民社会保障和居住环境状况最终间接影响农民满意状况，间接影响路径系数为 0.441×(0.258×0.276 + 0.516×0.283) = 0.096。

换房屋的套数，进而改善农民的社会保障状况和居住环境状况，最终提高了农民满意状况。

3. 置换商品房模式下的农民福利分析

1）农民参与权实现状况对农地及房产置换状况的影响

农民参与权实现状况在1%的显著水平下对房产置换状况有直接正向影响，路径系数为0.418，表明农民知情权、参与权和谈判权越能得到保障，农民越有可能置换到更多套安置房，也越有可能将多余的安置房用于出租或销售。农民参与权实现状况在10%的显著水平下对支付额外资金有直接负向影响，路径系数为–0.174，表明农民知情权、参与权和谈判权越能得到保障，农民越有可能支付更少的额外资金购买安置房。

2）农地及房产置换状况对农民各项福利的影响

（1）家庭经济状况。房产置换状况在10%的显著水平下对家庭收入状况有直接正向影响，路径系数为0.095，表明农民置换安置房套数越多以及用于出租或销售的可能性越大，农民的家庭收入状况也越好。此外，支付额外资金在1%的显著水平下对家庭支出状况有直接负向影响，路径系数为–0.252，说明农民支付额外资金越多，农民的家庭支出越多。

（2）居住条件状况。房产置换状况在1%的显著水平下对配套设施状况有直接正向影响，路径系数是0.274。这表明集中安置区周围配套设施的完善有助于安置房的出租或销售。支付额外资金在1%的显著水平下对居住面积状况有直接负向影响，路径系数为–0.363。这表明农民需要支付额外资金越多，购买安置房的能力越弱，人均居住面积也就越小。

（3）社会保障状况。农地及房产置换状况对社会保障状况没有显著影响，这可能是由于置换商品房模式下大部分农民的农地处置方式都是置换社会保障，农地处置方式差异较小，因而未能纳入到农地及房产置换状况中进行考察。

（4）社会资本状况。房产置换状况在1%的显著水平下对农民社会资本状况有直接正向影响，路径系数是0.344，与理论预期一致。这表明置换安置房套数越多以及用于出租或销售的可能性越大，农民越容易衣食无忧，从而更愿意参与社区活动和与社区内其他成员交流，有助于改善农民的社会资本状况。

（5）农民满意状况。房产置换状况通过影响配套设施状况间接影响农民满意状况，路径系数为0.058[①]，表明集中安置区配套设施状况越完善越有助于安置房的出租或销售，为农民带来较高的财产性收入，农民的满意程度也越高。支付额

---

[①] 房产置换状况对农民满意状况的间接影响是指房产置换状况通过影响配套设施状况间接影响农民满意状况。其中，房产置换状况对配套设施状况的直接影响为0.274，配套设施状况对农民满意状况的直接影响为0.213。因此，农地处置方式对农民满意状况的间接影响为0.274×0.213 = 0.058。

外资金在10%的显著水平下对农民满意状况有直接负向影响,路径系数为-0.143,表明农民对用拆迁补偿款购买安置房时还需要额外支付资金(多年积蓄)不满意。此外,农民参与权实现状况对农民满意状况的直接影响路径系数为0.381,间接影响路径系数为0.049,总体影响路径系数是0.430。与理论预期一致,一方面农民的知情权、参与权和谈判权越能得到保障,农民的满意程度也会越高;另一方面,农民的知情权、参与权和谈判权越能得到保障,房产置换状况越好(置换安置房套数越多以及用于出租或销售的可能性越大)、农民支付更少的额外资金购买安置房,农民的满意程度也越高。

## 第三节 本章小结

本章延续以农村集体建设用地间接流转形式为主线,以增减挂钩政策的另一典型模式——江苏"万顷良田建设"为例,从公平视角对我国农村集体建设用地流转政策绩效进行了评析。

本章基于江苏省苏州、南通、宿迁三个地级市七个"万顷良田建设"项目区13个集中安置区236份原有住房被复垦为耕地、异地居住的农户问卷调查数据,在Sen的可行能力分析框架下构建农民福利指标体系,运用结构方程模型在Amos19.0软件平台下对农民福利各项指标进行测度,进而分析了增减挂钩政策实施对农民福利的影响。结果表明增减挂钩政策的实施主要是政府主导,部分地区可能存在农民被动员搬迁的情况,由此影响农民福利。具体地:①部分地区的农民存在被动员置换宅基地的情况;②虽然宅基地置换通过提高农民的社会保障增加农民的非农收入,但是由于大部分农民需要支付额外资金用于新建或购买安置房、绝大多数农民没有能够将多余的房屋用于出租或销售等,导致农民的家庭收入降低,同时宅基地置换也可能增加农民的家庭日常生活消费支出和总支出,从而增加家庭经济负担;③宅基地置换使得农村土地集约利用程度得到提高,但也可能影响农民的居住环境;④农民对宅基地置换结果并不完全满意。因此,必须切实保障农民的知情权、参与权和谈判权。

在此基础上,进一步利用结构方程模型分析软件SMARTPLS 2.0考察了增减挂钩政策实施中不同模式下宅基地置换对农民福利的影响。研究结果表明:①三种模式下表征农地及房产置换状况的观察变量是有差异的。置换宅基地模式下表征农地及房产置换状况的观察变量是农地处置方式和是否自愿搬迁;置换小产权房模式下表征农地及房产置换状况的观察变量是农地处置方式和宅基地置换套数;置换商品房模式下表征农地及房产置换状况的观察变量是宅基地置换套数、是否用于出租或销售和是否支付额外资金。②不同模式下宅基地置换对农民福利的影响存在差异。置换宅基地模式下部分农民仍然经营农地,对家庭经济状况的影响较小，但是超过一半的农民农地被迫流转造成对社会资本影响为负。另外，大部分农民自愿搬迁有助于提升农民各项福利；置换小产权房模式下的农地处置方式和置换房屋套数有助于提升农民各项福利，但是存在着流转到镇政府手中的农地大部分处于荒芜状态，不能按时支付农民租金的问题；置换商品房模式下虽然农地及房产置换状况较好，提高了农民各项福利，但是需要支付额外资金用于购买安置房又降低了家庭经济状况和居住面积状况两方面的福利。③三种模式下宅基地置换实施过程中农民的知情权、参与权和谈判权均没有得到有效保障，也无法证明农民的家庭经济状况得到了改善，原因主要在于农民均需要支付大量额外资金用于自建或购买安置房。

总体来说，当前以江苏省"万顷良田建设"为例的农村集体建设用地间接流转实践探索，其在公平方面的政策绩效还不够理想。未来的农村集体建设用地流转改革中需要切实保障农民的知情权、参与权、谈判权等权利能够得到真正实现；需要按照市场价格对农民的房屋进行补偿，降低农民动迁成本；需要依据不同宅基地置换模式采取差别化的农地及房产置换工作，以此切实提高农村集体建设用地流转制度的公平绩效。

# 第十二章  农村集体建设用地流转研究结论、政策建议及研究展望

## 第一节  农村集体建设用地流转研究的主要结论

### 一、集体建设用地流转制度建设不断放活与规范，直接流转模式有待进一步破解制度性障碍

本书通过对新中国成立至今的农村集体建设用地流转政策变迁进行梳理发现，农村集体建设用地流转的政策变迁大致可以归类为1949～1983年集体建设用地流转全面禁止，1984～1995年集体建设用地流转自发形成、运行有序性缺乏，1996～2002年集体建设用地流转试点兴起、有限规范探索，2003年至今集体建设用地流转制度突破、多元化规范四个阶段。集体建设用地流转从全面明令禁止，到农村地区自发隐形发展，再到地方层面封闭区域内的试点探索，又到21世纪以来，国家有设计、有针对性地进行多元化试点，集体建设用地流转制度建设一直在不断深入与完善。

在此历程中，国内外宏观经济的变化，不同利益主体的关系调整，中央政府、地方政府、集体与农户之间的多重博弈都对集体建设用地流转的政策变迁起到了重要影响。依据现状与已有趋势来看，我国农村集体建设用地制度建设仍亟待进一步的深化与完善，不仅需要规范完善增减挂钩等指标市场交易体系及其配套政策，推进农村集体建设用地间接流转市场发展，更需要拓展推进农村集体建设用地直接流转政策改革。尤其是在现有农村"三块地"改革经验的基础上进一步破除制度性障碍，将直接流转入市范畴从集体经营性建设用地拓展至整个集体建设用地，并配套行之有效的规范细则，以此在发展新阶段，根本性地支撑我国建设用地有效供给，推进经济社会高质量发展。

### 二、集体建设用地流转制度创新的实现主要是因为现行集体建设用地流转路径的创造性想象能够实现不同利益主体的目标期望

本书运用布罗姆利制度变迁理论构建了制度创新理论分析框架，从制度创新需求的产生和最终实现两个方面对农村集体建设用地流转制度创新进行了解析。

研究表明：农村集体建设用地流转的动因是城乡二元土地制度产生了非农建设对耕地的大量占用、城乡建设用地配置失衡以及农民权益可能受损三个方面问题，严格的耕地保护制度和用途管制制度也对地区经济发展和耕地占补平衡造成了影响。在这样的制度环境下，中央政府保护耕地的目标、地方政府发展地区经济的目标、村集体发展集体经济的目标和农民增加土地权益的目标均不能得到实现。相关利益主体为了实现各自目标，希望调整现有制度安排，产生制度创新需求。新的制度安排既要确保粮食安全，也要保障区域经济发展的用地需求，要使村集体和农民更多地分享到城市化发展进程的土地增值收益。

现行农村集体建设用地流转制度创新的实现过程是农村集体建设用地间接流转路径或是直接流转路径的创造性想象均能够实现中央政府、地方政府、村集体和农民等不同利益主体的目标期望：中央政府保护耕地和维持社会稳定的目标能够实现；地方政府能够获得经济发展所需要的土地，从而发展地区经济的目标可以实现；村集体通过转让用地指标或是直接参与集体经营性建设用地再开发等获得资产收益，发展村集体经济的目标可以实现；农民可以居住于条件更优、基础设施更完善的小区，获得资产价值量较高的住房，并以"房东经济"形式获得一定财产性收益，同时生活环境和居住条件有很大改善，社会保障水平得到提高，从而农民增加自己土地权益的目标可以实现。

## 三、以增减挂钩政策为抓手的集体建设用地间接流转可以达到资源节约与经济促进的效果，市场机制的引入可以进一步提升其效率

2005年增减挂钩政策的出台，打开了农村集体建设用地间接流转的合法途径。试点区域以增减挂钩政策为抓手，在国家制定的增减挂钩基本实施框架内进行模式探索，先后形成了多种特点鲜明的增减挂钩模式。其后，部分试点区域更是突破原有的增减挂钩基本实施框架，通过引入市场机制进行大幅度创新。故此，本书以其中最为典型的是重庆地票交易政策为例，从效率的角度对我国农村集体建设用地间接流转制度绩效进行了评析。本书先是从重庆市域内与市域外两个角度，检验地票政策是否达到了资源节约与经济促进的增减挂钩政策目标。其中，市域内角度主要是基于 DID 方法并有机结合 EKC 模型与 C-D 生产函数，运用重庆市 2008～2013 年 35 个区（县）的面板数据进行检验；市域外角度则是创新性地运用合成控制法，创建重庆未实施地票的反事实情况进行检验。在此基础上，本书进一步巧妙地将重庆各区县看作为独立的行为主体，将其历年的地票指标情况视为相应的流转行为，应用主体行为选择模型，构建重庆地票交易的二元选择模型，以此检验市场化机制引入是否进一步提升了重庆地票政策的效率绩效。

研究结果表明，无论是从重庆市域内，还是市域外的角度，地票政策不仅减缓了重庆整体的耕地减少速度，提高了区域耕地资源节约程度，并且也补充了其城镇新增建设用地，促进了区域第二产业、第三产业产值的提升，达到了资源节约与经济促进的政策目的。最重要的是，从地票市场化配置的实证分析结果来看，地票政策构建农村土地交易所，采用市场手段进行优化配置，确实使得用地指标从建设用地边际收益低的地区流向建设用地边际收益高的地区，从而拉平了区域之间的城镇建设用地边际产出，在一定程度上弥补了传统计划配置方式的效率损失，优化了区域建设用地配置效率，为我国农村集体建设用地间接流转效率的提高提供了新的路径参考。

## 四、农村集体建设用地间接流转的现实公平性有所欠缺

本书以农村集体建设用地间接流转形式为主线，选择了增减挂钩政策试点的另一典型模式——江苏"万顷良田建设"为对象，从公平的视角对我国现行农村集体建设用地流转政策绩效进行了评析。首先在 Sen 的可行能力理论框架下构建了农民福利指标体系，分析增减挂钩政策实施中宅基地置换对农民各项福利的影响。研究结果表明：①部分地区的农民存在被动员置换宅基地的情况；②虽然宅基地置换通过提高农民的社会保障增加农民的非农收入，但是由于大部分农民需要支付额外资金用于新建或购买安置房、绝大多数农民没有能够将多余的房屋用于出租或销售等，导致农民的家庭收入降低，同时宅基地置换也可能增加农民的家庭日常生活消费支出和总支出，从而增加家庭经济负担；③宅基地置换使得农村土地集约利用程度得到提高，但也可能影响农民的居住环境；④农民对宅基地置换结果并不完全满意。因此，必须切实保障农民的知情权、参与权和谈判权。

在此基础上，进一步采用结构方程模型分析软件 SMARTPLS 2.0 分别探讨置换宅基地模式、置换集体公寓房模式和置换商品房模式下宅基地置换对农民福利的影响，并且对比分析三种模式下的实施效果。研究结果表明：①三种模式下表征农地及房产置换状况的观察变量是有差异的。②三种模式下宅基地置换实施过程中农民权益保障存在不足，并且由于农民需要额外付款自建或购买安置房，无法证明农民的家庭经济状况得到改善。③置换宅基地模式下虽然农地及房产置换状况较差以及农地是被迫流转的，但是大部分农民自愿搬迁有助于提升农民的各项福利；置换商品房模式下虽然农地及房产置换状况较好、配套设施状况较完善，但是需要支付额外资金用于购买住房降低了家庭经济状况和居住面积状况两个方面的福利；置换集体公寓房模式下的农地处置方式和置换房屋套数也均有助于提升农民各项福利。

## 第二节 农村集体建设用地流转优化的政策建议

### 一、完善当前集体建设用地流转的相关法律制度

根据《中华人民共和国立法法》的规定，法律的效力高于行政法规、地方性法规、规章，地方政府制定的规章不能与法律相抵触。在法律未作修改的前提下，各地尝试的集体建设用地流转局部试点、探索制定的《农村集体建设用地流转管理办法》等内容，必然面临着司法难题。因此，需继续修订完善《中华人民共和国宪法》《中华人民共和国物权法》《土地管理法》等相关的法律法规，深化农村集体建设用地入市流转改革，建立城乡统一的建设用地市场。通过修改当前与集体建设用地流转制度建立、发展相抵触的法律法规，解除法律上对集体建设用地流转的限制，允许农村集体建设用地在符合相关规定的条件下流转。与此同时，通过顶层设计推动建立集体建设用地流转相关政策体系，明确集体土地产权的主体，厘清三级主体的产权界区，规范不同主体在参与集体建设用地流转过程中享有的权利和承担的义务，避免产权主体虚置与权力职能重叠。此外，与配套政策相关的土地法律法规也需要进行相应完善。地籍管理制度、农地转用审批制度、土地税收制度等配套制度政策是集体建设用地使用权流转有效运行的重要保障。针对集体建设用地使用权流转的范围、主体、交易规则等的差异，设计、制定能够与现实环境和流转制度的需要有效契合的配套政策，保障集体建设用地流转的各项行为活动均有法可依，杜绝非法流转现象，实现农村建设用地流转市场的有序运行。

### 二、严格规范土地用途管制，充分发挥土地规划控制作用

农村集体建设用地入市流转后，其资产价值将得到极大的提升，由此产生的比较利益也将驱动农用地的非法流转。因此，必须严格实施包括土地利用总体规划、土地利用年度计划等内容的土地用途管制，控制入市流转的土地供给数量和用途，进而达到保护耕地、合理利用土地的目的。首先，政府和土地管理部门要加快制定县（区）和村镇的土地利用规划和建设规划。编制土地利用规划要注重结合当地土地资源的实际分布情况，保障土地利用规划与用地区域的实际需求保持较高的契合度，增强土地利用规划的科学性。要将集体建设用地总量及流转数量纳入到建设用地总量控制和土地年度供应计划的范围，从而加强集体建设用地的总量控制，防止集体土地大量、无序进入土地市场。其次，还要加强土地利用规划编制过程中的公众参与度，特别是要增强农村集体经济

组织成员对土地规划政策及内容的了解,以达到普及遵守规划的意识。再次,严格限定转变为集体建设用地的农地要符合土地用途管制。实施严格的土地用途变更审批程序,加强土地用途变更管理,不允许违反土地用途管制制度,擅自将农地非农化,促进土地合理利用。加强土地利用的监督检查,加大对土地非法转用的违规成本,减少耕地数量减少、土地非法流转问题的发生。此外,积极推进相应的法治化进程,提高土地规划的法律效力,树立土地规划的权威性、严肃性和连续性。

## 三、引入和构建市场机制,充分发挥市场在资源配置中的决定性作用

当前我国集体建设用地流转改革相对滞后,不利于资源优化配置和效率持续提升。因此,未来的土地资源管理改革,应按照十八届三中全会提出的"发挥市场在资源配置中的决定性作用"原则,在不同方面构建和完善相应的土地要素市场配置体系,充分发挥市场的供求机制、价格机制和竞争机制的作用,构建平等进入、公平交易的城乡土地市场,推进城乡要素平等交换,实现城乡土地"同地、同权、同价",提升和优化土地整体的配置效率。例如,以重庆地票交易为例的集体建设用地间接入市方式,就是以增减挂钩指标的市场化交易为抓手,通过发挥市场作用显化地区对用地的真实需求,引导指标进行再配置,从而提高了建设用地的配置效率。各级政府应该积极转变工作思路,逐步将政府主导、行政配置的传统工作方式过渡到政府引导、市场配置的新型发展模式。通过政府这只"有形的手"与市场这只"无形的手"的有机结合与协调分工,共同构成一个统一、完整的土地资源配置调控系统,实现土地资源的有效管理和有序配置。

## 四、构建土地流转农民满意度评价体系,切实保障农民合理权益

农民满意度作为反映农民心理状态的重要指标,可以直观地反映出农民对于各项涉农公共政策的态度。通过本书的研究可知,农民对于集体建设用地流转政策的满意度直接影响农民对于政府的信任。因此,我国应该在集体建设用地流转改革进程中,推动农民满意度评价体系构建,定期对各试点区域开展的流转项目进行农民满意度测评,将农民满意度测评结果作为项目实施效果的重要指标,以此有利于各地方政府有侧重点、有针对性地对服务质量进行改进和提升。在集体建设用地流转过程中,要切实保障农民各项合理权益,通过构建行之有效、切实合理的土地增值收益分配制度,以更加丰富的补偿形式、更加合理的补偿标准,保障农民的土地经济权益。通过丰富对农民的补偿形式、提高对农民的补偿水平。

与此同时，运用多种宣传平台和手段增加农民对政策及其实施目标和程序的参与、了解与监督，确保农民的参与权、知情权和监督权等土地政治权益得到保障。此外，在集体建设用地流转过程中需要分层次地为农民提供社会保障，针对性地为不同类型的农民群体提供相应的养老保障、就业和教育、培训机会等，从而切实保障农民在流转过程中的土地社会权益。

### 五、完善相关配套制度建设，推进建设用地管理综合性改革

我国集体建设用地流转问题不仅涉及土地自身，还与行政体制、财税制度等诸多问题相互交织，因此，建设用地管理制度的改革，必须完善相关的配套制度，例如在行政体制中，改变传统以经济指标为核心的政绩考核体系，可以尝试依据国家主体功能区划战略，构建以区域主体功能相对应的政绩考核体系，更加重视地方经济发展中资源消耗、社会公平及人的发展等问题，强调区域经济社会的全面、协调与可持续发展；或者在财税体制中，可以按照由内及外、由难到易的原则，阶段性地推进不动产税制改革，将物业税和土地增值税逐步培育成为地方主体税种，建立可持续的土地财政收入体系，改变地方政府依靠"寅吃卯粮"一次性土地出让收益的格局；其他还有诸如产权制度、户籍制度、社会保障制度等配套制度的健全与完善。通过完善土地配套制度改革，健全土地政策与财政、金融、投资、区域等相关政策的联动机制，从而有效推进综合性、整体性、配套性的改革方案，达到综合配套改革的总体效果。

## 第三节　农村集体建设用地流转研究展望

我国农村集体建设用地流转政策变迁分化为间接流转与直接流转两种形式。其中，间接流转模式属于原有制度框架的边际调整，相对于直接流转模式，固有矛盾较少，地方接受度、推广度较高。因而，间接流转制度建设更加迅速与更加成熟，在全国层面有了更大范围、更大规模、更多模式的探索，成为我国21世纪以来最为主要的集体建设用地流转形式。与此同时，也便于从宏观和微观层面获取更为全面、客观的统计和调研数据。因此，本书在对集体建设用地进行绩效评价时，主要是以间接流转的典型模式为例。值得注意的是，近年来，尤其是2015年农村"三块地"改革后，我国从法律层面确定了集体经营性建设用地可以直接入市，破除了多年来集体建设用地不能直接进入市场流转的制度障碍，集体建设用地直接流转制度改革显现出了根本性的突破，全国不同区域有了实质性的探索。相应地，有关集体建设用地直接流转的案例、数据等基础材料也有了显著增加。因此，未来的农村集体建设用地研究，除了进一步探讨完善增减挂钩等指标市场交易体系

及其配套政策外，将聚焦于农村集体建设用地直接流转模式，特别是农村"三块地"改革后的集体建设用地流转模式。通过深入剖析不同模式的运行机理与模式经验，从效率、福利等多个层面综合评估其现实绩效，总结提炼具有针对性、可行性的政策建议，探讨直接流转入市范畴从集体经营性建设用地至整个农村集体建设用地的拓展，进而从理论层面丰富土地流转制度研究，从实践层面推进集体建设用地流转体系构建、支撑我国农村土地制度改革。

# 参 考 文 献

包宗顺，徐志明，高珊，等.2009.农村土地流转的区域差异与影响因素——以江苏省为例.中国农村经济，(4)：23-30，47.

北京大学国家发展研究院综合课题组.2010.还权赋能：奠定长期发展的可靠基础.北京：北京大学出版社：5-12.

北京天则经济研究所《中国土地问题》课题组.2010.土地流转与农业现代化.管理世界，(7)：66-85，97.

卞琦娟.2011.农户土地承包经营权流转问题研究.南京：南京农业大学博士学位论文.

卞琦娟，周曙东，易小燕，等.2011.农户农地流转现状、特征及其区域差异分析——以浙江省为例.资源科学，33（2）：308-314.

操小娟.2015.中国统一城乡建设用地市场的法律路径.中国土地科学，29（5）：56-61，97.

曹幸穗.1996.旧中国苏南农家经济研究.北京：中央编译出版社：20-32.

曹正汉.2011.弱者的产权是如何形成的？——中国被征地农民的"安置要求权"向土地开发权演变的原因.中国制度变迁的案例研究（土地卷）第八集：25-70.

陈飞，翟伟娟.2015.农户行为视角下农地流转诱因及其福利效应研究.经济研究，(10)：163-177.

陈海磊，史清华，顾海英.2014.农户土地流转是有效率的吗——以山西为例.中国农村经济，(7)：61-71，96.

陈海素，谢建春，陈凯.2017.构建农村集体土地整备制度的思考——以广东省佛山市南海区为例.中国土地，(2)：44-45.

陈会广，陈利根，马秀鹏，等.2009.农村集体建设用地流转模式的多样化创新——基于政府与市场关系的视角.经济体制改革，(1)：87-92.

陈家泽.2008.土地资本化的制度障碍与改革路径.财经科学，(3)：99-107.

陈江龙，曲福田，陈雯.2004.农地非农化效率的空间差异及其对土地利用政策调整的启示.管理世界，(8)：37-42，155.

陈美球，黄靓，王亚平.2009.土地征用安置补偿农民意愿的实证分析.农村经济，(11)：23-25.

陈美球，马文娜.2012.城乡建设用地增减挂钩中农民利益保障对策研究——基于江西省《"增减挂钩"试点农民利益保障》专题调研.中国土地科学，26（10）：9-14.

陈盼.2017.集体经营性建设用地入市改革的初步成效、潜在风险以及完善路径研究——以浙江省德清县为例.杭州：浙江工商大学硕士学位论文.

陈强.2010.高级计量经济学及Stata应用.北京：高等教育出版社：146-190.

陈卫平，郭定文.2006.农户承包土地流转问题探讨.经济问题探索，(1)：70-74.

陈锡文.2013.构建新型农业经营体系刻不容缓.求是，(22)：38-41.

陈锡文.2018.不要把城乡发展对立起来.中国乡村发现，(6)：1-5.

# 参 考 文 献

陈欣欣，史清华，蒋伟峰. 2000. 不同经营规模农地效益的比较及其演变趋势分析. 农业经济问题，（12）：6-9.

陈雪骅. 2009. 级差地租：城乡建设用地增减挂钩奥秘. 国土资源导刊，（8）：18-20.

程名望，史清华，Jin Y H. 2014. 农户收入水平、结构及其影响因素——基于全国农村固定观察点微观数据的实证分析. 数量经济技术经济研究，31（5）：3-19.

邓大才. 2009. 农地流转市场何以形成——以红旗村、梨园屯村、湖村、小岗村为例. 中国农村观察，（3）：26-35.

丁琳琳，孟庆国，刘文勇. 2016. 农村集体建设用地入市的发展实践与政策变迁. 中国土地科学，30（10）：3-10.

杜林永. 2012. 城乡建设用地增减挂钩中基层政府自利行为治理研究. 西安：长安大学硕士学位论文.

杜玉红，黄小舟. 2006. 财政资金农业支出与农民收入关系研究. 统计研究，（9）：47-50.

段小梅，黄志亮. 2009. 成渝地区统筹城乡发展的典型模式及经验借鉴. 软科学，（2）：97-100.

范红忠，周启良. 2014. 农户土地种植面积与土地生产率的关系——基于中西部七县（市）农户的调查数据. 中国人口·资源与环境，24（12）：38-45.

费孝通. 1998. 乡土中国 生育制度. 北京：北京大学出版社：24.

冯淑怡，陆华良，张兰，等. 2014. 江苏农村农业生产经营发展报告 2013. 北京：科学出版社：15-23.

高进云，乔荣锋，张安录. 2007. 农地城市流转前后农户福利变化的模糊评价——基于森的可行能力理论. 复印报刊资料（农业经济研究），（6）：45-55.

高欣，张安录. 2017. 农地流转、农户兼业程度与生产效率的关系. 中国人口·资源与环境，27（5）：121-128.

高迎春，尹君，张贵军，等. 2007. 农村集体建设用地流转模式探析. 农村经济，（5）：34-36.

郜亮亮. 2020. 中国农户在农地流转市场上能否如愿以偿？——流转市场的交易成本考察. 中国农村经济，（3）：78-96.

龚晓红. 2012. 统筹城乡背景下重庆市土地流转对农民收入的影响研究. 重庆：西南大学硕士学位论文.

顾汉龙. 2015. 我国城乡建设用地增减挂钩政策的演化机理、创新模式及其实施效果评价研究. 南京：南京农业大学博士学位论文.

顾汉龙，冯淑怡，王秋兵. 2017. 市场机制引入对城镇新增建设用地配置效率的影响. 中国人口·资源与环境，27（7）：101-110.

顾汉龙，宇阳，王秋兵，等. 2020. 农地发展权流出、资本回流与区域经济增长——基于重庆市的实证研究. 中国农业资源与区划，41（5）：122-130.

郭斌，吕涛，李娟娟. 2013. 农地转出方选择流转对象的影响因素分析——基于土地可持续利用视角. 经济问题，（1）：102-107.

郭君平，曲颂，夏英，等. 2018. 农村土地流转的收入分配效应. 中国人口·资源与环境，28（5）：160-169.

郭瑞雪，付梅臣. 2014. 关于集体建设用地"同地同权同价"问题辨析. 中国人口·资源与环境，24（S2）：419-421.

郭文华，郝晋珉，覃丽，等. 2005. 中国城镇化过程中的建设用地评价指数探讨. 资源科学，

27（3）：66-72.

郭晓丽，冯淑怡，吕沛璐，等．2014．建设用地节约集约利用的制度创新和理论解释——以广东省佛山市"三旧"改造为例．资源科学，36（8）：1554-1562.

韩菡，钟甫宁．2011．劳动力流出后"剩余土地"流向对于当地农民收入分配的影响．中国农村经济，（4）：18-25.

韩立达，闫敏．2012．成都市农村集体建设用地流转的实践及思考．安徽农业科学，（32）：15967-15969，15984.

韩巍．2010．新时期我国农业投资规模与结构研究．北京：中国农业科学院博士学位论文.

韩啸，张安录．2018．城乡建设用地增减挂钩政策实施农户满意度及其影响因素研究——以湖北省武汉市、襄阳市两地增减挂钩政策实施示范区为例．土地经济研究，（1）：45-61.

郝海广，李秀彬，田玉军，等．2010．农牧交错区农户耕地流转及其影响因素分析．农业工程学报，26（8）：302-307.

何国俊，徐冲．2007．城郊农户土地流转意愿分析——基于北京郊区6村的实证研究．经济科学，（5）：111-124.

何秋洁．2011．城乡统筹建设用地增减挂钩模式探析——兼论灾后重建中的农地流转．农村经济，（9）：36-40.

何欣，蒋涛，郭良燕，等．2016．中国农地流转市场的发展与农户流转农地行为研究——基于2013～2015年29省的农户调查数据．管理世界，（6）：79-89.

侯建昀，霍学喜．2016．专业化农户农地流转行为的实证分析——基于苹果种植户的微观证据．南京农业大学学报（社会科学版），16（2）：93-104，155.

侯建昀，刘军弟，霍学喜．2016．专业化农户农地流转及其福利效应——基于1079个苹果种植户的实证分析．农业技术经济，（3）：45-55.

胡初枝，黄贤金．2007．农户土地经营规模对农业生产绩效的影响分析——基于江苏省铜山县的分析．农业技术经济，（6）：81-84.

胡存智．2014．生态文明建设的国土空间开发战略选择．中国国土资源经济，（3）：4-7.

胡浩，于敏捷．2015．中国20世纪早期农户耕地面积与土地生产率关系研究——基于卜凯农村社会调查．中国经济史研究，（5）：68-77，144.

胡新艳，陈小知，米运生．2018．农地整合确权政策对农业规模经营发展的影响评估——来自准自然实验的证据．中国农村经济，（12）：83-102.

胡新艳，朱文珏，刘凯．2015．理性与关系：一个农地流转契约稳定性的理论分析框架．农村经济，（2）：9-13.

黄大全，金浩然，赵星烁．2014．四类城市建设用地扩张影响因素研究——以北京市昌平区为例．资源科学，36（3）：454-462.

黄季焜，邵亮亮，冀县卿，等．2012．中国的农地制度、农地流转和农地投资．上海：格致出版社：179.

黄季焜，朱莉芬，邓祥征．2007．中国建设用地扩张的区域差异及其影响因素．中国科学（D辑：地球科学），（9）：1235-1241.

黄静，葛斐，穆月英．2009．中国农民收入影响因素分析——以新疆为例．中国农学通报，25（18）：489-493.

黄砺，谭荣．2015．农地还权赋能改革与农民长效增收机制研究——来自四川省统筹城乡综合配套改革试验区的证据. 农业经济问题, (5): 12-21, 110.

黄奇帆. 2015-05-04. 地票制度实验与效果. 学习时报, 008.

黄雯欣, 唐晓莲. 2017. 城中村集体建设用地流转收益分配模式的特征及分析——以广州市为例. 特区经济, (2): 22-24.

黄小虎. 2006. 新时期中国土地管理研究（下卷）. 北京: 当代中国出版社: 185-216.

黄延信, 张海阳, 李伟毅, 等. 2011. 农村土地流转状况调查与思考. 农业经济问题, (5): 4-9, 110.

黄有光. 1991. 福利经济学. 北京: 中国友谊出版公司: 1-16.

黄征学, 吴九兴. 2019. 集体经营性建设用地入市: 成效与影响. 团结, (1): 34-38.

黄祖辉, 陈欣欣. 1998. 农户粮田规模经营效率: 实证分析与若干结论. 农业经济问题, (11): 3-8.

黄祖辉, 王建英, 陈志钢. 2014. 非农就业、土地流转与土地细碎化对稻农技术效率的影响. 中国农村经济, (11): 4-16.

吉登艳. 2011. 城乡建设用地增减挂钩的成本与效益分析. 南昌: 江西师范大学硕士学位论文.

冀县卿, 钱忠好. 2018. 如何有针对性地促进农地经营权流转？——基于苏、桂、鄂、黑四省（区）99村、896户农户调查数据的实证分析. 管理世界, (3): 87-97.

冀县卿, 钱忠好, 葛轶凡. 2015. 如何发挥农业补贴促进农户参与农地流转的靶向作用——基于江苏、广西、湖北、黑龙江的调查数据. 农业经济问题, (5): 48-55, 110-111.

贾生华, 田传浩, 张宏斌. 2003. 农地租赁市场与农业规模经营——基于江、浙、鲁地区农业经营大户的调查. 中国农村观察, (1): 37-45, 80.

贾燕, 李钢, 朱新华, 等. 2009. 农民集中居住前后福利状况变化研究——基于森的"可行能力"视角. 农业经济问题, (2): 30-36.

贾燕兵. 2013. 交易费用、农户契约选择与土地承包经营权流转. 成都: 四川农业大学博士学位论文.

姜开宏, 孙文华, 陈江龙. 2005. 集体建设用地流转制度变迁的经济分析. 中国土地科学, 19(1): 34-37.

金丽馥, 冉双全. 2012. 土地流转背景下增加农民财产性收入研究. 商业时代, (3): 94-95.

金松青, Deininger K. 2004. 中国农村土地租赁市场的发展及其在土地使用公平性和效率性上的含义. 经济学（季刊）, (4): 1003-1028.

孔荣, 梁永. 2009. 农村固定资产投资对农民收入影响的实证研究. 农业技术经济, (4): 47-52.

孔融融. 2011. 农地流转对土地细碎化及农业产出的影响——以南京市为例. 南京: 南京农业大学硕士学位论文.

孔祥智, 徐珍源. 2010. 转出土地农户选择流转对象的影响因素分析——基于综合视角的实证分析. 中国农村经济, (12): 17-25, 67.

匡远配, 杨佳利. 2019. 农地流转的全要素生产率增长效应. 经济学家, (3): 102-112.

乐章. 2010. 农民土地流转意愿及解释——基于十省份千户农民调查数据的实证分析. 农业经济问题, (2): 64-70, 111.

李长生, 张文棋. 2015. 信贷约束对农户收入的影响——基于分位数回归的分析. 农业技术经济, (8): 43-52.

李庚. 2012. 农村土地流转的空间差异及成因分析——以陕西关中三县为例. 人文地理, (1): 102-106.

李谷成, 冯中朝, 范丽霞. 2009. 小农户真的更加具有效率吗? 来自湖北省的经验证据. 经济学(季刊), 8 (4): 95-124.

李谷成, 冯中朝, 占绍文. 2008. 家庭禀赋对农户家庭经营技术效率的影响冲击——基于湖北省农户的随机前沿生产函数实证. 统计研究, (1): 35-42.

李国权. 2012. 城乡建设用地增减挂钩项目效益评价体系研究. 天津: 天津师范大学硕士学位论文.

李明涛. 2013. 农户参与农地租赁市场对农业绩效的影响——基于江西省东北部水稻生产区的实证分析. 南京: 南京农业大学硕士学位论文.

李宁, 蔡荣, 李光勤. 2018. 农户的非农就业区域选择如何影响农地流转决策?——基于成员性别与代际分工的分析视角. 公共管理学报, 15 (2): 93-103, 157-158.

李启宇, 张文秀. 2010. 城乡统筹背景下农户农地经营权流转意愿及其影响因素分析——基于成渝地区428户农户的调查数据. 农业技术经济, (5): 47-54.

李庆海, 李锐, 王兆华. 2011. 农户土地租赁行为及其福利效果. 经济学(季刊), 10(4): 269-288.

李旺君, 王雷. 2009. 城乡建设用地增减挂钩的利弊分析. 国土资源情报, (4): 34-37.

李先玲. 2010. 农村土地流转对农民收入的影响路径. 合作经济与科技, (19): 26-27.

李永乐, 舒帮荣, 石晓平. 2017. 城乡建设用地市场: 分割效应、融合关键与统一路径. 南京农业大学学报(社会科学版), 17 (3): 103-111, 158-159.

李元珍. 2013. 央地关系视阈下的软政策执行——基于成都市L区土地增减挂钩试点政策的实践分析. 公共管理学报, 10 (3): 14-21.

梁流涛, 曲福田, 冯淑怡. 2013. 经济发展与农业面源污染: 分解模型与实证研究. 长江流域资源与环境, 22 (10): 1369-1374.

廖洪乐. 2012. 农户兼业及其对农地承包经营权流转的影响. 管理世界, (5): 62-70, 87.

林乐芬, 金媛. 2012. 农地流转方式福利效应研究——基于农地流转供求方的理性选择. 南京社会科学, (9): 74-79.

林善浪, 王健, 张锋. 2010. 劳动力转移行为对土地流转意愿影响的实证研究. 中国土地科学, 24 (2): 19-23.

林文声, 秦明, 苏毅清, 等. 2017. 新一轮农地确权何以影响农地流转?——来自中国健康与养老追踪调查的证据. 中国农村经济, (7): 29-43.

林毅夫. 1992. 制度、技术与中国农业发展. 上海: 上海三联书店: 159-178.

刘芳, 钱忠好, 郭忠兴. 2006. 外部利润、同意一致性与昆山富民合作社制度创新——昆山富民合作社制度创新的制度经济学解析. 农业经济问题, (12): 54-60, 80.

刘俊杰, 张龙耀, 王梦珺, 等. 2015. 农村土地产权制度改革对农民收入的影响——来自山东枣庄的初步证据. 农业经济问题, (6): 51-58, 111.

刘克春. 2006. 农户农地流转决策行为研究. 杭州: 浙江大学博士学位论文.

刘巧芹, 阮松涛, 尚国, 等. 2013. 我国集体建设用地使用权流转收益分配问题及其管理创新思考. 农村经济, (12): 20-24.

刘守英. 2014. 中国城乡二元土地制度的特征、问题与改革. 国际经济评论, (3): 9-25.

刘双振. 2012. 城乡建设用地增减挂钩政策与实施分析研究. 福州: 福建师范大学硕士学位论文.

刘涛, 曲福田, 金晶, 等. 2008. 土地细碎化、土地流转对农户土地利用效率的影响. 资源科学, (10): 1511-1516.

刘同山. 2018. 农地流转不畅对粮食产量有何影响?——以黄淮海农区小麦生产为例. 中国农村经济, (12): 103-116.

刘宪法. 2011. "南海模式"的形成、演变与结局. 中国制度变迁的案例研究(土地卷)第八集: 65.

刘新平, 严金明, 王庆日. 2015. 中国城镇低效用地再开发的现实困境与理性选择. 中国土地科学, 29 (1): 48-54.

刘彦随. 2010-11-12. 农村土地整治要让农民受益. 人民日报, 13.

刘永湘, 杨明洪. 2003. 农民集体所有建设用地流转的创新模式分析与评价. 国土经济, (5): 13-16.

龙开胜, 陈利根. 2011. 经济增长与土地违法的库兹涅茨曲线效应分析. 中国土地科学, 25 (7): 13-18.

卢永艳, 王维国. 2010. 制造业上市公司财务困境预测——基于panel logit模型的实证分析. 统计与信息论坛, (4): 47-51.

陆文聪, 朱志良. 2007. 农地流转供求关系实证分析——以上海为例. 中国农村经济, (1): 45-51.

罗必良. 2000. 农地经营规模的效率决定. 中国农村观察, (5): 18-24, 80.

罗湖平, 谢炳庚. 2017. 中国土地隐形市场及其显形化路径. 经济地理, (3): 166-173.

罗江龙, 朱红, 王勇刚. 2003. 从收入分配调整的角度认识农村土地使用权流转. 农村经济, (5): 13-14.

罗小娟, 冯淑怡, 黄挺, 等. 2014. 测土配方施肥项目实施的环境和经济效果评价. 华中农业大学学报 (社会科学版), (1): 86-93.

吕寒. 2009. "挂钩",不仅是为了指标——对江苏省太仓市城乡建设用地增减挂钩试点的思考. 中国土地, (5): 48-50.

吕萍, 支晓娟. 2008. 集体建设用地流转影响效应及障碍因素分析. 农业经济问题, (2): 12-18, 110.

吕世辰, 李华. 2011. 准市民参与耕地流转的现状及影响因素——基于中部地区省内流动的准市民群体的考察. 中国农村经济, (4): 57-64.

吕晓, 牛善栋, 张全景, 等. 2015. 基于内容分析法的集体建设用地流转政策演进分析. 中国土地科学, 29 (4): 25-33.

马瑞, 柳海燕, 徐志刚. 2011. 农地流转滞缓:经济激励不足还是外部市场条件约束?——对4省600户农户2005~2008年期间农地转入行为的分析. 中国农村经济, (11): 36-48.

马贤磊, 沈怡, 仇童伟, 等. 2017. 自我剥削、禀赋效应与农地流转潜在市场发育——兼论经济欠发达地区小农户生产方式转型. 中国人口·资源与环境, 27 (1): 40-47.

马贤磊, 孙晓中. 2012. 不同经济发展水平下农民集中居住后的福利变化研究——基于江苏省高淳县和盱眙县的比较分析. 南京农业大学学报 (社会科学版), 12 (2): 8-15.

马晓河, 崔红志. 2002. 建立土地流转制度,促进区域农业生产规模化经营. 管理世界, (11): 63-77.

马永坤. 2011. 城乡建设用地增减挂钩机制的经济学分析. 成都: 西南财经大学博士学位论文.

冒佩华, 徐骥. 2015. 农地制度、土地经营权流转与农民收入增长. 管理世界, (5): 63-74, 88.
冒佩华, 徐骥, 贺小丹, 等. 2015. 农地经营权流转与农民劳动生产率提高: 理论与实证. 经济研究, (11): 161-176.
梅建明. 2002. 再论农地适度规模经营——兼评当前流行的"土地规模经营危害论". 中国农村经济, (9): 31-35.
孟娜. 2012. 地方政府建设用地指标管理创新实践研究. 南京: 南京农业大学硕士学位论文.
牟燕. 2007. 农业政策调整对农地流转市场的影响: 理论分析与实证研究. 南京: 南京农业大学硕士学位论文.
倪国华, 蔡昉. 2015. 农户究竟需要多大的农地经营规模?——农地经营规模决策图谱研究. 经济研究, (3): 159-171.
聂建亮, 钟涨宝. 2015. 保障功能替代与农民对农地转出的响应. 中国人口·资源与环境, 25 (1): 103-111.
聂鑫. 2011. 农地城市流转中失地农民多维福利影响因素和测度研究. 武汉: 华中农业大学博士学位论文.
欧名豪, 陶然. 2016. 促进农村土地流转、增加农民收入的改革政策与配套措施研究. 北京: 科学出版社: 26-45.
普罗斯特曼 R, 李平, 汉斯达德 T. 1996. 中国农业的规模经营: 政策适当吗?. 中国农村观察, (6): 17-29, 63.
钱龙, 洪名勇. 2016. 非农就业、土地流转与农业生产效率变化——基于CFPS的实证分析. 中国农村经济, (12): 2-16.
钱忠好. 2002. 农村土地承包经营权产权残缺与市场流转困境: 理论与政策分析. 管理世界, (6): 35-45.
钱忠好. 2003. 农地承包经营权市场流转: 理论与实证分析——基于农户层面的经济分析. 经济研究, (2): 83-91.
钱忠好, 李友艺. 2020. 家庭农场的效率及其决定——基于上海松江943户家庭农场2017年数据的实证研究. 管理世界, (4): 168-181, 219.
钱忠好, 曲福田. 2006. 农地股份合作制的制度经济解析. 管理世界, (8): 47-55.
邱芳荣, 赵旭. 2018. 同权同价、流转顺畅、收益共享——记德清县农村集体经营性建设用地入市试点工作. 浙江国土资源, (1): 55-56.
邱继勤, 邱道持, 石永明. 2010. 城乡建设用地挂钩指标的市场配置. 城市问题, (7): 65-69.
邱铃章. 2010. 天津市、成都市城乡建设用地增减挂钩模式的启示. 发展研究, (10): 32-35.
瞿长福. 2004. 谁来守住耕地底线——近年来农村土地问题调查. 中国土地, (4): 17-20.
曲福田. 2010. 中国工业化、城镇化进程中的农村土地问题研究. 北京: 经济科学出版社: 1-20.
曲福田, 田光明. 2011. 城乡统筹与农村集体土地产权制度改革. 管理世界, (6): 34-46, 187.
曲福田, 吴丽梅. 2004. 经济增长与耕地非农化的库兹涅茨曲线假说及验证. 资源科学, 26 (5): 61-67.
上官彩霞. 2015. 城乡建设用地增减挂钩实施中宅基地置换的模式选择及其对农民福利的影响研究. 南京: 南京农业大学博士学位论文.
上官彩霞, 冯淑怡, 陆华良, 等. 2016. 城乡建设用地增减挂钩政策实施对农民福利的影响研究——以江苏省"万顷良田建设"项目为例. 农业经济问题, (11): 42-51.

上官彩霞, 冯淑怡, 陆华良, 等. 2017. 不同模式下宅基地置换对农民福利的影响研究——以江苏省"万顷良田建设"为例. 中国软科学, (12): 87-99.

邵绘春. 2010. 城市化进程中农民土地权益变化研究——以南京市郊区农户为例. 南京：南京农业大学博士学位论文.

沈坤荣, 张璟. 2007. 中国农村公共支出及其绩效分析——基于农民收入增长和城乡收入差距的经验研究. 管理世界, (1): 30-40.

石琛. 2011. 城市化背景下"农民被上楼"现象分析——"增减挂钩"政策施行现状分析和问题研究. 产业与科技论坛, 10 (1): 7-8.

石敏, 李琴. 2014. 我国农地流转的动因分析——基于广东省的实证研究. 农业技术经济, (1): 49-55.

石晓平, 郎海如. 2013. 农地经营规模与农业生产率研究综述. 南京农业大学学报（社会科学版), 13 (2): 76-84.

石晓平, 曲福田, Nico H, 等. 2004. 农村市场发育与村庄经济研究. 中国农村观察, (1): 44-55.

舒宁. 2017. 北京大兴区国家集体经营性建设用地入市改革试点探索. 规划师, 33 (9): 40-45.

宋辉, 钟涨宝. 2013. 基于农户行为的农地流转实证研究——以湖北省襄阳市312户农户为例. 资源科学, 35 (5): 943-949.

苏岚岚, 何学松, 孔荣. 2018. 金融知识对农民农地流转行为的影响——基于农地确权颁证调节效应的分析. 中国农村经济, (8): 17-31.

苏岚岚, 孔荣. 2019. 农民金融素养与农村要素市场发育的互动关联机理研究. 中国农村观察, (2): 61-77.

孙华臣, 王晓霞. 2008. 中国农民收入结构的变迁及影响因素分析: 1987—2006年. 财经研究, (3): 33-36.

孙继辉. 2004. 增加农民收入的新思路. 管理世界, (4): 141-146.

孙兰兰. 2012. 城乡一体化视野下"合村并居"研究. 济南：山东大学硕士学位论文.

孙伟. 2018. 农村集体经营性建设用地入市的困境及对策研究. 成都：四川农业大学硕士学位论文.

孙烨. 2008. 关于耕地占补平衡有关问题的初探. 2008年中国土地学会学术年会论文集, 791-795.

覃成林, 张伟丽. 2009. 中国区域经济增长俱乐部趋同检验及因素分析——基于CART的区域分组和待检影响因素信息. 管理世界, (3): 21-35.

谭丹, 黄贤金. 2007. 区域农村劳动力市场发育对农地流转的影响——以江苏省宝应县为例. 中国土地科学, 21 (6): 64-68.

谭林丽, 刘锐. 2014. 城乡建设用地增减挂钩：政策性质及实践逻辑. 南京农业大学学报（社会科学版), 14 (5): 76-83.

谭淑豪, Heerink N, 曲福田. 2006. 土地细碎化对中国东南部水稻小农户技术效率的影响. 中国农业科学, 39 (12): 2467-2473.

唐健, 谭荣. 2019. 农村集体建设用地入市路径——基于几个试点地区的观察. 中国人民大学学报, 33 (1): 13-22.

田传浩. 2003. 农地使用权市场：模式、影响因素及其对农地配置效率的影响——理论与来自苏浙鲁地区的经验. 杭州：浙江大学博士学位论文.

田传浩, 陈宏辉, 贾生华. 2005. 农地市场对耕地零碎化的影响——理论与来自苏浙鲁的经验. 经济学（季刊）, 4（3）: 769-784.

田传浩, 方丽. 2014. 集中抑或分散？——家庭承包制下的农地租赁市场对地权配置的影响. 南京农业大学学报（社会科学版）, 14（4）: 66-74.

田传浩, 贾生华. 2003. 农地市场对土地使用权配置影响的实证研究——基于苏、浙、鲁1083个农户的调查. 中国农村经济,（10）: 24-30.

田传浩, 贾生华. 2004. 农地制度、地权稳定性与农地使用权市场发育: 理论与来自苏浙鲁的经验. 经济研究,（1）: 112-119.

田传浩, 曲波, 贾生华. 2004. 农地市场与地权配置: 国际经验及其启示. 江苏社会科学,（4）: 64-68.

田光明, 曲福田. 2010. 中国城乡一体土地市场制度变迁路径研究. 中国土地科学, 24（2）: 24-30.

万广华, 程恩江. 1996. 规模经济、土地细碎化与我国的粮食生产. 中国农村观察,（3）: 31-36, 64.

汪红群, 刘明皓, 邱道持. 2002. 集体非农建设用地流转模式探讨. 重庆师范学院学报（自然科学版）,（2）: 70-73, 86.

汪晖, 陶然. 2009. 论土地发展权转移与交易的"浙江模式"——制度起源、操作模式及其重要含义. 管理世界,（8）: 39-52.

汪晖, 王兰兰, 陶然. 2011. 土地发展权转移与交易的中国地方试验——背景、模式、挑战与突破. 城市规划,（7）: 9-13, 19.

王博. 2016. 我国建设用地总量控制和市场配置研究. 南京: 南京农业大学博士学位论文.

王博, 吕沛璐, 冯淑怡. 2019. 央地互动、多重逻辑与制度变迁——基于对建设用地一级配置层面的考察. 华中农业大学学报（社会科学版）,（3）: 130-139, 165.

王春超. 2011. 农村土地流转、劳动力资源配置与农民收入增长: 基于中国17省份农户调查的实证研究. 农业技术经济,（1）: 93-101.

王德祥, 李建军. 2009. 新农村建设、财政支出与农民收入增长——基于贵州省遵义市12个县的实证分析. 农业经济问题,（2）: 42-47.

王福利, 于玲, 王玉慧. 2017. 临沂市农村集体建设用地流转成效探析. 山东国土资源,（6）: 75-80.

王宏娟, 石敏俊, 谌丽. 2014. 基于利益主体视角的农村集体建设用地流转研究——以北京市为例. 资源科学, 36（11）: 2263-2272.

王婧, 方创琳, 王振波. 2011. 我国当前城乡建设用地置换的实践探索及问题剖析. 自然资源学报, 26（9）: 1453-1466.

王君, 朱玉碧, 郑财贵. 2007. 对城乡建设用地增减挂钩运作模式的探讨. 农村经济,（8）: 29-31.

王科, 谢德体, 黄春芳, 等. 2011. 重庆城郊地带城镇建设用地增加与农村建设用地减少相挂钩效益评价. 安徽农业科学,（18）: 11192-11194.

王青, 陈志刚, 陈逸. 2010. 建设用地区域配置效率评价研究. 城市发展研究,（1）: 92-95.

王世元. 2014. 新型城镇化之土地制度改革路径. 北京: 中国大地出版社: 23-56.

王松林. 2001. 用制度规范和引导——关于集体建设用地流转的思考. 中国土地,（3）: 9-11.

王腾飞, 吴昊天. 2016. 城乡统筹思路下农村新型城镇化路径模式探析——以天津滨海新区为例. 城市,（10）: 13-17.

# 参 考 文 献

王万茂. 2013. 中国土地管理制度：现状、问题及改革. 南京农业大学学报（社会科学版），13（4）：76-82.

王雪标，于春艳，张建华. 2009. 资本流动控制可以抑制货币危机吗？——基于 Panel Logit 模型的实证分析. 财经问题研究，（3）：64-69.

王雅文，税伟，王晨懿，等. 2011. 成都市新津县城乡建设用地增减挂钩农民安置区人居环境满意度分析. 地理与地理信息科学，27（5）：74-78.

王亚运，蔡银莺. 2017. 不同主体功能区农户家庭耕地利用功能对土地流转行为的影响. 中国人口·资源与环境，27（7）：128-138.

王亚运，蔡银莺，李海燕. 2015. 空间异质性下农地流转状况及影响因素——以武汉、荆门、黄冈为实证. 中国土地科学，29（6）：18-25.

王羽. 2018. 集体经营性建设用地入市统筹模式研究. 杭州：浙江大学硕士学位论文.

王玥. 2016. 基于生产效率的农地适度经营规模选择研究. 南京：南京农业大学硕士学位论文.

王振波，方创琳，王婧. 2012. 城乡建设用地增减挂钩政策观察与思考. 中国人口·资源与环境，22（1）：96-102.

王振坡，梅林，詹卉. 2015. 产权、市场及其绩效：我国农村土地制度变革探讨. 农业经济问题，（4）：44-50，111.

魏巍，李万明. 2012. 农业劳动生产率的影响因素分析与提升路径. 农业经济问题，（10）：29-35，110-111.

文思北，罗海波，吴琳娜，等. 2012. 基于模糊综合评价法的城乡建设用地增减挂钩效益分析：以贵州省关岭自治县为例. 贵州农业科学，（10）：177-180，186.

吴鸢鸢，李力行，姚洋. 2014. 农业税费改革对土地流转的影响——基于状态转换模型的理论和实证分析. 中国农村经济，（7）：48-60.

吴月芽. 2005. 农村集体建设用地使用权入市流转的可行性探析. 经济地理，（3）：401-405，410.

吴云青，张再生，蔡为民. 2013. 城乡建设用地增减挂钩区农户满意度的 IPA 分析——以天津市华明镇为例. 东北大学学报（社会科学版），（2）：175-181.

伍学林. 2011. 成都市城乡建设用地增减挂钩试点的经验与启示. 软科学，25（5）：99-101.

夏鸣. 2011. 城乡统筹发展路径创新探索. 北京：中国大地出版社：6-24.

夏庆利，罗芳. 2012. 土地利用效率影响因素分析——基于湖北的调查. 农业经济问题，（5）：15-21，110.

夏永祥. 2002. 农业效率与土地经营规模. 农业经济问题，（7）：43-47.

肖轶，魏朝富，尹珂，等. 2009. 重庆市两种典型农地流转模式比较分析. 中国农村观察，（3）：19-25，35.

辛良杰，李秀彬，朱会义，等. 2009. 农户土地规模与生产率的关系及其解释的印证——以吉林省为例. 地理研究，28（5）：1276-1284.

徐烽烽，李放，唐焱. 2010. 苏南农户土地承包经营权置换城镇社会保障前后福利变化的模糊评价——基于森的可行能力视角. 中国农村经济，（8）：67-79.

徐美银. 2014. 发达地区农民土地转出意愿影响因素分析——基于浙江省 426 份调研问卷的实证. 南京农业大学学报（社会科学版），14（6）：97-105.

徐玉婷，黄贤金，陈志刚，等. 2016. 农地转入规模扩大有助于农民农业增收吗？——基于中国中部 5 省农户调查的实证研究. 自然资源学报，31（10）：1624-1636.

徐增海. 2011. 我国农民工资性收入波动及其环境因素的实证研究. 中国软科学，（6）：186-192.

许恒周，郭忠兴. 2011. 农村土地流转影响因素的理论与实证研究——基于农民阶层分化与产权偏好的视角. 中国人口·资源与环境，21（3）：94-98.

许庆，尹荣梁，章辉. 2011. 规模经济、规模报酬与农业适度规模经营——基于我国粮食生产的实证研究. 经济研究，（3）：59-71，94.

薛凤蕊，乔光华，苏日娜. 2011. 土地流转对农民收益的效果评价——基于 DID 模型分析. 中国农村观察，（2）：36-42，86.

杨德才. 2005. 论我国农村土地流转模式及其选择. 当代经济研究，（12）：49-52，72.

杨钢桥，张超正，文高辉. 2018. 耕地流转对农户水稻生产技术效率的影响研究——以武汉都市圈为例. 中国人口·资源与环境，28（5）：142-151.

杨建利，岳正华. 2013. 我国财政支农资金对农民收入影响的实证分析——基于 1991-2010 年数据的检验. 软科学，（1）：42-46.

杨军. 2017. 浙江吴兴"房票"制度探析——对创新制度激活农村资源资产的几点思考. 农村经营管理，（5）：19-21.

杨卫忠. 2015. 农村土地经营权流转中的农户羊群行为——来自浙江省嘉兴市农户的调查数据. 中国农村经济，（2）：38-51，82.

杨岩枫，谢俊奇. 2016. 论集体经营性建设用地入市的实现途径——以北京市大兴区为例. 农村金融研究，（12）：51-54.

杨子，马贤磊，诸培新，等. 2017. 土地流转与农民收入变化研究. 中国人口·资源与环境，27（5）：111-120.

杨子，饶芳萍，诸培新. 2019. 农业社会化服务对土地规模经营的影响——基于农户土地转入视角的实证分析. 中国农村经济，（3）：82-95.

姚增福，刘欣. 2012. 种粮大户粮食生产技术效率及影响因素实证分析——基于随机前沿生产函数与黑龙江省 460 户微观调查数据. 科技与经济，（2）：60-64.

叶剑平，丰雷，蒋妍，等. 2010. 2008 年中国农村土地使用权调查研究——17 省份调查结果及政策建议. 管理世界，（1）：64-73.

叶剑平，蒋妍，丰雷. 2006a. 中国农村土地流转市场的调查研究——基于 2005 年 17 省调查的分析和建议. 中国农村观察，（4）：48-55.

叶剑平，蒋妍，普罗斯特曼 R，等. 2006b. 2005 年中国农村土地使用权调查研究——17 省调查结果及政策建议. 管理世界，复印报刊资料（农业经济研究），（11）：83-92.

叶艳妹，彭群，吴旭生. 2002. 农村城镇化、工业化驱动下的集体建设用地流转问题探讨——以浙江省湖州市、建德市为例. 中国农村经济，（9）：36-42.

易小燕. 2015. 城乡建设用地增减挂钩背景下农民对集中居住环境满意度评价——以江苏省典型村庄为例. 中国市场，（42）：147-149.

易小燕，陈印军，肖碧林，等. 2011. 城乡建设用地增减挂钩运行中出现的主要问题与建议. 中国农业资源与区划，（1）：10-13，23.

宇龙. 2016. 集体经营性建设用地入市试点的制度探索及法制革新——以四川郫县为例. 社会科学研究，（4）：89-94.

袁铖. 2011. 农村土地承包经营权流转：实践、政策与法律三维视角研究. 宏观经济研究，（12）：10-18.

袁浩正. 2011. 城乡建设用地增减挂钩实施评价指标体系构建研究. 中国集体经济, (7): 102-103.

张丁, 万蕾. 2007. 农户土地承包经营权流转的影响因素分析——基于2004年的15省（区）调查. 中国农村经济, (2): 24-34.

张光辉. 1996. 农业规模经营与提高单产并行不悖——与任治君同志商榷. 经济研究, (1): 55-58.

张海鹏. 2011. 我国城乡建设用地增减挂钩的实践探索与理论阐释. 经济学家, (11): 22-27.

张红宇. 2020. 中国农村改革的未来方向. 农业经济问题, (2): 107-114.

张建, 冯淑怡, 诸培新. 2017. 政府干预农地流转市场会加剧农村内部收入差距吗？——基于江苏省四个县的调研. 公共管理学报, 14 (1): 104-116.

张建, 诸培新, 王敏. 2016. 政府干预农地流转：农户收入及资源配置效率. 中国人口·资源与环境, 26 (6): 75-83.

张锦华, 刘进, 许庆. 2016. 新型农村合作医疗制度、土地流转与农地滞留. 管理世界, (1): 99-109.

张景娜, 张雪凯. 2020. 互联网使用对农地转出决策的影响及机制研究——来自CFPS的微观证据. 中国农村经济, (3): 57-77.

张军, 吴桂英, 张吉鹏. 2004. 中国省际物质资本存量估算：1952-2000. 经济研究, (10): 35-44.

张兰. 2017. 农地流转模式分化：机理及绩效研究——以江苏省为例. 南京：南京农业大学博士学位论文.

张兰, 冯淑怡, 陆华良. 2016. 农地规模化经营的形成机理：基于农户微观决策视角. 江海学刊, (5): 67-73.

张兰, 冯淑怡, 陆华良, 等. 2017. 农地不同流转去向对转出户收入的影响——来自江苏省的证据. 中国农村观察, (5): 116-129.

张兰, 冯淑怡, 曲福田. 2014. 农地流转区域差异及其成因分析——以江苏省为例. 中国土地科学, 28 (5): 73-80.

张利国, 鲍丙飞. 2016. 我国粮食主产区粮食全要素生产率时空演变及驱动因素. 经济地理, 36 (3): 147-152.

张梦琳. 2008. 农村集体建设用地流转：绩效分析及政策选择——基于苏州、芜湖、南海三地的流转实践. 国土资源, (11): 44-46.

张明智. 1997. 模糊数学与军事决策. 北京：国防大学出版社：13-25.

张婷. 2015. 农地流转对农民收入的影响研究——基于全国和江苏省的实证分析. 南京：南京农业大学硕士学位论文.

张婷, 张安录, 邓松林. 2017. 基于威廉姆森分析范式的农村集体建设用地市场交易费用研究——南海区1872份市场交易数据和372份调研数据供给侧分析. 中国土地科学, 31 (2): 11-21.

张蔚文, 李学文, 吴宇哲. 2008. 基于可转让发展权模式的折抵指标有偿调剂政策分析——一个浙江省的例子. 中国农村经济, (12): 50-61.

张颖举. 2011. 农民集中居住的利益冲突与协调机制构建. 理论导刊, (1): 65-68.

张玉梅, 王子柱. 2016. 中国农村集体经营性建设用地入市改革研究——以贵州湄潭农村集体经济经营性建设用地拍卖案为例. 改革与战略, (3): 69-73, 135.

张远索, 张占录, 姚艳. 2012. 基于农民意愿调查的城乡建设用地增减挂钩评价. 国土与自然资源研究, (3): 32-33.

张悦, 刘文勇. 2016. 家庭农场的生产效率与风险分析. 农业经济问题, (5): 16-21, 110.

张占贞, 王兆君. 2010. 我国农民工资性收入影响因素的实证研究. 农业技术经济, (2): 56-61.

张忠明, 周立军, 钱文荣. 2011. 设施农业经营规模与农业生产率关系研究——基于浙江省的调查分析. 农业经济问题, (12): 23-29, 110.

赵光, 李放. 2014. 养老保险对土地流转促进作用的实证分析. 中国人口·资源与环境, 24 (9): 118-128.

赵晓秋, 李后建. 2009. 西部地区农民土地转出意愿影响因素的实证分析. 中国农村经济, (8): 70-78.

赵芸逸, 王秀兰, 丁翔宇, 等. 2017. 农户视角下两种模式城乡建设用地增减挂钩效益对比分析. 农业经济问题, (5): 93-101.

赵中华, 闻炯. 2012. 保发展、重民意、解民忧——江苏省张家港市永联村城乡建设用地增减挂钩试点纪略. 中国土地, (10): 49-50.

中华人民共和国农业部. 2012. 2012 中国农业发展报告. 北京: 中国农业出版社: 171.

钟文晶, 罗必良. 2013. 禀赋效应、产权强度与农地流转抑制——基于广东省的实证分析. 农业经济问题, (3): 6-16, 110.

周符波, 陈云良. 2009. 论农村土地征收过程中政府的角色转变. 湖南大学学报 (社会科学版), (5): 65-67.

周慷慨, 罗海波, 赵晨晨. 2012. 城乡建设用地增减挂钩综合效益评价——以贵州省思南县为例. 农村经济与科技, (7): 11-14.

周黎安. 2004. 晋升博弈中政府官员的激励与合作——兼论我国地方保护主义和重复建设问题长期存在的原因. 经济研究, (6): 33-40.

周黎安, 陈烨. 2005. 中国农村税费改革的政策效果: 基于双重差分模型的估计. 经济研究, (8): 44-53.

周铁刚, 郭青霞, 任玉鹏, 等. 2013. 基于增减挂钩的山西省河津市农户搬迁意愿影响因素研究. 山西农业大学学报 (自然科学版), (3): 244-249.

周雪松. 2012. 农民收入稳定增长长效机制研究. 北京: 中国农业科学院博士学位论文.

朱华. 2016. 成都市集体建设用地使用权流转政策评估分析. 成都: 四川农业大学硕士学位论文.

朱兰兰, 蔡银莺. 2016. 农户家庭生计禀赋对农地流转的影响——以湖北省不同类型功能区为例. 自然资源学报, 31 (9): 1526-1539.

朱满德, 李辛一, 程国强. 2015. 综合性收入补贴对中国玉米全要素生产率的影响分析——基于省级面板数据的 DEA-Tobit 两阶段法. 中国农村经济, (11): 4-14, 53.

朱新华. 2011. 农村宅基地制度创新与理论解释——基于"要素相对价格变化、利益博弈与制度创新"的分析框架. 南京: 南京农业大学博士学位论文.

诸培新, 金焱纯, 代伟. 2011. 区域间农地流转影响因素比较分析——基于江苏省农户调研的实证. 中国土地科学, 25 (11): 21-26.

诸培新, 张建, 张志林. 2015. 农地流转对农户收入影响研究——对政府主导与农户主导型农地流转的比较分析. 中国土地科学, 29 (11): 70-77.

Brandt L, 李果, 黄季焜, 等. 2004. 中国的土地使用权和转移权: 现状评价. 经济学 (季刊),

(4): 951-982.

Abadie A, Diamond A, Hainmueller J. 2010. Synthetic control methods for comparative case studies: estimating the effect of California's tobacco control program. Journal of the American Statistical Association, 105 (490): 493-505.

Abadie A, Gardeazabal J. 2003. The economic costs of conflict: a case study of the Basque Country. American Economic Review, 93 (1): 113-132.

Abdulai A N, Abdulai A. 2017. Examining the impact of conservation agriculture on environmental efficiency among maize farmers in Zambia. Environment and Development Economics, 22 (2): 177-201.

Abdulai A, Owusu V, Goetz R. 2011. Land tenure differences and investment in land improvement measures: theoretical and empirical analyses. Journal of Development Economics, 96(1): 66-78.

Abedullah, Kouser S, Qaim M. 2015. Bt cotton, pesticide use and environmental efficiency in Pakistan. Journal of Agricultural Economics, 66 (1): 66-86.

Assuncao J J, Braido L H B. 2007. Testing household-specific explanations for the inverse productivity relationship. American Journal of Agricultural Economics, 89 (4): 980-990.

Benjamin D, Brandt L. 1997. Land, factor markets, and inequality in rural China: historical evidence. Explorations in Economic History, 34: 460-494.

Benjamin D, Brandt L. 2002. Property rights, labour markets, and efficiency in a transition economy: the case of rural China. Canadian Journal of Economics, 35 (4): 689-716.

Binswanger H P, Deininger K, Feder G. 1995. Power, distortions, revolt, and reform in agricultural land relations. Handbook of Development Economics, 3: 2659-2772.

Binuyo G, Abdulrahman S, Yusuf O, et al. 2016. Technical efficiency of rain-fed lowland rice production in Niger State, Nigeria. Asian Journal of Agricultural Extension, Economics & Sociology, 9 (4): 1-12.

Bowlus A J, Sicular T. 2003. Moving toward markets? Labour allocation in rural China. Journal of Development Economics, 71 (2): 561-583.

Bromley D W. 1989. Economic Interests and Institutions: The Conceptual Foundations of Public Policy. New York: Basil Blackwell Inc: 11-31.

Bromley D W. 2006. Sufficient Reason: Volitional Pragmatism and the Meaning of Economic Institutions. Princeton: Princeton University Press: 25-46.

Carter M R. 1984. Identification of the inverse relationship between farm size and productivity: an empirical analysis of peasant agricultural production. Oxford Economic Papers, 36: 131-145.

Carter M R, Yao Y. 2002. Local versus global separability in agricultural household models: the factor price equalization effect of land transfer rights. American Journal of Agricultural Economics, 84 (3): 702-715.

Chamberlin J, Ricker-Gilbert J. 2016. Participation in rural land rental markets in sub-Saharan Africa: who benefits and by how much? Evidence from Malawi and Zambia. American Journal of Agricultural Economics, 98 (5): 1507-1528.

Che Y. 2014. Mismatch: land reallocations, recovery land rental and land rental market development in rural China. China Agricultural Economic Review, 6 (2): 229-247.

Che Y. 2016. Off-farm employments and land rental behavior: evidence from rural China. China Agricultural Economic Review, 8 (1): 37-54.

Chin W W, Newsted P R. 1999. Structural Equation Modeling Analysis with Small Samples Using Partial Least Square. In Hoyle R. (Ed.), Statistical Strategies for Small-Sample Research. Thousand Oakes: Sage Publication: 307-341.

Conley T G, Udry C R. 2010. Learning about a new technology: pineapple in Ghana. American Economic Review, 100 (1): 35-69.

Deininger K, Ali D A, Alemu T. 2008a. Assessing the functioning of land rental markets in Ethiopia. Economic Development and Cultural Change, 57 (1): 67-100.

Deininger K, Ali D A, Alemu T. 2011. Impacts of land certification on tenure security, investment, and land market participation: evidence from Ethiopia. Land Economics, 87 (2): 312-334.

Deininger K, Ali D A, Alemu T. 2013. Productivity effects of land rental market operation in ethiopia: evidence from a matched tenant-landlord sample. Applied Economics, 45: 3531-3551.

Deininger K, Ali D A. 2008. Do overlapping land rights reduce agricultural investment? evidence from Uganda. American Journal of Agricultural Economics, 90: 869-882.

Deininger K, Feder G. 1998. Land institutions and land markets. Policy Research Working Paper. Washington D. C. : The World Bank.

Deininger K, Jin S Q, Berhanu A, et al. 2003b. Mechanisms for land transfer in Ethiopia: implications for efficiency, equity, and non-farm development. Policy Research Working Paper. Washington D. C. : The World Bank.

Deininger K, Jin S Q, Liu Y Y, et al. 2018. Can labor-market imperfections explain changes in the inverse farm size-productivity relationship? Longitudinal evidence from rural India. Land Economics, 94 (2): 239-258.

Deininger K, Jin S Q, Nagarajan H K. 2008b. Efficiency and equity impacts of rural land rental restrictions: evidence from India. European Economic Review, 52: 892-918.

Deininger K, Jin S Q. 2002. Land rental market as an alternative to government reallocation? equity and efficiency considerations in the Chinese land tenure system. Policy Research Working Paper. Washington D. C. : The World Bank.

Deininger K, Jin S Q. 2005. The potential of land rental markets in the process of economic development: evidence from China. Journal of Development Economics, 78: 241-270.

Deininger K, Savastano S, Carletto C. 2012. Land fragmentation, cropland abandonment, and land market operation in Albania. World Development, 40 (10): 2108-2122.

Deininger K, Zegarra E, Lavadenz I. 2003a. Determinants and impacts of rural land market activity: evidence from Nicaragua. World Development, 31 (8): 1385-1404.

Deininger K. 2003. Land markets in developing and transition economies: impact of liberalization and implications for future reform. American Journal of Agricultural Economics, 85 (5): 1217-1222.

Deng X, Xu D D, Zeng M, et al. 2019. Does early-life famine experience impact rural land transfer? evidence from China. Land Use Policy, 81: 58-67.

Faruqee R, Carey K. 1997. Research on land markets in South Asia: what have we learned? Policy Research Working Paper. Washington D. C. : The World Bank.

Feng S Y. 2006. Land rental market and off-farm employment—rural households in Jiangxi Province, P. R. China. Wageningen: Wageningen University Ph. D Thesis.

Feng S Y. 2008. Land rental, off-farm employment and technical efficiency of farm households in Jiangxi Province, China. NJAS-Wageningen Journal of Life Sciences, 55 (4): 363-378.

Feng S Y, Heerink N, Ruben R, et al. 2010. Land rental market, off-farm employment and agricultural production in southeast China: a plot-level case study. China Economic Review, 21: 598-606.

Ferrari S, Cribari-Neto F. 2004. Beta regression for modelling rates and proportions. Journal of Applied Statistics, 31 (7): 799-815.

Fornell C, Larcker D F. 1981. Evaluating structural equation models with unobservable variables and measurement error. Journal of Marketing Research, 18 (1): 39-50.

Harsnyi J C. 1996. Utilities, preferences, and substantive goods. Social Choice and Welfare, 14: 129-145.

Henseler J, Dijkstra T K, Sarstedt M, et al. 2014. Common beliefs and reality about PLS: comments on Ronkko and Evermann. Organizational Research Methods, 17 (2): 182-209.

Hicks J R. 1943. The four consumer's surpluses. Review of Economic Studies, 11: 31-41.

Holden S T, Shiferaw B, Pender J. 2001. Market imperfections and land productivity in the Ethiopian highlands. Journal of Agricultural Economics, 52 (3): 53-70.

Huang J K, Gao L L, Rozelle S. 2012. The effect of off-farm employment on the decisions of households to rent out and rent in cultivated land in China. China Agricultural Economic Review, 4 (1): 5-17.

Islam N, Vincent J, Panayotou T. 1999. Unveiling the income-environment relationship: an exploration into the determinants of environmental quality. Cambridge: Harvard Institute for International Development.

Ito J, Bao Z S, Ni J. 2016. Land rental development via institutional innovation in rural Jiangsu, China. Food Policy, 59: 1-11.

Jiang M S, Li J R, Paudel K P, et al. 2019. Factors affecting agricultural land transfer-out in China: a semiparametric instrumental variable model. Applied Economics Letters, 26 (20): 1729-1733.

Jin S Q, Deininger K. 2009. Land rental markets in the process of rural structural transformation: Productivity and equity impacts from China. Journal of Comparative Economics, 37: 629-646.

Jin S Q, Jayne T S. 2013. Land rental markets in Kenya: Implications for efficiency, equity, household income, and poverty. Land Economics, 89: 246-271.

Kaldor N. 1939. Welfare propositions of economics and interpersonal comparison of utility. Economic Journal, 49: 549-552.

Kassie M, Holden S. 2007. Sharecropping efficiency in Ethiopia: threats of eviction and kinship. Agricultural Economics, 37 (2): 179-188.

Kousar R, Abdulai A. 2015. Off-farm work, land tenancy contracts and investment in soil conservation measures in rural Pakistan. Australian Journal of Agricultural and Resource Economics, 60 (2): 307-325.

Kuiper M. 2005. Village Modelling: A Chinese recipe for blending general equilibrium and household modelling. Wageningen: Wageningen University Ph. D Thesis.

Kung J K S, Lee Y F. 2001. So what if there is income inequality? the distributive consequences of nonfarm employment in rural China. Economic Development and Cultural Change, 50 (1): 19-46.

Kung J K S. 2002. Off-farm labor markets and the emergence of land rental markets in rural China. Journal of Comparative Economics, 30 (2): 395-414.

Lamb R L. 2003. Inverse productivity: land quality, labor markets, and measurement error. Journal of Development Economics, 71: 71-95.

Li M, Sicular T. 2013. Aging of the labor force and technical efficiency in crop production: evidence from Liaoning province, China. China Agricultural Economic Review, 5 (3): 342-359.

Lin J. 1992. Rural reforms and agricultural growth in China. The American Economic Review, 82: 34-51.

Little I M D. 2002. A Critique of Welfare Economics. London: Oxford University Press: 1-38.

Liu T J, Liu C, Liu H, et al. 2014. Did the key priority forestry programs affect income inequality in rural China?. Land Use Policy, 38: 264-275.

Liu Y S, Fang F, Li Y H. 2014. Key issues of land use in China and implications for policy making. Land Use Policy, 40: 6-12.

Liu Y S, Wang J Y, Long H L. 2010. Analysis of arable land loss and its impact on rural sustainability in Southern Jiangsu Province of China. Journal of Environmental Management, 91 (3): 646-653.

Liu Y, Yan B J, Wang Y, et al. 2019. Will land transfer always increase technical efficiency in China? —a land cost perspective. Land Use Policy, 82: 414-421.

Liu Z M, Müller M, Rommel J, et al. 2016. Community-based agricultural land consolidation and local elites: survey evidence from China. Journal of Rural Studies, 47: 449-458.

Liu Z M, Rommel J, Feng S Y, et al. 2017. Can land transfer through land cooperatives foster off-farm employment in China?. China Economic Review, 45: 35-44.

Liu Z M, Zhang L, Rommel J, et al. 2020. Do land markets improve land-use efficiency? evidence from Jiangsu, China. Applied Economics, 52 (3): 317-330.

Lloyd-Smith P, Schram C, Adamowicz W, et al. 2018. Endogeneity of risk perceptions in averting behavior models. Environmental and Resource Economics, 69 (2): 217-246.

Lohmar B, Zhang Z, Somwaru A. 2001. Land Rental Market Development and Agricultural Production in China. Chicago: Paper presented at the Annual Meeting of the American Agricultural Economics Association.

Ma L, Feng S Y, Reidsma P, et al. 2014. Identifying entry points to improve fertilizer use efficiency in Taihu Basin, China. Land Use Policy, 37: 52-59.

Ma W L, Renwick A, Grafton Q. 2018. Farm machinery use, off-farm employment and farm performance in China. Australian Journal of Agricultural and Resource Economics, 62 (2): 279-298.

Min S, Waibel H, Huang J. 2017. Smallholder participation in the land rental market in a mountainous region of southern China: impact of population aging, land tenure security and ethnicity. Land Use Policy, 68: 625-637.

Minten B, Barrett C B. 2008. Agricultural technology, productivity, and poverty in Madagascar.

World Development, 36 (5): 797-822.

Morduch J, Sicular T. 2002. Rethinking inequality decomposition, with evidence from rural China. The Economic Journal, 112: 93-106.

Ng Y K. 1984. Quasi-Pareto social improvements. American Economic Review, 74 (5): 1033-1050.

Nguyen L T T, Osanai Y, Anderson I C, et al. 2018. Flooding and prolonged drought have differential legacy impacts on soil nitrogen cycling, microbial communities and plant productivity. Plant and Soil, 431: 371-387.

Pigou A C. 1912. Wealth and Welfare. London: Macmillan: 13-45.

Qiu T W, Luo B L, Li S P. 2019. Does the basic farmland preservation hinder land transfers in rural China? . China Agricultural Economic Review, 12 (1): 39-56.

Rahman S, Rahman M. 2009. Impact of land fragmentation and resource ownership on productivity and efficiency: the case of rice producers in Bangladesh. Land Use Policy, 26 (1): 95-103.

Rahman S. 2010. Determinants of agricultural land rental market transactions in Bangladesh. Land Use Policy, 27 (3): 957-964.

Reinhard S, Knox Lovell C A, Thijssen G. 1999. Econometric estimation of technical and environmental efficiency: an application to Dutch dairy farms. American Journal of Agricultural Economics, 81: 44-60.

Rigg J, Salamanca A, Thompson E C. 2016. The puzzle of East and Southeast Asia's persistent smallholder. Journal of Rural Studies, 43: 118-133.

Rozelle S, Taylor J E, De Brauw A. 1999. Migration, remittances, and agricultural productivity in China. American Economic Review, 89: 287-291.

Sadoulet E, De Janvry A. 1995. Quantitative Development Policy Analysis. Baltimore: The Johns Hopkins University Press: 56-79.

Sadoulet E, De Janvry A, Benjamin C. 1998. Household Behaviour with Imperfect Labour Markets. Industrial Relations: A Journal of Economy and Society, 37 (1): 85-108.

Sarstedt M, Ringle C M, Hair J F. 2014. PLS-SEM: looking back and moving forward. Long Range Planning, 47 (3): 132-137.

Sen A K. 1966. Peasants and dualism with or without surplus labour. The Journal of Political Economy, 74: 425-450.

Sen A K. 1984. Well-being, agency and freedom: The Dewey Lectures. Journal of Philosophy, 82: 169-221.

Sen A. 1991. Welfare, preference and freedom. Journal of Econometrics, 50: 15-29.

Sen A K. 2002. Globalization, inequality and global protest. Development, 45: 11-16.

Shi X P, Chen S J, Ma X L, et al. 2018. Heterogeneity in interventions in village committee and farmland circulation: intermediary versus regulatory effects. Land Use Policy, 74: 291-300.

Stock J H, Watson M W. 2014. Introduction to Econometrics. 3rd edition. Boston: Addison-Wesley: 381-419.

Tan S L, Heerink N, Kuyvenhoven A, et al. 2010. Impact of land fragmentation on rice producers' technical efficiency in South-East China. NJAS-Wageningen Journal of Life Sciences, 57 (2): 117-123.

Taslim M A, Ahmed F U. 1992. An analysis of land leasing in bangladesh agriculture. Economic Development and Cultural Change, 40: 615-628.

Teklu T, Lemi A. 2004. Factors affecting entry and intensity in informal rental land markets in Southern Ethiopian highlands. Agricultural Economics, 30: 117-128.

Tessema Y M, Asafu-Adjaye J, Shiferaw B. 2018. The impact of conservation tillage on maize yield and input demand: the case of smallholder farmers in north-west Ethiopia. Australian Journal of Agricultural and Resource Economics, 62 (4): 636-653.

Tu Q, Heerink N, Xing L. 2006. Factors Affecting the Development of Land Rental Markets in China—A case study for Puding County, Guizhou Province. Contributed paper prepared for presentation at the International Association of Agricultural Economists Conference, Gold Coast, Australia.

Vranken L, Swinnen J. 2006. Land rental markets in transition: theory and evidence from Hungary. World Development, 34 (3): 481-500.

Wan G H. 2004. Accounting for income inequality in rural China: a regression-based approach. Journal of Comparative Economics, 32 (2): 348-363.

Wan G H, Cheng E J. 2001. Effects of land fragmentation and returns to scale in the Chinese farming sector. Applied Economics, 33 (2): 183-194.

Wan G H, Zhou Z Y. 2005. Income inequality in rural China: regression-based decomposition using household data. Review of Development Economics, 9 (1): 107-120.

Wang B, Li F, Feng S Y, et al. 2020. Transfer of development rights, farmland preservation, and economic growth: a case study of Chongqing's land quotas trading program. Land Use Policy, 95: 104611.

Wang H, Tao R, Tong J. 2009. Trading land development rights under a planned land use system: the "Zhejiang Model". China & World Economy, 17 (1): 66-82.

Wang Y H, Xin L J, Li X B, et al. 2017. Impact of land use rights transfer on household labor productivity: a study applying propensity score matching in Chongqing, China. Sustainability, 9 (1): 1-18.

Wang Y H, Yang Q Y, Xin L J, et al. 2019. Does the new rural pension system promote farmland transfer in the context of aging in rural China: evidence from the CHARLS. International Journal of Environmental Research and Public Health, 16 (19): 3592.

Wang Y H. 2019. What affects participation in the farmland rental market in rural China? evidence from CHARLS. Sustainability, 11 (24): 1-15.

Wooldridge J M. 2014. Quasi-maximum likelihood estimation and testing for nonlinear models with endogenous explanatory variables. Journal of Econometrics, 182 (1): 226-234.

Wu Z P, Liu M Q, Davis J. 2005. Land consolidation and productivity in Chinese household crop production. China Economic Review, 16 (1): 28-49.

Xie H L, Lu H. 2017. Impact of land fragmentation and non-agricultural labor supply on circulation of agricultural land management rights. Land Use Policy, 68: 355-364.

Xing L, Fan S G, Luo X P, et al. 2009. Community poverty and inequality in western China: a tale of three villages in Guizhou Province. China Economic Review, 20 (2): 338-349.

Xu D D, Cao S, Wang X X, et al. 2018. Influences of labor migration on rural household land transfer: a case study of Sichuan Province, China. Journal of Mountain Science, 15: 2055-2067.

Yan X H, Huo X X. 2016. Drivers of household entry and intensity in land rental market in rural China: evidence from north Henan Province. China Agricultural Economic Review, 8 (2): 345-364.

Yang H. 2015. Land rental market and rural economic development: evidence from rural Chongqing, China. Bonn: Zentrum für Entwicklungsforschung, Rheinische Friedrich-Wilhelms-Universität Ph. D Thesis.

Yang H C, Sheng R, Zhang Z X, et al. 2016. Responses of nitrifying and denitrifying bacteria to flooding-drying cycles in flooded rice soil. Applied Soil Ecology, 103: 101-109.

Yao Y. 2000. The development of the land lease market in rural China. Land Economics, 76: 252-266.

Yao Y. 2001. Egalitarian land distribution and labor migration in rural China. Beijing: China Centre for Economic Research.

Zhang L, Feng S Y, Heerink N, et al. 2018a. How do land rental markets affect household income? evidence from rural Jiangsu, P、R. China. Land Use Policy, 74: 151-165.

Zhang Q F, Ma Q G, Xu X. 2004. Development of land rental markets in rural Zhejiang: growth of off-farm jobs and institution building. The China Quarterly, 180: 1031-1049.

Zhang Q, Sun Z X, Huang W. 2018b. Does land perform well for corn planting? an empirical study on land use efficiency in China. Land Use Policy, 74: 273-280.

Zhang Q F. 2008. Retreat from equality or advance towards efficiency? land markets and inequality in rural Zhejiang. The China Quarterly, 195: 535-557.

Zhang X B, Li G. 2003. Does guanxi matter to nonfarm employment? Journal of Comparative Economics, 31 (2): 315-331.

Zhang Y L, Wang Y H, Bai Y L. 2019. Knowing and doing: the perception of subsidy policy and farmland transfer. Sustainability, 11 (8): 1-15.

Zhao Y H. 2003. The role of migration networks in labour migration: the case of China. Contemporary Economic Policy, 21 (4): 500-511.

Zou B L, Mishra A K, Luo B L. 2020. Do Chinese farmers benefit from farmland leasing choices? evidence from a nationwide survey. Australian Journal of Agricultural and Resource Economics, 64: 322-346.

# 附　　录

## 附录1

借鉴李谷成等（2010）的研究，本书拟采用C-D生产函数来估计全要素生产率。首先，结合C-D生产函数，本研究设定的农业生产函数为

$$Y_i = A_0 \mathrm{SA}_i^{\alpha_{\mathrm{SA}}} L_i^{\alpha_L} K_i^{\alpha_K} \exp(\varepsilon_i) \tag{A1}$$

其中，$Y_i$表示经营主体$i$的产出水平（即经营主体$i$年内种植粮食作物总产值）；$\mathrm{SA}_i$、$L_i$和$K_i$分别表示经营主体$i$种植粮食作物的土地、劳动力和资本投入[①]；$\alpha_{\mathrm{SA}}$、$\alpha_L$和$\alpha_K$分别为各自的产出弹性；$\varepsilon_i$为随机扰动项。在对式（A1）进行估计时，一般估计其自然对数化形式：

$$\ln Y_i = \ln A_0 + \alpha_{\mathrm{SA}} \ln \mathrm{SA}_i + \alpha_L \ln L_i + \alpha_K \ln K_i + \varepsilon_i \tag{A2}$$

定义$\mathrm{RTS} = \alpha_{\mathrm{SA}} + \alpha_L + \alpha_K$，对要素产出弹性系数进行正规化得

$\alpha_{\mathrm{SA}}^* = \alpha_{\mathrm{SA}}/\mathrm{RTS}$，$\alpha_L^* = \alpha_L/\mathrm{RTS}$，$\alpha_K^* = \alpha_K/\mathrm{RTS}$。则全要素生产率可以定义为

$$\mathrm{TFP}_i = Y_i / (\mathrm{SA}_i^{\alpha_{\mathrm{SA}}^*} L_i^{\alpha_L^*} K_i^{\alpha_K^*}) \tag{A3}$$

**附表1　C-D生产函数估计结果**

| 变量 | 系数 | $T$值 |
| --- | --- | --- |
| 土地 | 0.91*** | 16.76 |
| 劳动力 | 0.01 | 0.95 |
| 资本 | 0.11* | 1.94 |
| 常数项 | 6.08*** | 17.29 |
| $F$值 | 1868.72 ||
| 显著性水平（Prob>$F$） | 0.00 ||
| $R^2$ | 0.97 ||
| 观测值 | 285 ||

*、***分别表示10%、1%的显著性水平

---

[①] 本书中，土地投入（SA）是指经营主体年内种植粮食作物的播种面积之和；劳动力投入（$L$）是指经营主体年内粮食生产过程中实际使用的劳动投工数量，包括自家劳动力、雇佣劳动力和换工的劳动时间；资本投入（$K$）是指经营主体年内粮食生产过程中资金投入总和，包括使用自家机械所消耗的油费和雇用机械所支付的费用，购买农家肥、商品有机肥和化肥等所支付的费用，以及在种子秧苗、农药、农膜及水电灌溉等方面的花费。

## 附录2

**附表2 转出户流转去向选择决策的估计结果**

| 变量 | 是否选择将土地转给规模经营主体 ||||
|---|---|---|---|---|
| | 对应总收入 | 对应农业收入 | 对应非农收入 | 对应转移性收入 |
| 土地租金比值 | −1.4486*** <br>(−2.5841) | −1.6362*** <br>(−2.8579) | −1.3593** <br>(−2.3754) | −1.8667*** <br>(−3.0842) |
| 信任程度差异 | −0.2307 <br>(−0.8286) | −0.2287 <br>(−0.8210) | −0.2084 <br>(−0.7461) | −0.1397 <br>(−0.4488) |
| 土地流转中介服务 | 0.6649*** <br>(2.6133) | 0.6820*** <br>(2.6621) | 0.6168** <br>(2.3618) | 0.9399*** <br>(3.5079) |
| 流转合同及档案日常管理 | 0.5315** <br>(2.0922) | 0.4233* <br>(1.6595) | 0.4906* <br>(1.8862) | 0.3296 <br>(1.1766) |
| 违约惩罚或赔偿 | 0.8550*** <br>(3.5300) | 0.8113*** <br>(3.3675) | 0.8612*** <br>(3.5021) | 1.1147*** <br>(3.9289) |
| 行政干预 | 1.4814** <br>(2.5477) | 1.6953*** <br>(2.8496) | 1.4591** <br>(2.4655) | 1.8653*** <br>(2.7678) |
| 户主年龄 | −0.0469 <br>(−0.4384) | −0.0376 <br>(−0.3545) | −0.0012 <br>(−0.0091) | −0.1223 <br>(−1.0964) |
| 户主年龄平方 | 0.0004 <br>(0.4898) | 0.0004 <br>(0.4054) | 0.0001 <br>(0.0491) | 0.0012 <br>(1.2398) |
| 户主受教育程度 | 0.0007 <br>(0.0052) | 0.0397 <br>(0.3014) | −0.0087 <br>(−0.0648) | 0.1403 <br>(1.0325) |
| 户主非农职业教育或培训 | −0.0321 <br>(−0.1019) | −0.0533 <br>(−0.1650) | −0.0234 <br>(−0.0754) | −0.2027 <br>(−0.5880) |
| 有非农就业经验的成员占比 | 0.2309 <br>(0.5121) | 0.3106 <br>(0.6708) | 0.0970 <br>(0.2041) | 0.5279 <br>(1.0785) |
| 村庄非农劳动力比重 | 0.8219 <br>(1.3975) | 0.7962 <br>(1.3350) | 0.8748 <br>(1.4388) | 0.9452 <br>(1.4232) |
| ln 村庄非农劳动力平均工资 | 0.6232 <br>(1.5875) | 0.6694* <br>(1.6477) | 0.6216 <br>(1.5689) | 0.8034* <br>(1.8246) |
| 卡方检验值（Wald 卡方值） | 74.67 | 74.10 | 71.41 | 78.58 |
| 显著性水平（Prob>Chi2） | 0.0000 | 0.0000 | 0.0000 | 0.0000 |
| 伪判决系数（Pseudo $R^2$） | 0.3114 | 0.3077 | 0.3005 | 0.3710 |
| 对数似然值（Log likelihood） | −87.4692 | −84.5947 | −85.1391 | −69.7676 |
| 观测值 | 190 | 185 | 182 | 164 |

注：括号内为稳健 z 检验值；为节省空间，略去常数项和地区（市级）虚拟变量的估计结果
*、**、***分别表示10％、5％和1％的显著性水平

# 后　　记

伴随着新型工业化、信息化、城镇化、农业现代化进程的推进，如何改革创新农村土地制度，优化农地非农化规模、提高城乡土地资源配置效率和保障农民权益，成为实现乡村全面振兴、城乡融合发展以及全面建成小康社会的重大理论与政策问题。2014 年 8 月，笔者主持申请的项目"农村土地制度与资源配置"有幸获得国家自然科学基金（71322301）的资助，开始系统进行城乡发展一体化下的农村土地制度与资源配置研究。

在国家自然科学基金委员会管理科学部的组织与指导下，课题组坚持严谨、务实、求真、创新的学风，以高度的责任感和使命感开展了各项研究活动，最终圆满结题，顺利通过评审。此课题的研究成果大多已通过学术论文、研究报告和提交政府相关部门的政策建议报告等形式发表，产生了较为广泛的学术影响和比较显著的政策效果。课题组经过三年的研究，在 Ecological Economics、Land Use Policy、Journal of Rural Studies、China Economic Review、Environment and Development Economics、China Agricultural Economic Review、《公共管理学报》、《中国农村经济》、《中国农村观察》、《农业经济问题》、《中国人口·资源与环境》、《中国土地科学》、《自然资源学报》和《江海学刊》等国内外学术期刊上发表论文 29 篇，其中 SCI/SSCI 论文 6 篇，CSSCI 论文 21 篇。出版中文专著 4 部。参加国内外学术会议 41 次，发表会议论文 24 篇，做大会特邀报告 10 次。撰写的政策建议报告刊登在《决策参阅》、《群众》、《"三农"研究与决策咨询》以及被中共江苏省委宣传部《智库专报》采用，并分别得到江苏省多位领导的批示，得到江苏省委农村工作领导小组办公室、江苏省发展和改革委员会、江苏省原国土资源厅、江苏省农业农村厅等部门的采纳与关注。

为了更全面、系统地反映课题研究的成果，我们在对研究成果进行认真的论证、修改和提炼的基础上，整理形成了《农村土地流转：形成机理与绩效评价》这本专著。本专著的素材除了我主持项目的研究报告外，还包括了多位博士或硕士研究生学位论文的部分内容，这些研究生是张兰、王博、上官彩霞、顾汉龙、刘子铭、李明涛、张婷等，他们既是研究项目的主要完成者，当然又是本书的作者。本专著由冯淑怡、张兰、王博负责总体框架的构建，围绕农村土地（包括农地和集体建设用地）流转，构建了"制度环境—形成机理—制度绩效"的分析框架。在此框架下，冯淑怡、张婷、李明涛、刘子铭、张兰撰写了农地流转政策的历史演变、农地流转形成机理及对农户收入的影响、农户参与农地流转及其效率绩效评价、农地流转模式分化及其对农业生产效率和农户收入的影响等章节；冯淑怡、上官彩霞、顾汉龙、吕沛璐、郭晓丽、李凡、王博撰写了农村集体建设用地流转政策的历史变迁、农村集体建设用地流转模式、农村集体建设用地流转制度形成机理解析、农村集体建设用地流转效率及公平绩效评价等章节。这两部分内容分别构成了本专著上、下篇的主体。张兰和王博协助我对全书作了最后统稿和校对。樊鹏飞、鲁力翡、何玉凤、谢贤鑫等博士生和杨茜、倪俊、刘俊杰等硕士生也参与了书稿的核查和校对。

特别感谢国家自然科学基金委员会管理科学部对本课题研究给予的高度重视和大力支持。感谢各位评委专家和学者在课题开展过程中提出的重要建议和指导帮助。感谢在课题调研、成果发布过程中相关部门人员的协作与支持。在此向他们一并表示诚挚的谢意！

随着我国新型工业化、信息化、城镇化、农业现代化的继续推进，城乡关系从分割向融合转化，农村土地制度改革必将出现新问题、新特征，与之相伴的农村土地制度与资源配置研究也必须与实践紧密结合，积极跟踪、深入分析现实的发展及其政策需求，取得新成果。本专著是我们研究团队在这一领域研究的阶段性成果，加上我们的理论和政策水平有限，疏漏及不妥之处在所难免，恳请同仁提出宝贵意见或建议，以指导我们今后更好地开展研究。

冯淑怡

2023 年 2 月 17 日